清代凉州府儒学教育研究

赵大泰　吴旭辉　著

读者出版社

图书在版编目（CIP）数据

清代凉州府儒学教育研究 / 赵大泰，吴旭辉著. --兰州：读者出版社，2023.10
ISBN 978-7-5527-0772-4

Ⅰ.①清… Ⅱ.①赵… ②吴… Ⅲ.①凉州府－儒学－教育－研究－清代 Ⅳ.①B222.05②G529.49

中国国家版本馆CIP数据核字（2023）第215709号

清代凉州府儒学教育研究
赵大泰　吴旭辉　著

责任编辑	房金蓉
助理编辑	葛韶然
装帧设计	雷们起

出版发行　读者出版社
地　　址　兰州市城关区读者大道568号（730030）
邮　　箱　readerpress@163.com
电　　话　0931-2131529(编辑部)　0931-2131507(发行部)
印　　刷　甘肃发展印刷公司
规　　格　开本 787毫米×1092毫米　1/16
　　　　　印张 19.5　插页 2　字数 276 千
版　　次　2023 年 10 月第 1 版
　　　　　2023 年 10 月第 1 次印刷
书　　号　ISBN 978-7-5527-0772-4
定　　价　58.00元

如发现印装质量问题，影响阅读，请与出版社联系调换。

本书所有内容经作者同意授权，并许可使用。
未经同意，不得以任何形式复制。

《凉州文化丛书》(第一辑)
编撰委员会

主　任：李兴文

副主任：董积生　张国才

委　员：刘玉顺　魏学宏　席晓喆　郝　珍　李元辉

主　编：魏学宏　张国才

副主编：席晓喆

编　委：（以姓氏笔画为序）

　　　　王丹宇　刘茂伟　刘徽翰　许振明　杨　波　杨琴琴

　　　　吴旭辉　宋文姬　宋晓琴　张长宝　张博文　郑　苗

　　　　赵大泰　贾海鹏　柴多茂　海　敬　寇文静

总　序

　　武威，古称凉州，是国家历史文化名城、中国优秀旅游城市、中国旅游标志之都，历史文化底蕴深厚。早在五千多年前，凉州先民就在这里生活繁衍，创造了马家窑、齐家、沙井等璀璨夺目的史前文化；先秦时期，这里是位列九州之一的雍州属地，也是华夏文明与域外文化交流的重要通道；两汉、魏晋南北朝、隋唐、西夏等时期，是凉州文化形成与发展的几个重要阶段；明清时期，文风兴盛，是凉州文化发展的黄金阶段。在历史的长河中，以武威为中心形成的凉州文化，在中国文化发展史上留下了辉煌灿烂的绚丽篇章，形成了厚重的文化积淀和多彩的文化形态，并在今天仍然有深远影响。中国社会科学院古代史研究所所长、研究员卜宪群先生谈到："广义的凉州文化指整个河西地区的文化，凉州文化的研究可将武威及其周边的文化辐射区包括在内。""凉州文化在中国历史上占有重要地位，为中华文化的多样性做出了贡献，也为统一的多民族国家形成做出了贡献。"

　　"关乎人文，以化成天下。"高质量经济发展离不开高质量文化建设。习近平总书记指出，要大力挖掘、传承、保护、弘扬传统文化，揭示蕴含其中的文化精神、文化胸怀，坚定文化自信。凉州文化是中华优秀传统文化的重要组成部分，以其特色鲜明、内涵博大而熠熠生辉，在当前文化强省建设中发挥着重要作用。凉州文化之于武威，是绵延悠长、活灵活现的一种文化形态，是推动武威不断发展的力量源泉。武威市凉州文化研究院在文化研究工作中，始终正确把握传承和创新的关系，深入挖掘优秀传统文化，结出了累累硕果。我多次去武威考察，与当地领导和专家学者交流较多，深感武威市各界对凉州文化的无比自豪和高度重视。为推动历史文化推陈出新、古为今用，以文塑旅、以旅彰文，加快文化旅游名市建设，武威市专门成立了武威市凉州文化研究院，给予编制、经费等方面的大力支持。武威市凉州文化研究院起点高、视野宽，以挖掘、开发、研究、提升为重点，制定了长远翔实的研究计划，开展了一系列卓有成效的学术交流工作。如与中国社会科学院古代史研究所深度合作，举办高层次的学术研讨会，深入挖掘凉州文化的价值，取得了诸多学术成果；与浙江大学、兰州大学、西北师范大学、甘肃省社会科学院等高校和科研机构合作，从多方面研究和传播凉州文化，持续扩大凉州文化的学术影响力，社会反响热烈。

近日，武威市凉州文化研究院的张国才院长给我寄来《凉州文化丛书》（第一辑）的书稿，委托我为这套丛书作序。出于他及其同事们精益求精、一丝不苟的治学精神和对弘扬凉州文化的深厚情怀和满腔热情，我便欣然应允，借此机会谈一些自己阅读书稿的体会。

一是丛书的覆盖面广。《凉州文化丛书》（第一辑）选取武威具有代表性的特色文化，从不同角度阐释凉州文化的丰富内涵和独特魅力。《武威地名的历史传承与文化内涵演变》通过研究分析武威地名形成的自然环境、制约因素、内在规律、文化成因等，考证其背后的历史文化，讲述地名故事，总结武威地名的历史变迁、命名规律等，对促进武威地名文化遗产保护，推动武威地名文化深入研究，进一步提高武威地名文化品位，彰显凉州文化魅力，具有积极的作用。《古诗词中的凉州》选取历代诗人题写的有关凉州的边塞气象、长城烽烟、田园风情、驼铃远去、古台夕阳等诗歌，用历史文化散文的形式解读古诗词中古代凉州的政治、经济、军事、历史、文化等，把厚重浩繁、博大精深的咏凉诗词转化为一篇篇喜闻乐见、通俗易懂、轻松活泼的文史散文，展现诗词背后辉煌灿烂的凉州文化。《汉代武威的历史文化》既有汉代武威地区的自然地理、行政建制、军事防御、物质生活、精神生活、社会发展，也有出土的代表性简牍的介绍及价值评说。借助历代典籍和近现代学者的相关研究，力求还原客观真实的武威汉代历史文化。在论述时，尽量采取历史典籍和出土文物、文献相结合的方式，深入挖掘武威出土文物背后的故事。《武威长城两千年》聚焦域内汉、明长城遗存，从自然地理、生态环境、军事战略、区域文化等方面进行了解读，既有文献史料的梳理举隅，也有田野调查的数据罗列，同时结合国家文化公园建设，就武威长城精神、长城文化遗产保护利用等作了阐释，对更好挖掘长城文化价值、讲好长城故事、推动长城文化资源"双创"有所裨益。《武威吐谷浑文化的历史书写》在收集、整理吐谷浑历史资料和最新研究成果的基础上，以吐谷浑的来源、迁徙及其政权建立、兴衰和灭亡为主要脉络，探讨吐谷浑在历史上与武威有关的内地政权的关系，进而研究吐谷浑的政权经略、文化影响及历史作用，重点突出，视野宏阔，这种研究对于铸牢中华民族共同体意识是十分必要的。《清代凉州府儒学教育研究》以清代凉州府的儒学教育为研究对象，既有对凉州府儒学教育及进士的概括性研究，也有对凉州府进士个体的研究，点面结合，"既见森林，又见树木"，使读者获得更为丰满的凉州府进士形象。通过一个个活灵活现的人物形象，更加生动具体地揭示了当时儒学教育的样貌。《武威匾额述略》主要从匾额的缘起流变、分类制作入手，并对武威匾额进行整理研究，全面分析了武威匾额的艺术赏析、价值功能，生动诠释了武威深厚的历史文化内涵及其蕴含在匾额中的凉州文化，是我们走进武威、打开武威历史的一把重要钥匙。《清代学人笔下的河西走廊》选取陈庭学、洪亮吉、张澍、徐松、林则徐、梁份等十位学人，通过钩沉其传记、年谱、文集、诗集等相关史料，在前人研究的基础上，重点反映清代河西走廊的地理、历史、人文、民俗等，展示了一幅河西走廊多民族交往交流交融的历史画卷。《河西历代人口变迁与影响》对河西历代人口数量等方面进行考察，阐述历史时期河西人口与政治、经济之间的动态关系。《河西生态变迁与生态文化演进》以河西地区生态变迁较为突出的汉、唐、明清时期为主要脉络，采用地理学、考古学、历史学、生态学等学科相结合的研究方法，对河西地区历史时期的生态变迁、生态文化演进做了全面的研究。阅读这十本书，既能感受到博大厚重的凉州文化，又能体会到凉州文化的包容性、多样性的特征。

二是丛书的学术价值高。《凉州文化丛书》(第一辑)各位作者在前期通过辛勤的考察调研，搜集了大量的资料，然后根据实际需要开展研究性撰写，既吸收了前人的研究成果，又融入了自己的观点，既体现了历史文化的严谨准确，又对其进行创新性、前瞻性解读，思考的角度也有所不同，研究的方法也有新的突破。此外，丛书中的每一本书都由武威市凉州文化研究院与甘肃省社会科学院的研究者合作完成，在专业、学术、研究、视野、资料搜集等方面具有互补性，在撰写的过程中互相探讨交流，无形之中提高了丛书的质量。因此整套丛书无论从研究深度，还是学术价值，都比以往研究成果有新的提高。有些书稿甚至让人眼前一亮、耳目一新，颇有不忍释卷之感。

三是丛书的可读性强。《凉州文化丛书》(第一辑)注重学术性和资料性，兼顾通俗性和可读性，图文并茂。在进行深度挖掘、系统整理的基础上，又对文化展开解读，符合当下社会各界的文化需求，既方便专业研究人员查阅借鉴，也能让普通读者也喜欢读、读得懂，对于普及武威历史、凉州文化，提高全社会的文化自信等，具有重要的作用和意义。

编一套丛书，实不易也。武威市凉州文化研究院以初创时的一张白纸绘蓝图，近几年已编撰出版各类图书二十多本种，每一种都凝聚着凉州文化研究工作者的心血和汗水。几载光阴，他们完成了资料的整理研究，向着更为丰富、更加系统的板块化研究方向迈进，这又是多么可喜的一步。这十本书，正是该院与甘肃省社会科学院紧密合作，组织双方研究人员共同"探宝"凉州文化的有益之举。幸哉，文史研究工作，本为枯燥乏味之事，诸位却在清冷中品出了甘甜，从寂寞中悟出了真谛，有把冷板凳坐热的劲头，实为治学之精神，人生之追求。

《凉州文化丛书》(第一辑)是武威市凉州文化研究院的阶段性成果，集中展示了武威市凉州文化研究院学术研究成果，值得庆贺！希望武威市凉州文化研究院以此为契机，积极吸收最新的学术研究成果，从西北史、中国史、丝绸之路文明史的大视野来审视凉州文化，多出成果，多出精品，为凉州文化的传承发展做出更大的贡献。

是为序。

田　澍

2023 年 8 月 31 日于兰州黄河之滨

田澍，西北师范大学副校长、教授、博士生导师，中国历史研究院田澍工作室首席专家，《兰州通史》总主编。

序　言

　　说到凉州，不免让人想到《凉州词》，"羌笛何须怨杨柳，春风不度玉门关"，这是个遥远、神奇的地方。汉末大儒马融为避中原战乱，曾客居凉州，设帐讲学，这无疑对儒学在凉州的传播起到巨大作用。凉州地处西陲，然儒学的风气一直延续，从未消歇，这在若干典籍中皆可以找到依据，到了清代，则儒学更为兴盛了。《清代凉州府儒学教育研究》则描绘出凉州府在整个清代的儒学教育的图景，可谓气象万千。全书总共分为九章，第一章追溯了清代前期凉州府的儒学教育，第二章介绍了清代凉州府的书院、文庙与文进士，第三章至第八章介绍了清代武威、镇番等县文进士的情况，第九章则论述了明代庄浪卫、凉州卫、永昌卫的六位文进士，以为补充。

　　本书有几个方面是值得品读的。

　　一是，《清代凉州府儒学教育研究》总体上以社会、士人群体为中心展开，如书院、文庙、进士，这个研究脉络是十分清楚而得当的。儒学教育需要一定的空间作为载体，而书院、文庙则是儒学教育最为重要的空间载体，另外儒学教育也需要知识群体作为支撑，进士则是十分重要的知识群体。本书指出，凉州府五县总共有13所书院，5所文庙，武威县则有41位进士，镇番县10位进士，凉州府57位进士，这个规模已算不小了。清代前期，清廷为了政权的稳固，实际是控制书院的发展，南方书院的数量一直在减少，而在凉州地区有13所之多，这是个不小的奇迹，科举考中进士的人数也是十分出众。记得在不久之前，看过一篇写清代书院的文章，其对全国书院进行了一个大体统计，清初书院规模一直有限，等到了康熙、乾隆以后，书院开始蓬勃发展，儒学也开始兴盛起来，清廷的文教政策对书院的影响是显而易见的。另外，进士人数的增加，反映出凉州文化发展整体性飞跃。文庙是儒学的神圣空间，承担着祭祀、生产经营功能，这是儒学教育不可缺少的一环，当然有些书院本身就建有文庙，集教育、生活、祭祀于一身。书院、文庙、进士三位一体，展现清代凉州府特殊的教育风貌，这几个视角是完整而周全的。

二是，《清代凉州府儒学教育研究》在进士群体中注重家族整体性的研究。本书对于当地影响力较大的孙诏、孙俌家族和李于锴家族进行了重点研究，这个是非常有必要的。中国传统时代的科举，不单是个人的行为，更是一个地域、家族的集体行为。参加科举的士子，长久地受到家族的扶持与帮助，他们考取功名，光耀门楣，回馈乡里，举荐乡贤，科举家族就是在这种文化氛围中形成的。一方面，寒门子弟通过科举获得晋升仕途的资格，另一方面则是，这些人在占据要津以后，也会选用族人作为左臂右膀，驰骋仕途。清代大儒阮元主政一方的时候，就选用了许多其家乡的门生故吏入幕，这些人协助他进行文教工作，另外对于参加科举的家乡寒士，阮元也慷慨解囊，帮助其解决后顾之忧。如此，则会以地域、家族形成一个文教集团，其正面意义是促进这一地域的人才、资源的流动。当然我们也要反思这种文化，地域、家族文化的泛滥容易产生结党营私、攀龙附凤的负面后果。凉州府虽然地处边陲，除了要拱卫华夏，大修武备，还要进行文教传播的工作，其意义是不言而喻的。

三是，文献来源具有地域的特殊性。本书中许多的文献除了采用正史记载，还使用了许多凉州地方志文献、碑文，这是独一无二的历史文化资源。清代学者章学诚十分推崇地方志，他指出"有天下之史，有一国之史，有一家之史，有一人之史，传状志述，一人之史也，家乘谱牒，一家之史也，部府县志，一国之史也，综记一朝，天下之史也"，他将地方志视为一国之史，章学诚本人也是个实践者，他曾撰写过许多地方志。本书在介绍进士群体时，采用了许多地方志、金石录、碑文等史料，而这些史料纯为凉州府的独特史料。除了正史记载之外，地方志、碑文也具有承载历史记忆的功能。如我们一谈到三国的历史就想到了《三国志》，而像《华阳国志》《江表传》《吴录》等地域性史书也往往成为《三国志》重要的参照。古凉州的历史，除了《史记》《汉书》等正史所记，地方志等非正史文献也有所记，本书能够将这些非正史文献爬梳出来，实属不易。最近这些年，史学界兴起了碑文、家谱的研究热潮，华南学派的社会史研究正是一个典型，试图通过民间文献来发现不一样的历史，即个体的历史，乡土的历史，这可以说是一个新的视角，本书在这一方面也紧随前沿研究。

诚然，作为一种地域文化史的研究，《清代凉州府儒学教育研究》已经是独具规模。从书院、文庙、士人群体而言，丰富地呈现了清代凉州府的儒学教育面貌，留给读者无限的想象与思量。我们从这部著作中可知，儒学的影响真是无远弗届，正是这一文化纽带，将悠悠四海关联在一起，在文化的江海中，以歌以咏，以遨以游，是时代给予了我们这个机会。

秦行国
2023 年 8 月于北京

（秦行国，湖北仙桃人，湖南大学历史学博士毕业，现为北京师范大学历史学博士后、助理研究员，主要研究方向为儒学、经学。）

前　言

一、凉州与武威

走进武威，凉州归来。一部凉州史，半部在武威。

武威市位于甘肃省中部，河西走廊东端，扼守进入西域的东部门户，是古代丝绸之路的重镇。而另一颗"丝路明珠"敦煌，位于河西走廊西端，扼守进入西域的西部门户。就河西走廊而言，东有武威，西有敦煌，都是"文化高地"。武威市目前下辖凉州区、民勤县、古浪县、天祝县"三县一区"。武威古称姑臧，又名凉州，但历史上的凉州并非等同于武威。

先有凉州，后有武威。凉州、武威之名与汉武大帝密不可分。

西汉建元二年（前139），奉汉武帝之命，张骞由大汉帝都长安出发，甘父做向导，率领一百多人出使西域，探索汉朝通往西域的道路，即赫赫有名的"丝绸之路"。汉武帝元朔三年（前126），改雍州曰凉州，以"地处西方，常寒凉故也"。元狩二年（前121），霍去病出兵河西，击败匈奴。汉辟河西四郡，武威始设郡县，为彰显其"武功军威"而得名。元封五年（前106），设十三州刺史部，武威属凉州刺史部。

二、凉州儒学教育简史

一部凉州史，也是一部儒学教育史。

凉州儒学文化底蕴深厚，文脉绵长。自汉武帝凿通西域，设立河西四郡后，中原儒家文化开始在凉州传播、保存、发展，经过两汉初兴、五凉兴盛、隋唐繁荣、夏元延续、明清鼎盛，逐步形成了具有地方特色的儒家文化体系。

汉武帝"罢黜百家，独尊儒术"的政策，造就了两千多年的儒学教育道统。

武威郡设立后，早在西汉平帝元始三年（前3）就设立了郡国学。据《后汉书·任延传》记载，东汉光武帝建武中，武威太守任延，建立了武威郡国学馆。三国时期，重置凉州，上升为全国十三州之一。据《水经注》记载，魏嘉平年间，武威太守条茂，在姑臧灵渊池修建学官，为讲学读书之处。西晋惠帝时，凉州刺史寇儁令"郡县立学校，兴礼让，民俗顿改"。

五凉时期，凉州儒学教育迎来了第一个高峰。正如中国社会科学院单继刚研究员所说，五凉时期，是凉州在中国历史上的"高光时刻"。

五凉之中，除了西凉在敦煌和酒泉建都外，前凉、后凉、南凉、北凉都曾在凉州建都，使凉州成为当时具有全国意义的三大据点之一。前凉创始人张轨于永宁初年（301）任凉州（州治姑臧）刺史后，立学校，重礼教，并收录九郡官僚子弟500余人，传授儒学，培养人才，置崇文祭酒，儒学大兴。其后张重华也很重视讲学授徒，一时出现"在朝卿士、郡县守令，受业独拜床下者二百余人"的盛况。由于前凉并重国学与私学，对培养人才起了重要作用。故《资治通鉴》记载："凉州自张氏以来，号为多士。"397年，鲜卑族秃发氏建立的南凉政权也十分重视文化教育。据史料记载，南凉主秃发利鹿孤建立学校，开庠序，以田玄冲、赵诞为博士祭酒，以教贵族子弟。北魏灭北凉后，献文帝天安二年（467），建立郡国学制度，此后儒学大振。

隋朝是一个短暂的王朝，但给中国带来了科举制度。

隋文帝统一全国，废除九品中正制，代之以考试选拔人才的科举制。隋炀帝继位，复开庠序国子郡县之学，其规模超过了文帝时期。唐朝时期，凉州先后为凉州总管府、都督府、河西节度使治所，一度成为拱卫长安的通都大邑。唐朝完善了科举制，刺激了儒学发展。凉州府治姑臧，设府儒学，置博士1人、助教2人，教授学生60人。

西夏蒙元时期，凉州为游牧民族统治，但儒学教育道统并未断绝。

西夏时凉州为西夏辅郡，其地位仅次于都城兴庆府（今银川）。西夏党项族占据河西，在西凉府设立藩学，以科取士。通晓汉文的李元昊，命大臣野利仁荣依照汉字结构，创制西夏文字 6000 多个，翻译《孟子》《孝经》《尔雅》《四言杂字》作为教科书。蒙元时期成吉思汗之孙西凉王阔端与萨迦班智达在凉州白塔寺举行了著名的"凉州会盟"，奠定了西藏正式归属中央政府行政管辖的基础。元朝灭西夏，西凉府改为州，设州儒学，有学政 1 人，教谕 1 人，授业学生 30 人，收录蒙汉贵族子弟就学。

明朝时期，凉州复归汉族统治，儒学教育复兴。

明朝时期由于残元势力边患未除，设立陕西行都司，实行卫所制度，今凉州区为凉州卫，今民勤县为镇番卫，今古浪县为古浪守御千户所。周边的今金昌市永昌县为永昌卫，今兰州市永登县为庄浪卫。明代卫与卫之间是独立建制。明朝后期虽在凉州卫设置副总兵，节制周边许多卫所，但毕竟并非正式的行政建制。因此，当时的镇番卫、永昌卫等并非隶属于凉州卫。

明正统二年（1437），兵部右侍郎徐晞镇守凉州时，设凉州卫儒学（地址在文庙西侧），学额 20 人，两年一贡。教材以《四书》《五经》为主，并有《御制大诰》《大明律》等。为考取生员，另在城西南隅设有考院一处，考试分岁考和科考两种，岁考每年一次，科考隔年一次。其时，陕、甘两省乡试地址在西安府，凉州卫应试生员必远涉千里，去应乡试。景泰元年（1450）秋，举行乡试，凉州庞质考中举人。凉州卫在明代考中文举 8 人，武举 4 人，贡生 73 人，考中进士的仅李锐 1 人。

清朝时期，凉州之地文教发达，人文荟萃，文风鼎盛，甲于秦陇，儒学教育迎来第二个高峰。

清雍正二年（1724），凉州卫改为凉州府，府治设在武威县。改镇番卫为镇番县，改古浪守御千户所为古浪县，改永昌卫为永昌县，改庄浪卫为平番县，五县及庄浪茶马厅皆由凉州府统辖。

如今的天祝自治县，在明朝时期先后属庄浪卫、凉州卫和古浪守御千户所；在清代，属凉州府，由武威、平番、古浪三县辖之；乾隆十八年（1753）设庄浪茶马理番同知，管辖三县所属的天祝藏族部落。

随着行政区划的改革，儒学教育制度亦随之变革。凉州卫儒学改为凉州府儒学，设教授1人、训导1人、文武童生各15人、廪膳生和增广生各20人，两年一贡。又将古浪县童生8名入凉州府儒学，廪、增生也各增10名。选拔生员由两年一贡改为三年二贡。雍正三年（1725），文武童生各20名，廪、增生各40名，选拔生员一年一贡。

康熙五十八年（1719），凉州府考院毁于火灾。乾隆四年（1739），由凉庄道阿炳安以五县捐款修复，为五县生员考取秀才的考场。光绪元年（1875），陕、甘总督左宗棠奏准，陕、甘乡试考场分设，始在兰州设贡院，此后凉州生员赴兰州参加乡试。

三、凉州文进士概述

自隋唐以来，儒学教育便与科举制度相伴相生。科举制度是中国历史上选拔官员的基本制度，从隋朝大业元年（605）起，至光绪三十一年（1905）废除，存在了1300年。两汉时期，采用察举制与征辟制选官。隋炀帝时期，科举制度肇始。到了明清时期，逐级选拔的科举制度已经非常成熟。

明、清的科举考试共分为五级：童试、院试、乡试、会试和殿试。殿试是最高一级的考试，在四月份举行，由皇帝主持，都只考策问一场。出榜分为三甲：一甲赐"进士及第"，只有前三名，为状元、榜眼、探花，合称"三鼎甲"；二甲赐"进士出身"；三甲赐"同进士出身"。

进士有文进士和武进士之分。因为文进士的文献及研究居多，所以在多数语言场域中，"进士"指的就是"文进士"。文进士，是儒学教育的受益之人和重要推动者，也是科举制度的拔尖人才和成功人士。毋庸置疑，研究文进士是研究儒学教育的一条捷径和一把钥匙。

凉州历史上的文进士，首次出现在唐代。盛唐之下，凉州作为军事重地，经济文化也随之繁荣昌盛，产生了两位进士：李益、段平仲。唐朝末年，凉州被吐蕃占据。到了宋代，凉州又被西夏占据。

西夏时期，一些在宋朝屡试不第的文人投靠西夏。当时境内的凉州学子也参加西夏科举考试，并有考中进士的记录。如权鼎雄为凉州人，西夏天庆七年（1200）举进士，进身授职，授翰林学士。又如西夏乾定三年（1226），祖籍凉州的高智耀参加了西夏最后一次科举考试，高中状元，担任西夏判官一职。《西夏书事》记载："夏乾定三月，策士，赐高智耀等进士及第。"

元代，凉州为永昌路西凉州，凉州人考中进士的有余阙1人。到了明代，凉州卫考中文进士的有李锐1人。比邻的永昌卫考中文进士者有4人：胡执礼、王懋学、王廷霈、曹毓芬。庄浪卫（今永登县），则有黄谏考中了"探花"。黄谏（1403—1465），字廷臣，号卓庵，又号兰坡。明正统七年（1442）探花，授翰林院编修，迁侍读学士。

清代凉州府下辖武威县、镇番县、古浪县、永昌县、平番县五县，考中文进士共57人。

武威县文进士共41人，分别是孙诏、苏璟、王化南、孙俌、李蕴芳、刘作垣、张翙、萧士双、郭楷、周泰元、张澍、杨增思、何承先、龚溥、张美如、赵廷锡、李黉生、马廷锡、尹世衡、牛鉴、潘挹奎、王于烈、张兆衡、丁锴、陈作枢、任国祯、刘锴、蔡式钰、王之英、张诏、张景福、袁辉山、周光炯、刘开第、许楫、马侃、伦肇纪、任于正、李于锴、权尚忠、张铣。

镇番县文进士10人，分别是孙克明、卢生薰、王有德、卢生莲、刘叔堂、王宏善、张奋翼、傅培峰、张尔周、马明义。古浪县文进士1人，张澂。永昌县文进士3人，分别是南宫鼎、南济汉、蔡发甲。清代平番县文进士2人，分别是王鉴塘、保鉴。

四、本书的基本情况

本书的研究对象为"清代凉州府的儒学教育"。从时间来说，限定在清代。清初沿袭明制，仍为凉州卫。雍正二年（1724）才改凉州卫为凉州府，治所设在武威县。所以，本书的研究也包括清初"凉州卫"的那段时间。从空间来说，清代凉州府下辖武威县、镇番县、古浪县、永昌县、平番县和庄浪茶马厅，包括现武威市的凉州区、民勤县、古浪县三地，以及现金昌市的永昌县，兰州市的永登县，这些地方无疑是"凉州文化圈"的核心区域。

本书共分为九章。第一章至第二章，是对凉州府儒学教育及进士的概括性研究，第三章至第八章，则是对凉州府进士个体的研究。在对进士群体进行全面论述的同时，本书对31位进士进行了个案研究，以期望点面结合，"既见森林，又见树木"，使读者获得更为丰满的凉州府进士形象，也能通过一个个活灵活现的人物形象，更加生动具体地了解当时儒学教育的样貌。明清两朝的儒学教育是因袭相承、一脉相连的，第九章对明代庄浪卫、凉州卫、永昌卫的6位进士亦作了论述。明代镇番卫、古浪守御千户所未有考中进士的记载。

第一章为"清代前期凉州府的儒学教育"，主要依据清代武威县人张玿美总修的《五凉全志》，对凉州府五县的儒学教育面貌进行描述。《五凉全志》全称《五凉考治六德集全志》，编纂于乾隆十一年（1746）至乾隆十四年（1749），对于凉州府五县的历史记载最为完备。遗憾的是，因为本书作者学养有限及时间紧促，对于清代五县的其他方志暂未涉及，有待以后进一步研究。

第二章是"清代凉州府的书院、文庙、文进士"，前两节研究了凉州府五县的13所书院，西北最大的文庙——武威文庙及非物质文化遗产——武威文庙祭孔大典，后三节是对凉州府进士的总体性研究，包括武威县41位进士的数据分析，镇番县10位进士的汇总分析，以及凉州府57位进士的个人简介。

第三章至第五章，是"清代武威县文进士举隅"，在武威县41位进士中选择15位进行考证和描述，在搜集展现可靠史料的基础上，对每位进士的生平事迹、成就功勋等作较为通俗的解读，力争实现学术的严谨性和普及性的统一，以求适合从文史研究人员到普通大众更加广泛的读者群体。这15位进士史料较为充足，或成就较为突出，或影响力较大，或特色较为鲜明，足以为进士群体的代表。对于孙诏、孙俌家族和李于锴家族也作了重点研究，以阐释科举家族的重要作用。因为篇幅限制及避免与其他著作重复等原因，像学术大家张澍、两江总督牛鉴、《武威耆旧传》的作者潘挹奎等其他武威进士，本书并未单独论述。

第六章至第七章为"清代镇番县的文进士"，对镇番县的 10 位文进士进行阐述和研究。

第八章是"清代古浪县、平番县、永昌县的文进士"，阐述和研究了三县的文进士 6 人，其中古浪县 1 人、平番县 2 人、永昌县 3 人。

第九章是"明代庄浪卫、凉州卫、永昌卫文进士"，论述了庄浪卫探花黄谏、凉州卫进士李锐、永昌卫进士胡执礼、王懋学、王廷霦、曹毓芬。

本书是团队协作的成果，前言、第一章至第五章由武威市凉州文化研究院副研究员赵大泰撰写，第六章至第九章以及后记，由甘肃省社会科学院编辑吴旭辉撰写，吴旭辉完成的字数约为 13 万字。

由于本书的撰写时间紧、任务重，加上水平有限，史籍资料浩瀚难查，错漏之处在所难免，恳请广大读者朋友批评指正！

赵大泰
2023 年 8 月

目　录

第一章　清代前期凉州府的儒学教育

第一节　清代前期武威县的儒学教育 / 3

第二节　清代前期镇番县的儒学教育 / 15

第三节　清代前期古浪县的儒学教育 / 25

第四节　清代前期平番县的儒学教育 / 33

第五节　清代前期永昌县的儒学教育 / 42

第二章　清代凉州府的书院、文庙、文进士

第一节　清代凉州府的书院 / 49

第二节　武威文庙与武威祭孔大典 / 54

第三节　清代武威县文进士研究 / 59

第四节　清代镇番县文进士研究 / 67

第五节　清代凉州府文进士简介 / 74

第三章　清代武威县文进士举隅（一）

第一节　祖孙进士：孙诏、孙俌家族 / 87

第二节　蔚为文宗：孙诏、孙俌的文章和书法 / 93

第三节　苏公不文：苏璟 / 95

第四节　廉平循吏：王化南 / 98

第五节　天妒英才：李蕴芳 / 100

第四章　清代武威县文进士举隅（二）

第一节　书院山长：刘作垣 / 105

第二节　武威神童：张翙 / 109

第三节　高寿耆儒：郭楷 / 112

第四节　嗜酒好书：何承先 / 121

第五节　诗书画"三绝"：张美如 / 124

第五章　清代武威县文进士举隅（三）

第一节　名门之后：尹世衡 / 131

第二节　山西循吏：张兆衡 / 135

第三节　乡试解元：陈作枢 / 140

第四节　三代耆儒：李于锴家族 / 146

第五节　公车上书：李于锴 / 152

第六节　末代进士：张铣 / 156

第六章　清代镇番县文进士（一）

第一节　甲第之首：孙克明 / 164

第二节　兄弟进士：卢生薰和卢生莲 / 170

第三节　持法明允：王有德 / 185

第四节　制艺巨手：刘叔堂 / 188

第七章　清代镇番县文进士（二）

第一节　同州府教授：王宏善 / 193

第二节　四川廉吏：张奋翼 / 195

第三节　誓死守城：傅培峰 / 203

第四节　文武全才：张尔周 / 210

第五节　铁面冰心：马明义 / 219

第八章　清代古浪县、平番县、永昌县文进士

第一节　古浪翰林：张澍 / 226

第二节　合江知县：王鉴塘 / 230

第三节　平番才子：保鉴 / 233

第四节　父子进士：南宫鼎、南济汉 / 239

第五节　山东"蔡青天"：蔡发甲 / 251

第九章　明代庄浪卫、凉州卫、永昌卫的文进士

第一节　庄浪卫探花：黄谏 / 257

第二节　凉州卫进士：李锐 / 263

第三节　永昌卫阁老：胡执礼 / 266

第四节　敕封承德郎：王懋学 / 271

第五节　特授进士：王廷霁 / 274

第六节　辞官归乡：曹毓芬 / 276

参考文献 / 278

后　记 / 281

总后记 / 283

第一章 清代前期凉州府的儒学教育

本章介绍了清代前期凉州府的儒学教育。张玿美总修的《五凉考治六德集全志》，编纂于乾隆十一年至十四年（1746—1749），对于凉州府武威、镇番、古浪、平番、永昌五县的历史记载最为完备，据此可以对五县在清代早期的儒学教育面貌进行描述。凉州府五县均设有文庙、县儒学等教育机构，配置有教授、训导、教谕等学官，学官的俸禄以及官学学子的基本保障均由官府提供。各县书院累计达到13所之多，还有为数众多的乡村公众办学的社学、慈善捐助的义学以及百姓自费的私塾，民间还有"兴文社"和"敬惜字纸会"等助学组织。历任道、府、县官员对于儒学教育都大力支持，因而各县涌现出了大量的科举人才。武威县作为府治所，教育机构还有凉州府考院、凉州府儒学。镇番虽然在边塞，但文教发达，所谓"文社寒暑不辍，书声昼夜相闻。故向来科目甲于河西。五郡聿号既分，犹屡破藩篱"。古浪、平番、永昌三县的儒学教育在清代前期都有长足的发展。

第一节　清代前期武威县的儒学教育

明末清初，凉州卫兵灾不断，战乱不息，明崇祯十六年（1643）李自成部将贺锦军队占据凉州，清顺治五年（1648），甘州回族人米喇印和丁国栋起义，凉州战火又起，直至顺治六年（1649）十二月，河西抗清起义才被剿灭。

《五凉全志·武威县志·地理志·沿革》中记述：

> 明洪武五年（1372），宋国公冯胜定河西，元凉国公搭搭乃北遁。胜视凉境空，以兰州等卫官军守御之。九年（1376），始置卫，立前、后、左、右、中五所。
>
> 崇正〈祯〉十六年，闯贼李自成置伪官。我朝定鼎，遣使剿贼，甫入关，全秦望风归。以凉州隶甘肃镇。顺治五年（1648）三月，逆回丁国栋乱，参议张鹏翼、副将毛镔皆遇害。总督孟乔芳帅刘友元等击讨之，栋西遁，余党马腾金据城肆〈撕〉杀，友元设奇，夜入南城歼贼众，城社始安。雍正五〈二〉年，改卫为府，隶武威、镇番、永昌、古浪、平番五县，而武威附府焉。①

明清以来，武威县人口经历了较大变化。明洪武年间，武威县有5480户，39815口。至清乾隆年间，武威县城乡居民达到49865户，263360口。从洪武年间的大约4万，到乾隆年间的26万多，人口增长了6.6倍，可以说是爆发

---

① ［清］张玿美总修，张克复等校注：《五凉全志校注》，兰州：甘肃人民出版社，1999年，第17—19页。

性的增长。《五凉全志·武威县志·地理志·户口》中记述：

> 武威县，明洪武中，户五千四百八十（5480），口三万九千八百一十五（39815）。嘉靖中，户二千六百九十三（2693），口九千三百五十四（9354）。我朝于今，在城居民，户一万一千六百二十七（11627），口二万七千五百三十七（27537）。在野居民，户三万八千二百三十八（38238），口二十三万五千八百二十三（235823）。①

在明朝，设立了西宁道驻凉州卫，清朝初期沿袭。至康熙二年（1663），始改为凉庄道。雍正二年（1724），改凉州卫为凉州府，隶武威、镇番、永昌、古浪、平番五县，府治武威县。凉庄道、凉州府、武威县的公署都在武威县城内，分别为道署、府署、县署。

一、武威县内的教育机构

（一）凉州府考院

凉州府考院，位于城西南隅，也就是现在所谓的"靶场"，是选拔儒生和武生的地方。康熙五十八年（1719）遭遇火灾。乾隆四年（1739），凉庄道阿炳安、凉州府知府乜承圣，会同五县捐修。乾隆十年（1745），凉州知府欧阳永裿又会同五县增修。据《五凉全志·武威县志·官师志·秩官》记载，"阿炳安，正红旗满洲举人，乾隆二年（1737）任。精明勤干，筑修满城及宁夏城工，以劳卒。""乜承圣，山东历城人，荫生，乾隆元年（1736）任。"②《五凉全志·武威县志·建制志·公署》中对考院记载如下：

---

① [清]张玿美总修，张克复等校注:《五凉全志校注》，兰州：甘肃人民出版社，1999年，第26页。
② [清]张玿美总修，张克复等校注:《五凉全志校注》，兰州：甘肃人民出版社，1999年，第58—59页。

考院，城西南隅。康熙五十八年火，仅存房二十余。乾隆四年，凉庄道阿（炳安），凉州府乜（承圣），同五县捐修。大门三楹，左右门房各四，鼓吹楼各一；二门一，东西角门二，东西号房各五；大堂五楹，堂后东西厢房各三；仪门一；二堂五楹，东西厢房各三；厨房一处；近西箭厅三楹，近东官厅三楹。十年，凉州府欧阳（永祎），同五县增修东西号房各六，悉砌土为桌，复起建二门，俾高敞。①

（二）文庙

武威文庙是西北地区规模最大、保存最完整的文庙，明清之际誉为"陇右学宫之冠"。武威文庙坐北向南，平面呈长方形，总占地面积三万多平方米，由三组建筑群组成，东为文昌宫、中为孔庙、西为凉州府儒学院（又称"凉州府学"）。

武威文庙始建于明代正统年间，由职方右司马徐晞题请复修。成化年间，都御史徐廷璋重建。清顺治年间，凉庄道苏铣又主持修缮及增建，巡抚周文炜，巡按聂玠，总戎刘友元，副总戎孙加印皆参与。康熙年间，凉庄道武廷适重加缮葺，庙貌复新。据《五凉全志·武威县志·建制志·学校》记载：

文庙，在城东南隅。照壁一，泮池一，有桥，棂星门三楹；东名宦祠三楹，西乡贤祠三楹；戟门三楹；东礼门，西义路；大成殿五楹，两庑各七；东西碑亭各一，燎鼎一；尊经阁五楹，下即崇圣祠；甬道中碑亭一，碑镌圣祖仁皇帝训饬士子文。庙外忠烈祠三楹，节孝祠三楹。学宫自明正统中，职方右司马徐晞题请复修。成化中，都御史徐廷璋重建。我朝顺治甲午（1654）秋，观察苏铣以庙宇宫墙久圮，集

---

① ［清］张珫美总修，张克复等校注：《五凉全志校注》，兰州：甘肃人民出版社，1999年，第40—41页。

议捐俸，设法劝输拓地兴功，增殿庑以及棂星、仪门、泮池、金声玉振各亭、名宦乡贤各祠。经始于丙申（1656）三月，迄丁酉（1657）六月乃成。规模较旧逾数倍。巡抚周文炜，巡按聂玠，总戎刘友元，副总戎孙加印皆与焉。康熙三十八年（1699），观察武廷适重加缮葺，庙貌复新。祭器、乐器、舞器、书籍，五县俱同，详载《平番志》。①

文庙的日常运行有官府财政拨款和学田收入保障。如文庙丁祭银可收入九十两，"文庙丁祭银府县各四十五两"②。文庙的祭田有去城东南十里地一段，三顷五十五亩。名宦祠的祭田有城东杂六坝刘畦沟庄房一处，宋地科田二段，共七十七亩。梓潼台也有祭田，对于文庙泮池用水也有明文约定。③

（三）凉州府儒学和武威县儒学

府学和县学，作为官办学校，不仅有财政拨款支持，还有商铺的租金收入补贴。《五凉全志·武威县志·建制志·学校》记载如下：

> 凉州府儒学 在文庙西。大门三楹；土地祠一处；二门三楹，东西角门各一；明伦堂五楹，东西斋房各五；敬一亭三楹，东西厢各三；三堂楼五楹，东西厢各三。副堂署在大堂东二院，共房七。入学额数：雍正三年（1725）开岁科各二十名，武生十二名，廪增各四十。
>
> 武威县儒学 在城东北旧北府署。后半书院，前半设儒学。大门三楹，二门三楹，东角门一；明伦堂五楹，东西斋房各五；敬一亭三

---

① [清]张玿美总修，张克复等校注：《五凉全志校注》，兰州：甘肃人民出版社，1999年，第42页。
② [清]张玿美总修，张克复等校注：《五凉全志校注》，兰州：甘肃人民出版社，1999年，第29页。
③ [清]张玿美总修，张克复等校注：《五凉全志校注》，兰州：甘肃人民出版社，1999年，第42—43页。

楹;西北隅内室三楹,左右房各三。入学额教:原额卫学岁科各十二名。雍正三年(1725)改大学,岁科各十五名,武生十五名,廪增各二十。

学校铺设附 在城隍庙。前府欧阳永祎捐俸倡,绅衿公捐,置买地基,修理铺舍。南至山门外大街,北至二山门前牌楼,积租以为乡会路费。至乾隆十二年(1747)火。观察张之浚,太守朱佐汤,司马苏尔弼、梅士仁,邑令李如珽捐俸重修山门,绅衿重修铺舍二十六,余地以待后之兴修者。①

(四)书院

康熙四十三年(1704),凉庄道武廷适创建了成章书院,记载如下:

书院 县儒学后。康熙四十三年(1704),观察武廷适创建,大堂五楹,对厅三楹,文昌殿三楹,左右耳房各一,厨房一。乾隆三年(1738),观察阿炳安装修,设湾泉湖水粮岁二十仓石。十二年,观察张之浚倡,太守朱佐汤暨五县邑令李如珽、施良佐、李炳文、徐思靖、牛运震重建东西书房各三,东南隅书房二,西北隅书房八,箭厅三楹,大门一,射圃一处。学租原额二百五石二斗零,现有地额征粮五十余石,水冲沙压豁免粮一百五十余石。暂动耗羡粮内拨补。②

---

① [清]张玿美总修,张克复等校注:《五凉全志校注》,兰州:甘肃人民出版社,1999年,第43页。
② [清]张玿美总修,张克复等校注:《五凉全志校注》,兰州:甘肃人民出版社,1999年,第43页。

(五)社学、义学

明清两代,社学成为乡村公众办学的形式,带有义学性质,开展农村启蒙教育。义学则是由慈善捐助建立的学校。据《五凉全志·武威县志·建制志·学校》记载,当时有社学二处,义学三处:

> 社学 一在城内,一在新关,随学置耕地二石,俱邑令李如琬立。
>
> 义学 一在张义堡,一在永渠孟家庄,俱有书房学地。一在东关,以税课局改设书房九,小铺一。①

《五凉全志·武威县志·人物志·节义》中记载了一些捐资助学的人物与事迹。② 如张允澂捐建了一所义学:

> 张允澂,秀监。设孟家庄别业为义学,随庄地七石,延师供修脯,课贫寒子弟。申宪建坊立碑,表其义。其子尔昭继父志,捐设义仓二,每仓粮一十二石;一接济贫乏,一接济宗族。

如监生张汉辅资助了张义堡义学:

> 张汉辅,监生。捐房二间,地三石五斗,为张义堡义学膏火。申宪绘匾。

---

① [清]张珩美总修,张克复等校注:《五凉全志校注》,兰州:甘肃人民出版社,1999年,第43—44页。
② [清]张珩美总修,张克复等校注:《五凉全志校注》,兰州:甘肃人民出版社,1999年,第95—96页。

如耆老马骥奉命修建了考院、书院、城隍庙三门学铺等：

> 马骥，乡耆，有德。奉宪修考院、书院、城隍庙三门学铺，东关门楼，皆骥经理。

（六）助学组织"兴文社"和"敬惜字纸会"

道光年间，进士杨增思等倡导设立"兴文社"，生员汪雨霖等倡导设立"敬惜字纸会"。监生何三祝捐资修建文昌宫，建义学，吸纳里中子弟学文练武。在《五凉全志·武威县志·人物志·节义》中有如下记载：

> 道光五年（1825）续
>
> 杨增思，进士；白之潞，生员；陈琨，理问；刘玊曾，廪生；李奎标，训导；刘赓元，岁贡；陈映奎，监生；赵升，岁贡；李宗义，副贡；陈珮，州同；杨培元，生员，等　倡城乡士庶，捐三千余金，同立兴文社。以所入利息，为乡会路资，寒士赖之。事详兴文社碑记。
>
> 汪雨霖，生员；党作霖，乡耆；刘培荣，生员，等　各捐所典田地数石价，入介公设立字纸会。生员刘陛荣经理，仍以典田起租，为焚化字纸费。以所余者，为乡试卷价。事详碑记。
>
> ……
>
> 何三祝，监生。敦孝友，睦宗族，轻财好义，恤孤拯贫。乾隆三十年（1765）间，尝捐千金，倡同乡士庶，于暖泉及黄四坝，各修文昌宫，建义学，集里中子弟，延师课读。间有学书不成，而血气刚勇者，又延武师，教习骑射。诸凡义举，至今啧啧人口云。①

---

① ［清］张玿美总修，张克复等校注：《五凉全志校注》，兰州：甘肃人民出版社，1999年，第95—96页。

二、凉州府、武威县的学官

在《五凉全志·武威县志·官师志·秩官》中记载了凉州卫、凉州府的教授,凉州府训导,武威县教谕等学官。①

清朝初期沿用凉州卫,故学官为凉州卫教授,有以下8人:

刘维运,顺治年任。
薛大章,周至人,甲午举人,康熙九年(1670)任。
薛大猷,汉中西乡人,丁酉举人,康熙十九年(1680)任。
陈五玉,兴安平利人,岁贡,康熙二十八年(1689)任。
黄鼎铉,庆阳合水人,岁贡,康熙三十九年(1700)任。
董元善,长安人,戊午举人,康熙四十三年(1704)任。
冯绍商,宝鸡人,监生保举,康熙五十一年(1712)任。
韩景运,泾阳人,甲子举人,雍正二年(1724)任。

雍正二年,凉州卫改为凉州府,故雍正三年起,卫教授改为府教授,记载有2人:

郑鹏,华阴人,壬午举人,雍正八年(1730)任。
张光宗,咸宁人,癸巳举人,乾隆十二年(1747)任。

凉州府另有训导一职,记载有7人:

吕云鹤,商州人,岁贡,雍正四年(1726)任。

---

① [清]张玿美总修,张克复等校注:《五凉全志校注》,兰州:甘肃人民出版社,1999年,第60—61页。

李振生，洛南人，岁贡，雍正四年（1726）任。

王秉极，岐山人，岁贡，雍正八年（1730）任。

周叙典，商州人，岁贡，雍正十年（1732）任。

李真桂，延安甘泉人，岁贡，乾隆四年（1739）任。

张迪，凤翔人，岁贡，乾隆七年（1742）任。

傅梦弼，临潼人，岁贡，乾隆十二年（1747）任。

雍正、乾隆年间武威县教谕记载有以下5人：

张述辕，镇远，恩贡，雍正四年（1726）任。

冯宗洙，米脂人，戊子举人，雍正六年（1728）任。议论超旷，课士多方，有干济才。后迁直隶藁城县令。

赵志炜，汉中城固，恩贡，雍正十年（1732）任。

吴炆，凤翔，拔贡，乾隆元年（1736）任。

刘以璋，周至，廪生，保举贤良方正。留心经济。乾隆七年（1742）任。

三、府县学官的俸禄及对学子的财政支持

据《五凉全志·武威县志·地理志·赋则》记载，凉州府教授俸禄有四十五两，这与武威县知县的单独俸禄一项持平。凉州府训导有俸禄四十两，武威县教谕有俸禄四十两，这与凉州府经历的单独俸禄一项持平，高于武威县典史的俸禄，后者俸禄只有三十一两五钱零。当时道、府、县官员及学官的俸禄及其他收入，对文武生员参加举人考试的盘缠支持，在学生员的生活补助记载如下：

凉庄道，每岁俸薪银一百三十两，养廉银三千两，各项衙役工食

银二百三十四两。

凉州府,每岁俸薪银一百五十两,养廉银二千两,各项衙役工食银四百二两。

理事同知,每岁俸薪银八十两,养廉银八百两,各项衙役工食银一百七十四两。

武威县,每岁俸薪银四十五两,养廉银六百两,实领养廉粮七百五十石,公费银三百六十两,实领粮四百五十石,各项衙役工食银三百三十八两四钱。

府经历,每岁俸薪银四十两,养廉银六十两,实领粮四十八石九斗一升零,各项衙役工食银二十六两。

县典史,每岁俸薪银三十一两五钱零,养廉银六十两,实领粮七十五石,各项衙役工食银一十二两。

府学教授每岁俸薪银四十五两,训导每岁俸薪银四十两,门斗工食银一十八两。

县学教谕每岁俸薪银四十两,门斗工食银十八两。

文武举人会试盘费银每科各五两三钱零,在畜税银内动用。

府县廪生饩粮二百三十九石九斗零。

县学廪贫学租每岁二百五石二斗零。孤贫粮每岁六百八十石四斗零。①

四、道、府、县官员对于儒学教育的支持

历任凉庄道台、凉州知府、武威县令对于儒学教育大都非常支持,多有贡献。如康熙年间的凉庄道武廷适,创立成章书院、修葺文庙。

---

① [清]张玿美总修,张克复等校注:《五凉全志校注》,兰州:甘肃人民出版社,1999年,第29页。

武廷适，康熙四十一年（1702）任。雅爱斯文，捐资创立成章书院，延师课士，每月亲临校阅，文风由此丕变。修葺文庙。判断水利，永成铁案。历升广东布政使司。应入《名宦》。①

如乾隆年间的武威县令、凉州知府欧阳永裯：

　　欧阳永裯，广西马平人，拔贡。吏治精勤。初为武威令（乾隆五年1740任），四乡分立义学，培文教。于城隍庙倡义修铺，课金以资乡、会路费。乡饮废久，至公始举行。乾隆十五年（1750）升任（知府）。示《俭约》四条。率属捐俸，增修试号，俾应考者无风雨之苦。立社仓，劝绅士捐粟备荒。檄五属置留养所，以惠流寓孤贫。后调平凉，士民攀辕流涕，络绎数十里。②

又如雍正年间的武威县知县傅树崇在公务之余亲自教授儒生：

　　傅树崇，河南登封，戊戌进士，雍正十一年（1733）任。性豁达，捷于判断，力除户婚田产诸陋习，公余教课生儒，多所裨益。后迁柳湖水利厅。③

---

①［清］张玿美总修，张克复等校注：《五凉全志校注》，兰州：甘肃人民出版社，1999年，第57页。
②［清］张玿美总修，张克复等校注：《五凉全志校注》，兰州：甘肃人民出版社，1999年，第59页。
③［清］张玿美总修，张克复等校注：《五凉全志校注》，兰州：甘肃人民出版社，1999年，第61页。

五、武威县的科举人才

《五凉全志·武威县志·人物志·乡贤》中收录了儒生孙文炳、贾汉英。孙文炳，字元朴，廪生，以恂谨持礼法而知名。年五十八而卒，生子三，次子孙诏，进士，官至湖北布政使。贾汉英，字仲儒，岁贡，生性孝谨，精研理学，年六十二卒。①

《五凉全志·武威县志·人物志·选举》中记载了清代进士孙诏、苏璟、王化南3人，举人徐光台、白楚林等17人。荫袭保举的有李栖凰、董朝鼎、张珆美、张纶、张尔戬5人。贡生有高岐凤、鲁国正等103人。②

参与《五凉全志·武威县志》编纂工作的本地人才有总修张珆美，纂修苏璟，校阅有贡生尹思任、张宗孟、刘述武、孙諴，生员严克明、徐大纶：

总修

　　广东雷琼道张珆美　昆岩，邑人，廪生保举。

纂修

　　凉州府经历司曾钧　万楼，湖广湘潭县人；

　　山西文水县知县苏暻　元晖，邑人，庚戌进士。

校阅

　　邑贡生尹思任　重如；张宗孟；刘述武　丕承；孙諴　莲峰；

　　邑生员严克明　暗修；徐大纶　君言。③

---

① [清]张珆美总修，张克复等校注：《五凉全志校注》，兰州：甘肃人民出版社，1999年，第88页。

② [清]张珆美总修，张克复等校注：《五凉全志校注》，兰州：甘肃人民出版社，1999年，第125—132页。

③ [清]张珆美总修，张克复等校注：《五凉全志校注》，兰州：甘肃人民出版社，1999年，第11—12页。

第二节　清代前期镇番县的儒学教育

镇番之地,在宋代时就被西夏元昊所占据。元朝末年,城市几乎成为空城。明洪武二十九年(1396)设立镇番卫,成化十一年(1475)开设儒学,十二年(1476)正式建立了儒学署。雍正三年(1725),镇番卫改为镇番县,隶属凉州府。

《五凉全志·镇番县志·地理志·沿革》中记载：

> 宋为夏元昊所据。元为小河滩,元季唯存空城。明洪武二十九年设卫,改名镇番,辖左、中、右三所,隶陕西行都司,设文武官职。永乐三年(1405)设驿递,成化三年(1467)设仓场,十一年开学,十二年建儒学及阴医僧司。国朝雍正三年改县。①

镇番县的人口,在雍正前没有确册可查。"乾隆十三年,五千六百九十三户(5693),甲长五十七名,保长三十一名。各任稽察,宁谧地方。"另外,"柳林湖,屯田户二千四百九十八户(2498)……系水利通判管理"。②

镇番虽然在边塞,但文教发达,所谓"文社寒暑不辍,书声昼夜相闻。故

---

① [清]张玿美总修,张克复等校注：《五凉全志校注》,兰州：甘肃人民出版社,1999年,第185页。
② [清]张玿美总修,张克复等校注：《五凉全志校注》,兰州：甘肃人民出版社,1999年,第192页。

向来科目甲于河西。五郡聿号既分，犹屡破藩篱"。①

一、镇番县文庙

镇番文庙，"东近城垣，西通儒学。成化十二年（1476）建"。其中祭器、乐器、舞器、书籍，凉州府五县俱同。详载《平番县志》。有崇圣祠、庙门坊、圣训亭、宰牲堂、文昌阁、魁星阁、名宦祠等附属建筑。《五凉全志·镇番县志·建制志·学校》记载如下：

>崇圣祠　在大成殿东。
>
>庙门坊　康熙三十八年（1699），邑绅衿孙克恭、李从政等，以庙门卑隘，重建牌坊，即以为门。东西为黉门，门外下马石二。东"赞扶元化"，西"开辟文明"坊。
>
>圣训亭　即敬一亭。康熙五十七年（1718），卫守备王瀚捐俸倡众，建于崇圣祠之前。内立训饬士子碑。
>
>宰牲堂　久废。今丁祭省牲，在圣训亭之前，疑其故址。
>
>文昌阁　疑即尊经阁。上祀文昌，在先师殿后。明崇正〈祯〉三年（1630）建。
>
>魁星阁　明庠廪何孔述建于东城上。康熙十一年（1672），举人张奇斌、庠生段嘉猷等重修，并建拜殿。康熙三十年（1691），筑甬道通文庙内。
>
>名宦祠　在戟门外东。雍正九年（1731），知县杜荫建。乾隆九年（1744），知县施良佐重修，内祀叶映榴。
>
>（叶映榴，江南上海人。康熙十九年（1680），提学陕西，升任湖

---

① ［清］张玿美总修，张克复等校注：《五凉全志校注》，兰州：甘肃人民出版社，1999年，第214页。

广署藩，抗夏逆尽节。奉旨谥"忠节"，令于各筮仕处从祀名宦。①）

乡贤祠　在戟门外西。康熙初年，邑人左布政使孟良允建。内祀历代乡贤。②

二、镇番县儒学

镇番县儒学，始建于明代成化十三年（1477），在康熙、乾隆年间多有维修扩建。入学额数也不断增加。《五凉全志·镇番县志·建制志·学校》记载如下：

> 儒学　在县治东。《凉镇志》云："系社学改建，成化十三年创修。"康熙三年，教授张我兴，同绅衿孟良允、何斯美、杨垂裕、王一德、王慎修等，捐资重修明伦堂、博文约礼斋、教官公署一处，并文庙前后。乾隆八年，建贮乐器、祭器楼于明伦堂西侧。乾隆十年，重修礼门。二工皆合学捐资。
>
> 入学额数　旧无定额。康熙二十二年，学道俞陈琛，题定镇番卫为小学，岁、科各八名，武学八名。雍正元年奉旨，以秦省武盛，镇番武学加四名。雍正二年，各省增广学额，特题镇番为大学，岁、科各充附十五名。先是康熙六十一年，总督观风全省，朱批镇番云："此处文风最盛。"于举人卢氏昆仲尤赞赏，会逢增广学额之诏，遂破常格以小学特升大学。雍正二年，改卫为县，特开凉州府学，岁、科各充附二十名，武生十二名。镇番岁、科两考，拔府文童十二三名，或八九名，武童三四名不等。

---

① ［清］张玿美总修，张克复等校注：《五凉全志校注》，兰州：甘肃人民出版社，1999年，第230页。

② ［清］张玿美总修，张克复等校注：《五凉全志校注》，兰州：甘肃人民出版社，1999年，第210—211页。

廪增额数各二十名，四年两贡。①

镇番县儒学主要靠官府拨款和学田供养。"学田，在县南门外小二坝上管林沟。"②

镇番县的田亩，分为屯、科、学、更名等地。"屯，明时兵地也。科，民地也。学，学租地，供廪生贫士也。更名，明时王粮地也。"当时的学粮地有"上地二顷四十二亩五分；中地五顷九亩六分八厘；下地七顷一十六亩五分；共十四顷六十八亩六分八厘"。③

儒学的学官为教谕，其俸禄以及廪生的供养规定，文武举人参加会试的盘费支持，在《五凉全志·镇番县志·地理志·赋则》中有记载：

儒学教谕　每年俸银四十两。斋夫三名，银三十六两。藩库领。

廪生，二十名，每年每名饩粮四石，司估拨本色折价不一。膳夫银十三两三钱三分一厘，藩库领。学粮七十二石，廪贫分食。

……

文武举人会试盘费　银五两三钱零八分七厘七毫七丝。县库领。④

对比而言，当时镇番县令的俸银"四十五两，藩库领。养廉粮六百石，公费粮二百石，耗羡粮内支销"。

---

① [清]张玿美总修，张克复等校注:《五凉全志校注》，兰州：甘肃人民出版社，1999年，第211页。

② [清]张玿美总修，张克复等校注:《五凉全志校注》，兰州：甘肃人民出版社，1999年，第211页。

③ [清]张玿美总修，张克复等校注:《五凉全志校注》，兰州：甘肃人民出版社，1999年，第193页。

④ [清]张玿美总修，张克复等校注:《五凉全志校注》，兰州：甘肃人民出版社，1999年，第195—196页。

明代及清初镇番卫儒学原设训导1名,后改训导为教授,改镇番县后,改为教谕。清朝历任儒学教授9人,教谕4人,如下:

于景宁　真宁,贡。
张我兴。
惠文彦　清涧,贡。
刘　淳　延安,贡。
薛　侯　咸宁,举人。
张　霄　富平人。
母失养　咸宁,举人。
刘鼎新　凤翔,举人。
薛乙甲　韩城人,进士。
教授至此,改县后皆教谕。
任席珍　富平,举人。
管　俪　咸宁,举人。
雷衍宗　蒲城,举人。
杨大烈　华阳,举人。①

三、孟良允《重修学宫碑》

康熙三年(1664),儒学教授张我兴,同绅衿孟良允、何斯美、杨垂裕、王一德、王慎修等,捐资重修镇番文庙。孟良允作《重修学宫碑》,如下:

吾邑学宫,创自成化己未,历二百年。天启中,孝廉何公、孟公

---

①［清］张玿美总修,张克复等校注:《五凉全志校注》,兰州:甘肃人民出版社,1999年,第219—220页。

迭为修葺，迄今四十余祀。因地基卑湿，年久倾圮。庠生王君慎修目击心伤，恐钟簴将坠，自思年逾七旬，老于庠而不为修建图，遑问诸后人。乃谋于同侪，锐意重修。其时守土王公、印君张公，即合邑绅衿，各助俸捐资。兴工于孟秋之初。君不辞衰耄，日夜焦劳。三阅月竣役。凡殿基、斋庑、户扇、墙垣，黝垩楹栱，焕然改观矣。爰勒片石，俾后之有志整饬宫墙者，庶有感于斯言云。①

孟良允，字元芳，号淑明。天启辛酉举人。②孟希孔之孙，孟一鲤之子，祖孙三人皆贤。孟希孔收入"孝友"：

> 恩贡。山西太谷县主簿，莅任数月，以亲老告归。家居杜门，唯以养亲教子为事。③

孟一鲤被收入"乡贤"：

> 字禹门，希孔子。事继母最孝。万历己酉应试长安，社友党完我卒于邸，躬率弟一豸罄资助之，俾还衬故土。崇祯四年当贡，让之同学王国彦，士林钦之。所著有《春秋翼传》。以子良允，赠户、兵二部主事，后赠中宪大夫。顺治十七年，学政张肇昇详请从祀。
> ……

---

① [清]张玿美总修，张克复等校注：《五凉全志校注》，兰州：甘肃人民出版社，1999年，第272页。
② [清]张玿美总修，张克复等校注：《五凉全志校注》，兰州：甘肃人民出版社，1999年，第249页。
③ [清]张玿美总修，张克复等校注：《五凉全志校注》，兰州：甘肃人民出版社，1999年，第244页。

良允由举人历任州县，咸有循声，擢户、兵二部主事，升昌平道。明庄烈帝崩，允与郭作梅等，借梓于妃，磨砖为碣，服齐衰葬之，曲尽臣节。顺治元年，征召叙用，允辞不就，当道力疏荐之，仍补昌平道，升河南按察使，转浙江布政司。丁母艰，屡征，疏请休致。清风两袖。所著有《最乐编》《念贫吟》。①

四、义学

镇番县在县城内、蔡旗堡、青松堡、红沙堡等处都有义学，均为当地守备、水利通判、知县等地方官员捐建。

义学　雍正二年，卫守备洪涣建二处。后水利通判傅树崇、知县张能第合为一处，皆在县城。乾隆十一年，知县施良佐捐俸建本城并蔡旗堡、青松堡、红沙堡共学四处。②

五、"聿"字分号对于河西科举的影响

清代乡试举人考试，是在全省范围内设定名额，名额有限。清代前期，陕西、甘肃的乡试统一在陕西举行，当时甘肃的区域范围包括现在的甘肃、青海、宁夏、新疆各省（区）全部或者部分地区，最远到迪化府，即今天的乌鲁木齐。河西学子由于路途遥远、盘费巨多，加之名额有限，考中举人的比例很低。在左宗棠任陕甘总督兼理甘肃巡抚时，力主"陕甘分闱"，并在光绪元年得以实施，甘肃举人名额得以增加，并在兰州参加考试。在顺治、康熙、乾隆年间，平番以东另编"聿"号，录取举人一至两名，对河西的科举也产生了积

---

①［清］张玿美总修，张克复等校注：《五凉全志校注》，兰州：甘肃人民出版社，1999年，第241页。
②［清］张玿美总修，张克复等校注：《五凉全志校注》，兰州：甘肃人民出版社，1999年，第212页。

极影响。在《五凉全志·镇番县志·建制志·学校》中，特意记述了"聿"字分号的事件：

> 乡试历来与通省凭文中式。顺治丁酉科，甘肃十学，东至平番、西宁，西至肃州，题请另编"聿"字号于通省举额七十九名内，"聿"号分中二名。至庚子科，裁定举额四十名，"聿"号亦裁去一名。康熙丙子科广额，"聿"号每两科共中三名。时甘抚、喀甘提（督）孙思克，因甘肃五学久未发科，题请分"聿"号为左右，凉、永以东为聿左，甘、山以西为聿右。遇该一名之科，十学通编聿号；该二名之科，十学分编左右。后人文渐盛，每限于额数，乙酉科侍彤，甲午科卢生莲、副榜卢生薰，癸卯科卢生薰、卢生芙皆破常额。主司特疏题请，乾隆丙辰科，国子监祭酒扬名时，甲午科曾典试陕西，稔知聿号文风，每为定额所限，奏请聿号每科中二名，永为定例。聿左聿右，分中一科，通编聿号合中一科。但旧日聿号只系十学，改县之后，聿左隶九学，聿右隶五学。又有柳沟、沙、瓜新设之学，举额虽广半名，而学分几加倍矣。①

六、镇番科举人才

参与《五凉全志·镇番县志》修纂校阅的本邑士子有多人，其中旧修为举人孟良允，续修有岁贡生吴攀桂、举人卢生华，纂修除了凉州府经历司湖广湘潭县人曾钧外，还有本邑进士王有德、进士卢生莲、举人卢生芙、岁贡生马镇邦、岁贡生谢录朋、魏重光、魏奎光等人，参与校阅的有卢杰，生员何忠本、王鼎业、马伟、姜卜载、马钧宰等人。《五凉全志·镇番县志》开篇署名如下：

---

① [清]张玿美总修，张克复等校注：《五凉全志校注》，兰州：甘肃人民出版社，1999年，第211页。

旧修

浙江布政使孟良允　淑明，邑举人。

续修

西安府儒学教授吴攀桂　云鹏，邑岁贡生。

候选知县卢生华　文锦，邑庚子举人。

纂修

凉州府经历司曾钧　万楼，湖广湘潭县人。

湖南湘县知县王有德　慎先，邑人，庚戌进士。

江西弋阳县知县卢生莲　文洁，邑人，癸丑进士。

候选知县卢生英　文历，邑人，癸卯举人。

延安府延长县训导马镇邦　屏一，邑岁贡生。

候选训导谢录朋　友宾，邑岁贡生。

　　　魏重光　日瞻，邑岁贡生。

　　　魏奎光　斗瞻，邑岁贡生。

校阅

卢　杰　个臣。

生员何忠本　取是。

　　王鼎业　阆乡。

　　马　伟　岳如。

　　姜卜载　周望。

　　马钧宰　家臣。[①]

在《五凉全志·镇番县志·人物志·乡贤》中记载清代乡贤有何孔述，斯

[①] [清]张玿美总修，张克复等校注：《五凉全志校注》，兰州：甘肃人民出版社，1999年，第181—182页。

美子，举人；孟一鲤，字禹门，希孔子；孙克明，进士，清朝河西甲第之首；卢全昌，子六，四登科甲。《人物志·忠义》中记载有何斯盛，牺牲于山西翼城；朱运开，廪生，在平定回乱中立奇功；李兰，武解元，在征战西藏时牺牲。《人物志·孝友》记载有明末清初孟希孔、李养盛、孙寿岩（孙克明父）、周维藩、姜兆璜等人。①

在《人物志·选举》中则记录有清代进士孙克明、卢生薰、王有德、卢生莲、刘叔堂5人；举人有朱英帜、何孔述、杨瑞宪等22人；贡生有甘作霖、杨俊、魏奇望等8人；拔贡生有何孔述、胡俊英等8人；岁贡生有王万禄、卢即兰、王慎言等56人，副榜贡生李愈桂、卢生薰、马鳌、孙传纯4人。②

---

① [清]张玿美总修，张克复等校注：《五凉全志校注》，兰州：甘肃人民出版社，1999年，第240—245页。
② [清]张玿美总修，张克复等校注：《五凉全志校注》，兰州：甘肃人民出版社，1999年，第248—257页。

第三节　清代前期古浪县的儒学教育

在明代，古浪为古浪守御千户所，清初沿袭。"雍正三年（1725），遂改古浪所为古浪县，洵西陲之保障云。"①依据《五凉全志·古浪县志》的记载，可以了解清代前期古浪县的儒学教育状况。

衡量一地的教育发展水平，人口基数是一个重要的参数。据《五凉全志·古浪县志·地理志·户口》中记载："乾隆十三年，户六千三百九十有三，口六万五千五百一十。"②在乾隆十三年（1748），古浪县官方登记有6393户，65510人。

一、官府设立的文庙、儒学署

在古浪未改县之前，没有儒学署及文庙，童生占用凉州卫的名额参加考试。康熙五十九年（1720），获准增添童生8名。雍正三年（1725），古浪改所为县，始设训导一员，添廪、增各20名。直至乾隆四年（1739）奏请，始得建立文庙、儒学署。在《五凉全志·古浪县志·建制志·学校》中记载了古浪县官办儒学署的设立过程。其文如下：

> 古邑旧未有学，设菜释奠阙（在古代学校中陈设酒菜，祭奠先圣先师孔子的仪式）焉。自改县后，频繁以荐俎豆（古代祭祀、宴飨时

---

①［清］张玿美总修，张克复等校注：《五凉全志校注》，兰州：甘肃人民出版社，1999年，第378页。

②［清］张玿美总修，张克复等校注：《五凉全志校注》，兰州：甘肃人民出版社，1999年，第385页。

盛食物用的礼器），芹藻不废馨香，弦诵龠干，于斯盛矣。

古浪未改县以前，附凉州卫学考试。康熙五十五年（1716），贡生韩生忠、吏员李守节，以额少人多，会集士民，具呈前守御所崔建绩，详请另设所学。学使王云锦具奏，未蒙俞允。至康熙五十八年（1719），所官崔建绩复援平凉卫例，详请设学。凉庄道蒋洞转详学使觉罗逢泰，题奏准添童生八名，仍附凉州卫学考试，教官、廪、增未另设。雍正三年（1725），改所为县，始设训导一员，添廪、增各二十名。彼时番夷不靖，军兴络绎，文庙、学宫未及创建。至乾隆四年（1739）奏请，始得立庙建学云。①

由此可见，古浪未改县之前，没有官办儒学署，童生都在凉州卫考试，而且凉州卫名额很少。此种弊端，古浪各界多次请求改变。康熙五十五年（1716），贡生韩生忠、吏员李守节等，呈请当时的守御所长官崔建绩设立县学。当时的陕西学政康熙四十五年（1706）状元王云锦上奏朝廷，但未获批准。崔建绩，"直隶天津卫人。由效力，康熙四十九年（1710）任"。②

康熙五十八年（1719），崔建绩再次详请设学。凉庄道进士蒋洞转详至当时的陕西学使满洲进士觉罗逢泰，于康熙五十九年（1720）题奏准添童生8名。

崔建绩、蒋洞、觉罗逢泰因为积极申请办学，均在名宦祠中享受祭祀，被收入《五凉全志·古浪县志·官师志·名宦》中：

蒋洞 江南常熟人。由进士（1713年考中），康熙五十六年（1717）任分守凉庄道，多惠政。时古邑并未设学，公转详请设，至

---

① ［清］张玿美总修，张克复等校注：《五凉全志校注》，兰州：甘肃人民出版社，1999年，第401—402页。
② ［清］张玿美总修，张克复等校注：《五凉全志校注》，兰州：甘肃人民出版社，1999年，第411页。

今颂之。

觉罗逢泰　满洲镶红旗人，庚辰(1700)进士。由翰林检讨康熙五十七年(1718)任陕西学政。时古邑尚未设学，奏准入八名，古学开源于此。

崔建绩　任古浪守御所，爱民如子。当军需络绎，善为抚绥，不惧公，不病民，并请开学，卫所之仅见者。①

在《五凉全志·古浪县志·文艺志·议疏》中收录有《提督陕西学政翰林院检讨臣觉罗逢泰谨题为据详恳请援例设学等事》②

雍正三年(1725)，古浪改所为县，始设训导一员。当时战乱不断，所以文庙、学宫未及创建。儒学训导，是古浪县主管文教的官员，其俸禄在文官中仅次于知县，知县岁支俸禄四十五两，儒学训导岁支俸禄四十两。据《五凉全志·古浪县志·地理志·赋则》记载：

知县　岁支俸银四十五两；养廉银六百两，实领粮七百五十石；公费三百六十两，折粮四百五十石；衙役工食六百二十两四钱。

儒学训导　岁支俸银四十两。

典史　岁支俸银三十两五钱二分；养廉银六十两。

黑松驿丞　岁支俸银三十两五钱二分。③

---

① [清]张玿美总修，张克复等校注：《五凉全志校注》，兰州：甘肃人民出版社，1999年，第416页。
② [清]张玿美总修，张克复等校注：《五凉全志校注》，兰州：甘肃人民出版社，1999年，第433—434页。
③ [清]张玿美总修，张克复等校注：《五凉全志校注》，兰州：甘肃人民出版社，1999年，第387页。

《五凉全志·古浪县志·官师志·秩官》中记载了6位古浪县儒学训导,皆为外地岁贡生异地任职于古浪:

都　　址　　永寿县,岁贡。雍正四年(1726)任。
萧　　韶　　碾伯县,岁贡。雍正七年(1729)任。
宋　　清　　狄道县,岁贡。乾隆元年(1736)任。
杨绣夷　　礼泉县,岁贡。乾隆三年(1738)任。
李　　朴　　凤翔县,岁贡。乾隆七年(1742)任。
刘庆昌　　渭南县,岁贡。乾隆十年(1745)任。①

至乾隆四年(1739)奏请,古浪县始得建立文庙、儒学署。古浪县文庙、儒学署的形制如下:

文庙　在城内西隅。大成殿四楹;尊经阁四楹;启圣祠四楹,即在尊经阁下;东、西庑各六楹;戟门四楹,东、西仪门各二楹,乡贤、名宦祠各四楹;省牲所小四楹;更衣厅小四楹;棂星门四楹,泮池一处,环桥一座,照壁一座,东、西栅门各二楹。春、秋丁祭银四十五两。祭器、乐器、书籍,详载《平番县志》内。

儒学署　在文庙左。上书房四楹;厢房、厨房各三楹;明伦堂四楹;东、西斋房各四楹;仪门二楹,东、西角门各二楹;学书房二楹;门斗房二楹;大门二楹。②

---

① [清]张玿美总修,张克复等校注:《五凉全志校注》,兰州:甘肃人民出版社,1999年,第410—411页。
② [清]张玿美总修,张克复等校注:《五凉全志校注》,兰州:甘肃人民出版社,1999年,第402页。

二、慈善捐助的义学

清代的教育体系是"重用不重养",在初等教育阶段朝廷没有财政投入,全靠热心人士慈善捐助建立的义学,或者百姓自费的私塾。

清代古浪县的义学,据《五凉全志·古浪县志》记载共有六处。一处在古浪县城内,另外在黑松、安远、土门、大靖、双塔各有一处。这些义学,经费来源都为民间、官员、官府的捐助,属于官民合办的学校。

在《五凉全志·古浪县志·建制志·学校》中记载:

> 义学
> 古浪　有讼田者势屈,入所质水田一段,每年收租十石。城内官地二段,一在城隍庙前,一在把总署东北,每年收租二石四斗,皆为学资。详载《碑记》。
> 黑松、安远、土门、大靖、双塔　以上五处,每学每年邑令捐粮四石,各就本仓领取。①

由此可见,古浪县城内的义学,资金来源有两部分,一是有诉讼田产者,捐献水田一段,每年可以收租十石,二是城内官地二段,一在城隍庙前,一在把总署东北,每年可以收租二石四斗,这样合计地租收入为十二石四斗。

而黑松、安远、土门、大靖、双塔五地的义学,每处每年县令捐粮四石,各就本仓领取。当然,这里的"本仓"也不是官仓,而是由官员和民间捐助而成的"社仓"。社仓散列各乡,春散秋敛,用于灾荒之年的救助,也用于贫困农户的救助,保障籽种口粮。徐思靖担任古浪县令时,社仓筹集的粮食达到了三千多石,安排老成殷实之人打理,并且制定了五户联保之法,规定到期不

---

① [清]张玿美总修,张克复等校注:《五凉全志校注》,兰州:甘肃人民出版社,1999年,第402页。

偿还者不得复贷，确保有借有还，社仓可以持续运营。徐思靖，"字哲次，号鹤沙，江南常州府荆溪县人。雍正乙卯（1735）举人。由内廷教习，乾隆九年（1744）任（古浪知县）"。①

在《五凉全志·古浪县志·地理志·村社》中记录的社仓有21处。②在《五凉全志·古浪县志·文艺志·碑记》中收录有县令徐思靖的《倡捐社仓记》，其文如下：

> 古浪社仓，前之莅是邑者，亦行之屡矣。按其籍仅得谷二石，余览而异之。以身先之，捐麦七十余石。由是士民辐辏，有捐至二十余石，或十余石并数石者，即减至升斗，亦听其输纳，无苛求勒取之患，且听其就近藏贮。拣一二老成殷实者董之，其为数约至三千石有零，散列四乡，总其出纳。余于是忾然而言于众曰："此非创之难也，守之实难。"因立五家相保之法，一家贷而不归，则四家并偿。其有终不克偿者，自后不得复贷。社长或一岁、或二岁而更其交相代也，与有司授受等。由是春散秋敛，省其耕，则籽种可以无虞；省其敛，则口粮可以不乏。且水旱有备，不待发仓赈粟，有往返控告，羁滞不及时之患。于是，书诸坝各贮多寡之数于右，以示来兹云。③

在《五凉全志·古浪县志·文艺志·碑记》中收录有县令徐思靖的《增建义

---

① ［清］张玿美总修，张克复等校注：《五凉全志校注》，兰州：甘肃人民出版社，1999年，第410页。

② ［清］张玿美总修，张克复等校注：《五凉全志校注》，兰州：甘肃人民出版社，1999年，第384—385页。

③ ［清］张玿美总修，张克复等校注：《五凉全志校注》，兰州：甘肃人民出版社，1999年，第439页。

学记》。①文章首先论述了乡学私塾的重要性,儿童之年,"其天良未雕未琢,故善言易入",所以必须大兴教育,使"自八岁即入小学,至十有五岁而后入大学焉",这样农家子弟也可以成长为俊杰之士。然后,记述了古浪义学的现状和新建土门、大靖、安远、黑松义学的情况。古浪原有义学一所,在古浪县城东北郭,起因是有人诉讼争夺田产,度势不可得,便捐给义学,收入作为学资。田产收入入不敷出,徐思靖便选择勤学者,发给助学之资。然而,偌大的古浪县,只有一处义学,远远不够。黑松距离县城三四十里,安远距离县城六七十里,土门距离县城七八十里,大靖距离县城一百五六十里。这些地方的学子上学如果只能到古浪县城,那是非常困难的。徐思靖便捐出俸禄,聘请贤士,在四地也设立义学,并在政务闲暇之时勤加督导。最后,阐释了设立义学的好处,可以使儿童及时获得教育,群处而互相学习。这符合《礼记·学记》中"时过后学,则勤苦难成""独学无友,则寡闻孤陋"的观点。

三、私营自费的私塾

清代古浪县民间,对于教育是非常重视的,从古浪县的寺观可见一斑。在古浪县城郭内有文昌宫(郭西北隅)、魁星阁(城东南隅),土门有文昌宫(东郭),大靖有文昌宫(康熙七年建),黑松有文昌宫(城内)。②

私塾是清代民间重要的教育机构,读书人开办私塾得以谋生,百姓交费送子弟在私塾读书,可以获得启蒙的教育。在《五凉全志·古浪县志·风俗志·婚姻祭祀丧葬宾师岁时伏腊礼仪》中记载了私塾的情况和敬师的礼仪。在古浪县六处义学之外,山川村堡有多家私塾,而且专馆少散馆多。每逢节日,要孝敬老师,到了年底要交纳少量的学费,颇有古代敬师重教的遗风。其记述为:

---

① [清]张玿美总修,张克复等校注:《五凉全志校注》,兰州:甘肃人民出版社,1999年,第439页。
② [清]张玿美总修,张克复等校注:《五凉全志校注》,兰州:甘肃人民出版社,1999年,第403—406页。

师之教授也，自六义学而外，山川村堡亦多家塾第，专馆少而散馆多。逢节则致敬，岁底薄具修金。其束脩之遗意乎？①

四、古浪县的科举人才

《五凉全志·古浪县志》的纂修、校阅人员均为古浪县本地士子。纂修人员有4人：丙午（1726）邑举人赵璘（字文璧）、邑贡生金煐（字宸蔚）、邑监生李天楡（字帝升）、邑廪生郭建文（字开运）。校阅人员3人：邑廪生穆攀玑（字配衡）、邑廪生李天育（字致和）、邑廪生李世黉（字蕴香）。②

《五凉全志·古浪县志·人物志·乡贤》中记载了监生郭洪恩和他的儿子生员郭宗尧的事迹，二人在顺治五年（1648）同谋剿回，终因寡不敌众被擒，不屈骂贼而死。③

《五凉全志·古浪县志·人物志·选举》中，记载了雍正丙午（1726）举人赵璘，康乾之间的贡生李如玉、李秀、房景龙、王洪荫及其子王义、卫之俊、韩生忠、段绍、尚辅玺、金煐、杨承命、康寿、王永亨、杨均、张九会、韩俨等16人，以及俊秀（清代汉族官吏无出身者之称）王进礼1人。④

---

① [清]张玿美总修，张克复等校注：《五凉全志校注》，兰州：甘肃人民出版社，1999年，第408页。
② [清]张玿美总修，张克复等校注：《五凉全志校注》，兰州：甘肃人民出版社，1999年，第371—372页。
③ [清]张玿美总修，张克复等校注：《五凉全志校注》，兰州：甘肃人民出版社，1999年，第425页。
④ [清]张玿美总修，张克复等校注：《五凉全志校注》，兰州：甘肃人民出版社，1999年，第427—428页。

第四节　清代前期平番县的儒学教育

两宋时期，平番县地界为西夏元昊所占据。在县城北六十里有西夏"古城"遗迹。"古城　城北六十里，岔口堡之东偏，西夏赵元昊所筑。旧迹犹存，俗呼为塌古城。"① 元灭西夏，至元元年（1264），始立庄浪县，属永昌路。明洪武五年（1372），宋国公冯胜平定河西，改庄浪县为庄浪卫，分立五所。永乐元年（1403），仍为庄浪卫，指挥使领五千户，隶陕西行都司。康熙二年（1663），改卫为所。雍正三年（1725）裁所，设平番县，隶凉州府。②

据《五凉全志·平番县志·地理志·户口》记载，乾隆十三年，平番县有17018户，61690口。"乾隆十三年奏报：平番县共一万七千一十八户，男女大小共六万一千六百九十口。自此后日增月盛，生齿必愈繁焉。"③

一、平番县的文庙和儒学署

明清以来，平番县文教发达。在明代，平番人黄谏是正统七年（1442）壬戌科一甲第三名，也就是探花。李朝阳是弘治八年（1495）乙卯科解元，授河南偃师县知县，立牌坊"麟魁"。丁密是嘉靖丙子举人，授山东滕县知县，立

---

① [清]张玿美总修，张克复等校注:《五凉全志校注》，兰州：甘肃人民出版社，1999年，第478页。
② [清]张玿美总修，张克复等校注:《五凉全志校注》，兰州：甘肃人民出版社，1999年，第461页。
③ [清]张玿美总修，张克复等校注:《五凉全志校注》，兰州：甘肃人民出版社，1999年，第469页。

牌坊"桂林香馥"。① 清代前期，平番县已经拥有完善的官学体系，有文庙、儒学署，还有各处义学，城东有文昌宫，文昌宫左侧有忠烈祠，右侧有节孝祠。

（一）文庙

平番县文庙，始建于明洪武十年（1377），改蒙太监住宅为文庙。嘉靖八年（1529）移至城东北隅。清代顺治八年（1651），少参冯士标移建仓储之左。康熙三十九年（1700），少参陈子威改建于卫署。当时，春秋丁祭官府拨付银两四十五两。乾隆五年（1740），朝廷配发了祭器、乐器、舞器全套。文庙内还收藏有书籍若干。

《五凉全志·平番县志·建制志·学校》中记载如下：

> 文庙　明洪武十年，诏天下府、州、县、卫皆建学，改蒙太监宅为庙。嘉靖八年移东北隅。旧基今改为茶司。国朝顺治八年，少参冯士标移建仓储之左。康熙三十九年，少参陈子威改建于卫署。圣殿三楹，东西庑前为戟门，门之前为棂星门、为泮池、为圜桥、为照壁（壁）。崇圣祠三楹，在正殿右。文昌宫三楹，在正殿左。明伦堂五楹，东西斋房各三楹，在正殿后。乡贤祠三楹，在戟门左侧。名宦祠尚未建。春秋丁祭，共银四十五两。
>
> 祭器　乾隆五年分，部颁祭乐舞器全副。爵，瓷三十九只，铜一百四十七只。登，一件。铜樽，三口。铡，十八件。簠、簋，各一百六十四件。笾、豆，各五百八十六件。帛篚，二十个。牲俎，二十张。
>
> 乐器　麾幡，二杆，连座。金钟，一十六悬，穗二联，架一副。玉磬，一十六悬，穗二联，架一副。应鼓，一面，连座，围架、锤、

---

① ［清］张玿美总修，张克复等校注：《五凉全志校注》，兰州：甘肃人民出版社，1999年，第480页、第516页。

穗、顶盖、帐幕俱全。搏拊，二面。鞉，一座。敔(𢀛)，一座。琴，八张，弦八副，椁八张。瑟，二张，弦二副，椁二张。排箫，二枝，连穗。笙，四攒，连穗。凤箫，四枝，连穗。龙笛，二只，连穗。埙，二枚。篪，二枝，连穗。

  舞器 节，二杆，连穗。羽，一十六杆。籥，一十六枝。干，一十六面。戚，一十六柄。

  书籍 《圣谕广训》一本。《广训直解》一本。《谕旨录》十本。《大清律》一部二十本。《科场条例》一部四本。《瑞谷图》一本。《书经》四部。《诗经》四部。《春秋》四部，三经每部二十四本。《十三经》全部一十三套。《性理》四部，每部五本。《朱子全书》四部，每部三十二本。《二十一史》全部，共五十套。《明史》一部，(部)一百一十二本。《驳吕留良讲义》八部，每部八本。《学政全书》一本。①

(二)学署

平番县的学署在城东。其建制为：

  学署 城东。大门三楹，二门三楹，东角门一，西角门一。大堂五楹；二堂三楹，东西厢房各三；三堂三楹，东西厢房对列同前。②

在学署内，有《卧碑条例》八条，是士子的行为规范。其文曰：

---

① [清]张玿美总修，张克复等校注：《五凉全志校注》，兰州：甘肃人民出版社，1999年，第481—482页。

② [清]张玿美总修，张克复等校注：《五凉全志校注》，兰州：甘肃人民出版社，1999年，第482页。

朝廷建立学校，选取生员，免其丁粮，厚以廪膳，设学院学道学宫以教之。各衙门官以礼相待，全要养成贤才，以供朝廷之用。诸生皆当上报国恩，下立人品。所有教条开列于后。

卧碑第一条　生员之家，父母贤智者，子当受教，父母愚鲁或有非为者，子既读书明礼，当再三恳告，使父母不陷于危亡。……

卧碑第二条　生员立志，当学为忠臣清官。……

卧碑第三条　生员居心忠厚正直，读书方有实用。……

卧碑第四条　生员不可干求官长，交结势要，希图进身。……

卧碑第五条　生员贵爱身忍性，凡有司衙门不可轻入，即有切己之事，只许家人代告。……

卧碑第六条　为学当尊敬先生。……

卧碑第七条　军民一切利病，不许生员上书陈言。……

卧碑第八条　生员不许纠党多人，立盟结社，把持官府，武断乡曲。……①

平番县儒学署的"学额"，文学为24名，武学为15名。"科岁两考，入文学二十四名，外拨府学二三名。入武学十五名。"

儒学署的经费，一方面靠官府拨款，另一方面靠"学田"的收益。学田有水地一处，旱地一处，产出用于供给廪生、贫士，维修文庙，士子参加科举考试的路费，教官养廉等用途。关于学田的记载如下：

学田　水地一处，在城南四十里之高岑营，旧制团庄一处，周围水田六百亩，纳租粮一十九石二斗六升，半给廪生，半给贫士，大仓

---

① ［清］张玿美总修，张克复等校注：《五凉全志校注》，兰州：甘肃人民出版社，1999年，第482—485页。

上纳。旱地一处，在城西北之小川讲（奖）俊府（埠），东北至大汝沟沿，接连胡人杰地界；东南至岔路；西至香炉山下阿坝；南至水沟大小岔通脑。招佃户十二名，拨地十二分，每户承纳租粮市斗二石，共二十四石。定额每年十二石修文庙，六石为士子长途赴科之资，四石为教官养廉，二石给贫士。①

上文中的高岑营水田，早在明代万历年间由甘肃巡按"董公"设置。《五凉全志·平番县志·官师志·名宦》中记载：

董公　失其名，系甘肃巡按。加惠贫生，万历间，为儒学设置高岑营学田六百余亩。至今，士子犹受其惠。②

上文中的"讲俊府"似应为"奖俊埠"，在今永登县金嘴乡境内。此地土地山林属于连城镇鲁土司管辖，后来捐赠给学校为学田，收入用来奖励优秀生员，故名"奖俊埠"。

儒学署设训导一名，总管学政。《五凉全志·平番县志·官师志·秩官》中记载的训导如下：

训导

张景纶　陕西三原人，捐贡。康熙五十八年（1719）任。雍正元年（1723），协凉庄道蒋洞剿番，颇有劳绩。

贺宏建　延安清涧人，岁贡。雍正四年（1726）任。

---

① ［清］张玿美总修，张克复等校注：《五凉全志校注》，兰州：甘肃人民出版社，1999年，第485—486页。
② ［清］张玿美总修，张克复等校注：《五凉全志校注》，兰州：甘肃人民出版社，1999年，第499页。

陈云骧　巩昌礼县人，岁贡。雍正六年（1728）任。

苟正身　陇西县人，岁贡。雍正十二年（1734）任。

康　坦　同州郃阳人，岁贡。乾隆七年（1742）任。

吴遵文　西宁碾伯县人，岁贡。乾隆九年（1744）任。①

二、平番县的义学

据《五凉全志·平番县志·建制志·学校》中记载，平番县有义学共七处，其中城内二处，村堡五处。其记载如下：

> 义学　本城义学二处。一在二贤祠内；一在新寺内。每年馆谷仓粮一十二石，银一十二两。
>
> 松山义学一处。
>
> 红城堡义学一处。
>
> 苦水堡义学一处。
>
> 西大通义学一处。
>
> 岔口堡义学一处。
>
> 以上馆谷银两，俱同本城。②

三、私塾与家学

在平番县民间，尊师重教的传统与他县类似。在《五凉全志·平番县志·风俗志·婚姻祭祀丧葬宾师岁时伏腊礼仪》中记载：

---

① [清]张玿美总修，张克复等校注：《五凉全志校注》，兰州：甘肃人民出版社，1999年，第496页。

② [清]张玿美总修，张克复等校注：《五凉全志校注》，兰州：甘肃人民出版社，1999年，第486页。

师　诸艺皆有师，而士则首倡焉。自拜师后，敬事之如父兄。四季有节礼，生辰有祝敬。及至成，量力而谢。诸艺亦然。①

在连城镇的鲁土司衙门内，也设有书院，是一座典型的清代四合院，供子弟读书。鲁土司非常重视子女教育，不仅聘请名师教导，而且安排几名优等生作为伴读。

四、平番县的科举人才

《平番县志》的总修是武威县的张玿美，纂修是凉州府经历曾钧。曾钧字万楼，湖广湘潭人，廪生。平番县本邑的庠生甘延年校阅。②

在清朝前期，平番县涌现出了李梦白、苏应麟等著名贡生。连城镇的鲁土司衙门也是人才辈出，历任镇羌游击的鲁大诰被收入乡贤祠。

《五凉全志·平番县志·人物志·乡贤》中记载的清代乡贤有李梦白、鲁大诰、李可珠3人。

李梦白　字莲卿。刚方正直，人以杨伯起（东汉杨震）拟之。教授生徒，不惮勤诲。无力者给之书籍，食以饘粥。远近负笈，接踵门墙。逢学使考校，其弟子采芹（考中秀才）十居三四，有馈谢者叱之。由是令闻广被，得保荐，历官知府。卒于广南，囊橐如洗，驰驿归葬。

鲁大诰　字慎九。虽簪缨世家，不以富贵骄人。宽和爱众，温恭好义。置义田以赡宗族，焚契券以免贫累。郡外东南地亩，水利不

---

① ［清］张玿美总修，张克复等校注：《五凉全志校注》，兰州：甘肃人民出版社，1999年，第490页。
② ［清］张玿美总修，张克复等校注：《五凉全志校注》，兰州：甘肃人民出版社，1999年，第457页。

通，一遇旱干，农夫束手垂泣。公买沿途田地，修浚沟渠，以资灌溉一十余里。至今颂德不忘。

  李可珠 字采天。学术正大，厚同气笃，宗党以礼法自绳，德器粹然，故贤者悦其德，不肖者服其化。兵备道苏霖以"文行兼优"旌之。①

《五凉全志·平番县志·人物志·选举》中记录了清朝的贡生有宗适、李梦白、苏应麟、王纯仁、汤执中、张佐震、张秉谊、倪允宽、郭运清、潘金阶、马资、陈枢、杨烈、唐世爵、李鸿儒、张烨如、蔡愈宸、华还野、李三奇、甘肇础、宗社盘、包奇猷、魏四知、俞可极、梁之鼎、毕联登、蒋德源、范济民、蔡菜、史题名、张慎修、张秉让、张可敬、胡符瑞、李元、宗社依、刘复白、施济昌、李国范、李以立、张登元、费祺、舒宏议、陈汝霖、蔡允恭、蔡允升、杨杰、赵琴清、王文浩、康开泰、高斑、陈锦文等共计52人。②

  其中，李梦白、苏应麟，官至知府、知州：

  李梦白 字莲卿，拔贡。康熙十八年（1679），靖逆侯张勇、甘肃巡抚华善，会荐徽州知州，改赵州，历部郎，转云南广南府知府。

  苏应麟，昇（苏昇，历官神木副将）子，荫生。康熙十八年（1679），巡抚华善保荐临洮府粮厅，升湖广蕲州知州。③

---

①［清］张玿美总修，张克复等校注：《五凉全志校注》，兰州：甘肃人民出版社，1999年，第512—513页。
②［清］张玿美总修，张克复等校注：《五凉全志校注》，兰州：甘肃人民出版社，1999年，第517—519页。
③［清］张玿美总修，张克复等校注：《五凉全志校注》，兰州：甘肃人民出版社，1999年，第517页。

五、宗适《改建文庙学碑记》解读

《五凉全志·平番县志·文艺志·碑记》中收录了平番县贡生宗适撰写的《改建文庙学碑记》[①]，记述了清代顺治八年（1651），少参冯士标把文庙移建于仓储之左的事迹。

冯士标，北海人，顺治七年（1650），由进士升任庄浪兵备道。其时遭遇米喇印、丁国栋起义的兵灾，百废待兴，冯士标心系百姓疾苦，励精图治，政绩卓越，并于顺治八年（1651）移建文庙。百姓念其功德，收入名宦祠享受祭祀，在《五凉全志·平番县志·官师志·名宦》中记载如下：

> 冯士标　北海人。顺治七年（1650），由进士历升庄浪兵备道。时甫罹米、丁之变，公下车，即召父老问民疾苦。严保甲，靖萑苻（指盗贼），抚绥安养，更稽其勤惰而赏罚之。常易服入村落，视无耕具者助之，亲丧不能自治者赙之，捐俸以修学宫，建桥梁而资利涉。不两载，居者有积，行者无虞。其厚泽清操，始终不懈。[②]

---

①［清］张玿美总修，张克复等校注：《五凉全志校注》，兰州：甘肃人民出版社，1999年，第530页。

②［清］张玿美总修，张克复等校注：《五凉全志校注》，兰州：甘肃人民出版社，1999年，第499页。

第五节　清代前期永昌县的儒学教育

北宋景德年间，永昌地界为西夏李元昊所据，置永州。元灭西夏，仍为西凉府。元至元十五年置永昌路，降西凉府为州隶焉。明洪武三年，宋国公冯胜统兵平定河西，改置永昌卫，属陕西行都司。清朝初期因袭。雍正三年，改卫为县，隶凉州府。①

在明代，河西因为地处西部边疆，是与残元势力对峙的前线，文教受到了极大制约。凉州卫考中文进士的有李锐一人，但比邻的永昌卫考中文进士者有4人：胡执礼、王懋学、王廷霈、曹毓芬。

清代永昌县经过百年的休养生息，户口日增，到了乾隆十四年（1749），户口达到7925户，54054人。据《五凉全志·永昌县志·地理志·户口》中记载：

> 康熙六十年（1721），户三千三百七十六（3376），口二万五千八百三十九（25839）。
>
> 雍正十三年（1735），户五千六百八十五（5685），口三万九千八百三十七（39837）。
>
> 乾隆十四年（1749），户七千九百二十五（7925），口五万四千五十四（54054）。②

---

① [清]张玿美总修，张克复等校注：《五凉全志校注》，兰州：甘肃人民出版社，1999年，第294页。
② [清]张玿美总修，张克复等校注：《五凉全志校注》，兰州：甘肃人民出版社，1999年，第300页。

一、永昌县文庙与儒学署

与其他多县一致，永昌县的文庙与儒学署是合二为一的，号称"学宫"。《五凉全志·永昌县志·建制志·学校》记载：

> 学宫　在县治东北隅。明正统中，都指挥宋忠建。巡抚徐廷璋修，参将李秉诚、指挥赵光远，游击任嵩重修。至圣殿五间，配哲东西分龛；东西两庑十四间，神库、神厨各三间；殿左魁星楼一座，殿后尊经阁一座；启圣殿三间，南向，正殿东北，启贤东西分龛；敬一亭在尊经阁左，卧碑亭在尊经阁右；戟门三间；名宦祠三间，南向；乡贤祠三间，南向；忠孝祠三间，西向；东西碑亭二座；灵星门五间，泮池坊一座，文庙坊一座，圣道中天坊一座，东西角门二间；明伦堂五间，在正殿右；东西斋房十间，内宅十五间；仪门一间，东西角门二间，大门三间。文庙，每岁春秋丁祭银四十五两。祭器、乐器以及学宫书籍，详载《平番县志》，五县俱同。
>
> 永昌学旧例，二年一贡，廪二十缺，增二十缺，岁考入学文生八名，武生十二名，科考八名。雍正九年，知县汪志备详请学院潘允敏题奏，至十二年改立中学，岁考入学文武各十二名，科考十二名。学田租粮三百三十三石七升，廪、贫分食。廪生二十名，每年每名应食学粮八石三斗二升六合零；贫生三十名，每年每名应食学粮五石五斗五升一合零。①

永昌县儒学设儒学教谕为学官，其俸禄为每年四十两。"儒学教谕，一员。

---

① ［清］张玿美总修，张克复等校注：《五凉全志校注》，兰州：甘肃人民出版社，1999年，第316—317页。

俸银四十两。"①

清代前期历任儒学教谕有：

  王伍云　宁夏县，举人。康熙三十二年（1693）任。

  王仙　湄〈眉〉县，举人。康熙三十八年（1699）任。

  孔门栋　商州，举人。康熙四十七年（1708）任。

  赵孔昭　泾阳县，举人。康熙五十六年（1717）任。

  高子颖　清涧县，举人。雍正元年（1723）任。

  侯来箎　郃阳县，举人，丁未明通。雍正五年（1727）任。

  蒋登御　文县，举人。雍正十二年（1734）任。

  葛蕃　淳化县，举人。乾隆三年（1738）任。

  上官可观　朝邑县，举人，壬戌明通。乾隆八年（1743）任。②

二、龙门、文笔、丽泽书院

除了学宫外，还有龙门、文笔、丽泽书院：

  龙门　在县城东南隅。

  文笔　在学宫东南隅。

  丽泽书院　在明伦堂东侧。乾隆十二年，县令李炳文、儒学教谕上官可观同建。③

---

① ［清］张玿美总修，张克复等校注：《五凉全志校注》，兰州：甘肃人民出版社，1999年，第302页。

② ［清］张玿美总修，张克复等校注：《五凉全志校注》，兰州：甘肃人民出版社，1999年，第323—324页。

③ ［清］张玿美总修，张克复等校注：《五凉全志校注》，兰州：甘肃人民出版社，1999年，第317页。

三、义学

永昌县当时记载有义学六处:

> 义学　六处:一在县城文庙街,旧有;一在县东清溪堡;一在县南永安堡;一在县西南新城堡;一在县西高古城;一在县北宁远堡。皆新立。①

四、永昌县的科举人才

《五凉全志·永昌县志·忠孝》记载有清朝忠孝之士3人:

> 赵陛俊　邑庠生。性孝友。康熙十八年,居丧不入私室,庐墓三年。卫将表其闾。
> 张绍训　奇才曾孙,素怀子。邑廪膳生,性孝友。事父母能色养,病,衣不解带;逝,守墓,泣血三年。乾隆十二年,奉旨建坊。
> 李琮　邑儒童。年二十岁,母病割骨。乾隆十二年,县令立匾表其门。②

《五凉全志·永昌县志·节义》记载有清初义士5人:

> 鱼名鲲　邑庠生。康熙五十九年,捐资济众,邑人义之,卫将为之立碑。学问优长,乐于引进,邑人士多出其门。
> 张丕怀　素怀　邑庠生。兄弟友让,敬事先圣先贤,有同志。乾

---

① [清]张玿美总修,张克复等校注:《五凉全志校注》,兰州:甘肃人民出版社,1999年,第317页。
② [清]张玿美总修,张克复等校注:《五凉全志校注》,兰州:甘肃人民出版社,1999年,第343页。

隆三年，协力修补文庙。

  陈洪业　邑监生。乐善好施，济困扶危。乾隆四年，郡守以"义重乡邦，惠周邻里"旌之。

  赵士学　邑国学生。性仁厚，欠岁，常抒粟赈济。乾隆五年，郡守以"周急"匾其门。①

《五凉全志·永昌县志·选举》记载清代永昌县举人有马尔栋，贡生有赵珍牧、张御诏、邹士遴等70人，另有生员3人：张良箸、蒋应宾、王履仁。②

多位永昌县本地儒生参与了《五凉全志·永昌县志》的编纂校阅工作。纂修是原任山西辽州知州沈绍祖、邑廪生张绍训、邑廪生谢谨，校阅有邑岁贡王庄、邑廪生张绍让。③

五、《修学记》

在《五凉全志·永昌县志·文艺志·碑记》中收录有《修学记》④，为康熙三十二年（1693）任永昌县教谕的王伍云所作，记述了康熙十年（1671）任永昌县教授的刘显谟率众维修永昌县文庙的过程。

---

① [清]张玿美总修，张克复等校注：《五凉全志校注》，兰州：甘肃人民出版社，1999年，第343页。
② [清]张玿美总修，张克复等校注：《五凉全志校注》，兰州：甘肃人民出版社，1999年，第349—352页。
③ [清]张玿美总修，张克复等校注：《五凉全志校注》，兰州：甘肃人民出版社，1999年，第289—290页。
④ [清]张玿美总修，张克复等校注：《五凉全志校注》，兰州：甘肃人民出版社，1999年，第360页。

第二章 清代凉州府的书院、文庙、文进士

本章介绍了清代凉州府的书院、文庙、文进士群体。凉州府五县有史记载的书院有 13 所之多，武威县有成章书院、天梯书院、雍凉书院、北溟书院，镇番县有苏山书院，古浪县有龙山书院、振育书院、瑞泉书院，平番县有肇兴书院、寿山书院、龙岗书院，永昌县有丽泽书院和云川书院。凉州府五县均有文庙，其中武威文庙号称"陇右学宫之冠"，至今有非遗项目"武威文庙祭孔大典"。凉州府儒学教育之兴盛，一个重要的表征就是文进士数量达到 57 人。清朝时期，由于国家统一，社会安定，武威县儒学教育进入鼎盛时期，形成了"右文之盛，前所罕见"的盛况。武威县以科第出身踏入仕途的人数众多，考中文进士者就有 41 名，可谓俊采星驰、人文荟萃、文风鼎盛、甲于秦陇。 镇番县虽地处僻壤沙乡，但"贤良接踵，科第蝉联，文运之盛，甲于河西"，也有"人勇知义，俗朴风醇"的美名。据《明清进士题名碑录索引》载，清镇番县共有文进士 10 人，选翰林院庶吉士 1 人。

第一节　清代凉州府的书院

中国的书院具有悠久的历史,据考证始于唐代。书院是古代独特的文化教育组织形式,兼具藏书、刻书、祭祀、育才等多种职能。陈尚敏教授认为:"纵观书院的发展,它与地方官学存在着一个此消彼长的关系。当地方官学衰微之时,往往是书院兴盛的时期,此时的书院是作为地方官学的补充而存在的。"[①]清代书院即其显例。《清史稿》中有言:"各省书院之设,辅学校所不及""儒学浸衰,教官不举其职,所赖以造士者,独在书院"。[②]民国《甘肃通志稿》中有言:"士子不居于学宫,则讲艺论道,胥为书院。"[③]

清代凉州府各县都有书院,在儒学教育的发展中发挥了重要作用。武威县有成章书院、天梯书院、雍凉书院、北溟书院四大书院,镇番县有苏山书院,永昌县有丽泽书院、云川书院,平番县有肇兴书院、寿山书院、龙岗书院,古浪县有龙山书院、振育书院、瑞泉书院。

一、武威县的书院

(一)武威县的四大书院

武威县的前身为凉州卫,是凉庄道的治所。康熙四十三年(1704),凉庄道武廷适创建成章书院,其位置在县儒学后,而县儒学在城东北旧北府署。

书院初始有大堂、对厅、文昌殿、耳房、厨房等设施。乾隆三年(1738),

---

① 陈尚敏:《书院、游学与清代甘肃武威科举之盛》[J],教育与考试,2020年第3期。
② [清]赵尔巽等撰:《清史稿》卷106《选举一》,北京:中华书局,1976年,第3119页。
③ 杨思、张维编撰:民国《甘肃通志稿》卷44《教育二·书院》。

凉庄道阿炳安进行了装修，并设立学田一处，湾泉湖水粮岁二十仓石。乾隆十二年（1747），由凉庄道张之浚倡议，凉州知府朱佐汤暨凉州府所属五县知县李如琏、施良佐、李炳文、徐思靖、牛运震增修书院，增修了书房、箭厅、大门、射圃等设施，同时增加了学租等财政补贴。

由此可见，成章书院创建之初为凉庄道属。雍正二年（1724）时，凉州卫被裁，新置凉州府，下辖武威、镇番、永昌、平番、古浪五县。乾隆十二年（1747），凉州府所属五县知县参与增修书院，可见当时的书院应为凉州府属。武威县进士王化南、刘作垣主讲本籍书院为当地儒学教育的发展奠定了坚实的基础。

乾隆三十七年（1772），顾光旭担任凉州知府，武威知县请求他修复损毁书院。顾光旭在《响泉集》中记载："凉州旧有天山书院，岁久致圮。"[1] 书院修复后，更名为天梯书院。由此可见，成章书院后来可能更名为天山书院，乾隆三十七年，经过修复，更名为天梯书院，此时的书院已经归武威县管辖了。武威县进士郭楷、杨增思、张美如、王于烈、张兆衡、陈作枢、张诏、袁辉山、张景福、周光炯等都曾主讲天梯书院。

光绪元年（1875），凉庄道成定康捐俸修建雍凉书院，在武威县城内西北隅。武威县名儒李铭汉，进士刘开第、伦肇纪、李于锴曾主讲雍凉书院。清朝末年朝廷实行新政，谕令各省书院，在省城者改设大学堂，各府及直隶州改设中学堂，各州县改设小学堂。光绪三十三年（1907），雍凉书院改设为凉州府中学堂。

乾隆七年（1742），由武威知县欧阳永祎在城北三十里的永昌堡（今武威市凉州区永昌镇）创建了北溟书院，为县治书院。中华民国初年改为初级小学。

---

[1]［清］顾光旭：《响泉集》卷8《天梯书院》，《清代诗文集汇编》，第375册，第433页。

(二)凉庄道武廷适创建书院碑

凉庄道武廷适创建成章书院一事,由宋朝楠撰文记述。宋朝楠,字于蕃,别号拙菴,巩昌陇西人,是明代太仆寺卿宋琮之后。宋朝楠在康熙二十三年(1684)考中甲子科举人,康熙二十七年(1688)戊辰科进士,入选翰林院庶吉士。历任江南主考,曾参与编修明史。其碑文收录于《五凉全志》[①]。

二、镇番县的书院

清乾隆四十八年(1783),镇番县令王赐均创建了苏山书院。王赐均,字一斋,陕西神木人。乾隆四十六年(1781)以举人选授镇番知县。宅心仁恕,政务宜民,倡建苏山书院,捐募二千余金,以给生童膏火之需。暇辄集士子于讲堂,究所经艺,亲为丹黄而甲乙之嗣。升静宁州知州,官至宁夏府知府。王赐均撰写了《建置书院碑记》记述修建书院一事,碑文收录于《凉州金石录》[②]。

《镇番县志》中收录有苏山书院的地图,可见其有照壁、大门、二门、大堂、讲堂、三堂等建筑。

三、古浪县的书院

(一)古浪县的三大书院

据记载清代古浪县有三大书院:一为龙山书院,在县城;一为振育书院,在土门;一为瑞泉书院,在大靖,三所书院均创建于嘉庆年间及以后。

嘉庆二十五年(1820),古浪知县陈佳瑛(字雪炉,湖南新宁拔贡),倡导士民集资办学,带头捐款"二百金",在县城西部(今古浪县公安局)创建古浪县第一所书院。院址"远望天梯、笔架诸山,隐然环列,近则岗峦起伏,如龙

[①] [清]张玿美总修,张克复等校注:《五凉全志校注》,兰州:甘肃人民出版社,1999年,第156页。

[②] 郑炳林主编:《凉州金石录》,兰州:甘肃文化出版社,2022年,第352页。

透迤"，因名"龙山书院"。

据《古浪县志》，龙山书院最后一任讲席为马文蔚。马文蔚，字葆臣，光绪甲午（1894）科举人，今古浪县古丰乡古丰村人。他敏而好学，著文新俊，"成就后生多人"。光绪三十一年（1905）龙山书院改设为古浪县官立高等小学堂，讲席改为正教员，马文蔚为首任正教员。

振育书院是继龙山书院之后建立的古浪县第二所书院。院址在今古浪县土门镇东城壕以东、土门医院南处，这里至今还称"书院地"。

瑞泉书院在大靖南关官园东侧（今古浪县大靖镇中心学区办公楼北侧）。建院时间约在同治、光绪年间。书院前期讲席无考，最后一任讲席为樊奎文。樊奎文，字星源，岁贡生，古浪县大靖镇北关人。"学问勤苦，行亦端谨……训士务以正学为宗。"

（二）《创建古浪龙山书院碑记》

《创建古浪龙山书院碑记》，立于清嘉庆二十五年（1820）六月。碑文收录于1939年版《古浪县志》，记载了嘉庆年间古浪县创建龙山书院的缘由及经过，并在后附书院经费等开支。其碑文亦收录于《凉州金石录》[①]。

四、平番县的书院

乾隆三十二年（1767），在凉州府平番县城葛衣祠内创建肇兴书院。咸丰八年（1858）改名为寿山书院，光绪三十年（1904）迁址新城湾（今永登县城关镇小学校址），因其附近有青龙山、后更名为龙岗书院。

五、永昌县的书院

清代永昌县有丽泽书院和云川书院两座书院。

乾隆十二年（1747），永昌县知县李炳文和儒学教谕上官可观共同捐建丽

---

① 郑炳林主编：《凉州金石录》，兰州：甘肃文化出版社，2022年，第384—385页。

泽书院。"李炳文，直隶蔚县，举人。乾隆十年任。""上官可观　朝邑县，举人，壬戌明通。乾隆八年任。"①《五凉全志·永昌县志》中记载：

  丽泽书院　在明伦堂东侧。乾隆十二年，县令李炳文、儒学教谕上官可观同建。②

乾隆二十七年（1762），知县郭昌泰在永昌城西北隅倡建云川书院。永昌县进士南济汉曾经主讲云川书院。

---

① ［清］张玿美总修，张克复等校注：《五凉全志校注》，兰州：甘肃人民出版社，1999年，第323—324页。
② ［清］张玿美总修，张克复等校注：《五凉全志校注》，兰州：甘肃人民出版社，1999年，第317页。

第二节　武威文庙与武威祭孔大典

武威文庙位于武威市凉州区崇文街172号，由文昌宫、孔庙、儒学院三部分组成，总占地面积三万多平方米，是河西走廊规模最大的古建筑群，保留着众多清初至中华民国时期的文物建筑，号称"陇右学宫之冠"。

一、武威文庙创建维修的历史

自汉武帝开拓河西，设立武威郡起，武威文脉源远流长。武威文庙肇始何代，目前莫衷一是。1938年《重修武威文庙碑记》记述道："文庙创始何代，言人人殊，莫衷一是。今观其规模宏大，气象雄壮，知非府县文庙所及。泊读《前凉载记》及《西夏书事》，称其崇儒术，国中大修孔子庙，复尊为帝，并证诸父老传闻，谓肇建于前凉张氏及元昊科举时者近是。历元明清三朝，踵事增华，赓续修葺，载在碑志。"[①] 从碑刻文字来看，当时就有人认为武威文庙有可能是前凉或是西夏时期创建的。

（一）明代

至明代回归中原王朝后，凉州卫作为明代北边长城沿线的重镇，在庙学合一制度和明代独特的都司卫所制度下因军设教，武威文庙应运而生，发挥着祭祀孔子和传播儒学文化的双重功能。现存的武威文庙，始建于明代正统二年（1437），建成于正统四年（1439）。

明正统元年（1436），兵部右侍郎徐晞上书提请修建武威文庙。正统二年（1437），徐晞主持创建凉州卫儒学及文庙，正统四年（1439）建成。《明凉州卫

---

① 郑炳林主编：《凉州金石录》，兰州：甘肃文化出版社，2022年，第316页。

儒学记碑》记述了创建凉州卫儒学及文庙的过程。该碑署名:"光禄大夫柱国少师工部尚书兼谨身殿大学士国史总裁同知经筵事建安杨荣撰;太中大夫陕西等处承宣布政使司左参政汲郡郭坚书丹;中宪大夫陕西等处提刑按察司副使淮阳于奎篆额",落款为"大明正统四年岁次乙未仲春上吉日立"。① 从1439年算起至2023年,武威文庙已经矗立584年。

明成化四年至六年(1468—1470),都察院右佥都御史徐廷章巡抚河西,会同当地官员重修文庙儒学院相关建筑。《明重修凉州卫儒学记碑》记述了翻修过程。该碑署名"赐进士中顺大夫陕西等处承宣布政使司右参议崔忠撰文;赐进士奉政大夫陕西等处提刑按察使司佥事王瀛篆额;镇国将军陕西都指挥司指挥同知倪珍书丹",落款"大明成化六年岁次庚寅仲冬吉旦立"。②

明成化之后的200余年里,由于缺乏史料,无法准确了解武威文庙的修缮情况。

(二)清代

到清一朝,文庙又经历多次维修,多通碑刻及《武威县志》等史料记述甚是详细。

清顺治十一年至十四年(1654—1657),扩建部分殿宇。凉州道宪苏铣主持。乾隆十四年(1749)刊印的《五凉全志·武威县志》记载,"顺治甲午秋,观察苏铣以庙宇宫墙久圮,集议捐俸,设法劝输拓地兴功,增殿庑以及棂星、仪门、泮池、金声玉振各亭、名宦乡贤各祠。经始于丙申三月,迄丁酉六月乃成。规模较旧逾数倍。"大意是,清顺治十一年(1654),直隶(今河北)交河县人苏铣任陕西布政使司参议、分守西宁道、陕西按察使司副使。他看到武威文庙的宫殿、围墙毁坏已久,便与当地官员共同商议捐出俸禄,并鼓励绅商捐资兴建工程,顺治十三年丙申(1656)三月开始施工,顺治十四年(1657)六月完

---

① 郑炳林主编:《凉州金石录》,兰州:甘肃文化出版社,2022年,第129页。
② 郑炳林主编:《凉州金石录》,兰州:甘肃文化出版社,2022年,第140—143页。

工。此次兴建，维修并增加了殿庑、棂星门、仪门、泮池、金声玉振各亭以及名宦祠、乡贤祠等。竣工后，文庙规模比以前超过数倍。

清康熙四十三年（1704），凉庄道宪武廷适又对武威文庙进行了修缮。武廷适拜谒文庙，看到文庙被"风雨剥落，鸟鼠所摧残"后，他带头捐款，开始修葺文庙。经过几个月紧张施工，工程竣工，文庙焕然一新，肃穆改观。碑文记载，新修后的文庙"金碧辉煌，丹霞焯耀""宫墙之竣，肆外闳中；美富之观，照星丽日。"《清重修文庙碑记》记述了这次维修，该碑落款为："康熙四十三年岁次甲申桂月（八月）吉旦。日讲官起居注翰林院侍讲学士张延枢撰文。庚辰科进士孙克书丹。"[1]

清乾隆三十六年至三十七年（1771—1772），武威县令章攀桂主持对尊经阁、大成殿及东西二庑、名宦乡贤二祠、棂星门、戟门、泮池和照壁等处维修。《清重修文庙碑》对此进行记述，该碑刻为："赐进士出身翰林院庶吉士选山东平度州知州加三级纪录五次王化南篆额。赐进士出身授户部广东清吏司主事兼署河南事加三级邑人张翙撰文。张蕴枢、拔贡生马开泰书丹。""时乾隆三十七年岁次壬辰荷月（六月）上瀚谷旦立。"[2]

道光元年至道光三年（1821—1823），时任凉州知府英启主持维修了文庙，后英启任甘凉兵备道。此事迹见于《清甘肃凉州府圣庙碑铭》，该碑"分守甘凉兵备道前知凉州府事英启制文并篆额书丹。""惟道光六年（1826）青龙在阉茂霜月（七月）之灵皇极之日。"[3]

（三）中华民国

1927年大地震，西路儒学部分震毁，尊经阁局部坍塌，大成殿梁架破坏，文庙东庑及文昌宫东廊房全毁，庙墙部分倒塌。1928年，修复了尊经阁；加固

---

[1] 郑炳林主编：《凉州金石录》，兰州：甘肃文化出版社，2022年，第195页。
[2] 郑炳林主编：《凉州金石录》，兰州：甘肃文化出版社，2022年，第237—240页。
[3] 郑炳林主编：《凉州金石录》，兰州：甘肃文化出版社，2022年，第267—268页。

大成殿；重建东庑和金声玉振二门，并维修其他建筑；重修文昌宫东廊房等。后发生匪变，修缮中断。奉祀官贾坛倡议。此次维修见于《重修武威文庙碑记》，碑文为"民国二十七年（1938），武威修志委员会分纂赵士达撰"。[①]

1933年，维修东西碑亭。1934年，文昌宫成立武威县民众教育馆。县督学金光射兼办，次年，贾坛任馆长。1937年，维修崇圣祠大殿及其两廊房、乡贤名宦祠。1938年，恢复教育局，推广社教。戏楼改图书楼，两廊房改图书室。复任贾坛为馆长。1938年后，新建东西碑亭各五；维修牛公祠、三贤祠等。此外，又于文庙西增修房61间等。1948年，维修棂星门牌坊。

1933年、1937年、1948年的维修，在《民国重修文庙创建庙产碑记》中均有记载。该碑刻落款为"邑人唐发科撰文，段永新书丹，丁旭载篆额。武威文庙管理委员会委员：段永新、赵士达、赵生谟、孟德元、严攸、李科生、唐发科、刘茂龄、丁旭载、郝在中、伊宗尹、徐洪庆。中华民国三十八年（1949）岁次己丑夏五月吉旦公立。"

二、武威文庙祭孔大典

孔子，名丘，字仲尼，生于公元前551年9月28日，逝于公元前479年4月11日，春秋时期鲁国陬邑（今山东省曲阜市）人，是中国古代伟大的思想家、政治家、教育家，儒家学派创始人。孔子具有崇高的地位，对后世影响深远，被尊为"孔圣人""至圣""至圣先师""大成至圣文宣王先师""万世师表"。

各地的文庙，是供奉祭祀孔子之地，每逢孔子诞辰一般有"祭孔大典"。武威文庙始建于明代，其"祭孔大典"也历史悠久。2002年以来武威市儒学文化学会及以孔祥荣为代表的武威孔氏后裔，积极挖掘整理明、清、中华民国等不同时期武威文庙"祭孔大典"的历史资料，完整复现了明代祭孔的"释奠

---

① 郑炳林主编：《凉州金石录》，兰州：甘肃文化出版社，2022年，第316—318页。

仪"。2022年,"武威祭孔大典"先后被评为凉州区、武威市非物质文化遗产代表性项目。

2002年、2005年、2017年、2018年,在武威文庙都举行了隆重的"祭孔大典",其规制、祭器等也不断完善。参祭人员统一穿着汉服,按照传统典仪进行祭祀,同时按照历史规制编排了"六佾舞"伴祭。2005年7月创作编排了带有"西凉乐舞"艺术风格,独具武威特色的祭孔大典暨"孔子六乐舞",以"礼、乐、射、御、数、书"各为章节,彰显具有西北特色的传统文化,在全国独树一帜。

目前"武威祭孔大典"使用的祭器有筐、爵、铏、登、簠、簋、笾、豆。乐器有祝版、琴、瑟、镈钟、特磬、编钟、编磬、应鼓、鼖鼓、搏鼓、拊鼓、鼗鼓、排箫、笛、埙、篪、笙、箫、敔、籥、柷、止、旌、节、羽、籥、干、戚,以及大成门两侧钟鼓各一。

第三节　清代武威县文进士研究

　　清朝时期，由于国家统一，社会安定，武威县儒学教育进入鼎盛时期，形成"右文之盛，前所罕见"的盛况。武威县以科第出身踏入仕途的人数众多，考中文进士者就有41名，可谓俊采星驰、人文荟萃、文风鼎盛、甲于秦陇。以计量史学的视角，对这些文进士的相关数据进行分析，可以获得许多有意义的信息，了解当时的科举制度和社会风貌。

　　41位进士，按照考中进士的时间依次为：康熙年间孙诏（？—1733），雍正年间苏璟，乾隆年间王化南、孙俌、李蕴芳（1717—1755）、刘作垣（1732—1813）、张翙（1750—？）、萧士双、郭楷（1760—1840），嘉庆年间周泰元、张澍（1781—1847）、杨增思（1762—？）、何承先（1772—1810）、龚溥、张美如（？—1834）、赵廷锡（1779—？）、李贲生、马廷锡、尹世衡（1779—1841）、牛鉴（1785—1858）、潘挹奎（1784—1830）、王于烈（1783—？）、张兆衡（1788—1848），道光年间丁铠（1795—？）、陈作枢（1808—1870）、任国祯（1807—？）、刘铠（1814—？）、蔡式钰（1815—？），咸丰年间王之英（1815—？）、张诏（1803—？）、张景福（1830—？）、袁辉山（1801—？）、周光炯（1804—？），同治年间刘开第、许楫（1832—？），光绪年间马侃（1839—？）、伦肇纪（1845—？）、任于正（1862—？）、李于锴（1863—1923）、权尚忠（1855—？）、张铣（1874—1912）。

一、武威县文进士的时间分布

　　41名进士中，第一位是孙诏，1712年中进士，最后一位是张铣，1903年中进士，这期间跨越191年。总体而言，武威县的进士数量在甘肃省内是数量领先的，但是放眼全国，还是属于科举落后地区。

武威县进士在时间分布上是不均衡的。明末清初，受战争的影响，武威县社会经济遭受严重破坏，科举事业自然停滞。顺治年间没有考中进士，直至清军入关68年后的康熙五十一年（1712），武威县产生了第一位进士孙诏。1668年，甘肃从陕西分离出来独立建省。1712年，朝廷为了避免举人中式"一省偏多，一省偏少"而实行"分省取士"的制度，这是孙诏考中进士的时代背景。

雍正年间，武威县有一位进士苏璟。到乾隆年间，社会稳定，经济发展，考中进士的人数达到7人。但是，这样绝对的数字并不能准确反映进士的考中频率，因为乾隆年号延续了60年之久。所以，用人数除以年数，得到的"平均每年考中进士数量"，才具有比较意义。乾隆年间这个数字是0.12，到了嘉庆年间，这个数字达到了峰值，嘉庆24年间，武威县考中14位进士，平均每年0.58人。这其中的一个原因是嘉庆年间，正科、恩科并举，乡试、会试的名额都大幅增加。咸丰年间，这一数值达到0.45，形成另一个高峰。

同治年间，由于受到战乱影响，武威县进士人数为2人。1875年，在左宗棠等重臣的大力倡导下，陕甘分闱，甘肃自设试院，自办乡试。1876年，设立了学政。因此，光绪年间，武威县进士数量有所回升，达到6人。1903年，武威县张铣考中进士，1905年清朝廷宣布废除科举制度，所以张铣成为武威历史上最后一位进士。

清代武威县文进士时间分布

年号	顺治	康熙	雍正	乾隆	嘉庆	道光	咸丰	同治	光绪	宣统
时间	1643—1661	1661—1722	1722—1735	1735—1795	1796—1820	1820—1850	1850—1861	1861—1875	1875—1908	1908—1912
时长（年）	18	61	13	60	24	30	11	14	33	4
进士数量	0	1	1	7	14	5	5	2	6	0
平均每年进士数量	0	0.02	0.08	0.12	0.58	0.17	0.45	0.14	0.18	科举废除

二、武威县文进士的姓氏、寿命、中式年龄及名次

从姓氏的角度，41位进士中张姓最多，达到7人：张翙、张澍、张美如、张兆衡、张诏、张景福、张铣；王姓3人：王化南、王于烈、王之英；李姓3人：李蕴芳、李蓍生、李于锴；刘姓3人：刘作垣、刘开第、刘铠；孙姓2人：孙诏、孙俌；马姓2人：马廷锡、马侃；周姓2人：周泰元、周光炯；任姓2人：任国桢、任于正；剩余17个姓氏各有1人。

由于史料缺失，上述大部分进士的生卒年尚不能确定，只有12位进士的生卒年明确，因此可以知道他们的寿命。另外，据记载萧士双"年未五十而卒"。虽然样本较小，但可以大概看出进士的寿命呈正态分布，短寿长寿的都是少数，大部分在60至70岁之间。"人活六十不为夭"，英年早逝的进士有李蕴芳、张铣、潘挹奎、何承先、萧士双5人。李蕴芳年仅38岁，被乾隆下令处死。张铣年仅38岁，在新疆焉耆知府任上被杀害。何承先年仅38岁，因体弱多病且嗜酒如命去世。潘挹奎年仅46岁，病逝于北京。"人活七十古来稀"，长寿老人有73岁的牛鉴、80岁的郭楷、81岁的刘作垣。

清代武威县13位文进士寿命分布

年龄段	35—40	45—50	55—60	60—65	65—70	70—75	80—85
进士	李蕴芳(38) 张铣(38) 何承先(38)	潘挹奎(46) 萧士双(年未50)	张兆衡(60)	尹世衡(62) 陈作枢(62) 李于锴(60)	张澍(66)	牛鉴(73)	郭楷(80) 刘作垣(81)
类别	英年早逝		正常寿命			长寿老人	

41位进士的中式年代都是明确的，如果知道其生年，就可以确定其进士中式的年龄，目前可以确定的有30人。30位进士中，25—45岁中式的最多，达到25人，占比为83.3%；15—20岁的有2人，占比为6.7%，堪称"少年英才"，张翙、张澍都有"神童"之称；50—55岁的有3人，占比为10.0%，张诏、袁辉山、周光炯三位进士堪称"大器晚成"。年龄分布呈现正态分布，也符合常见的"二八定律"。

清代武威县 30 位文进士中式年龄分布

年龄段	人数	百分比 %	进士	类别
15—20	2	6.7	张翙（19）张澍（18）	少年成名
25—30	7	23.3	刘作垣（29）牛鉴（29）赵廷锡（30）丁铠（28）张景福（26） 任于正（28）张铣（29）	正常年龄
30—35	10	33.3	李蕴芳（35）郭楷（35）何承先（33）潘挹奎（35） 尹世衡（32）张兆衡（32） 刘铠（33）蔡式钰（35）伦肇纪（35）李于锴（32）	正常年龄
35—45	8	26.7	杨增思（40）王于烈（36）陈作枢（36）王之英（37） 许楣（39） 马侃（38）任国桢（40）权尚忠（43）	正常年龄
50—55	3	10.0	张诏（53）袁辉山（55）周光炯（55）	大器晚成
合计／人	30	100	30	

由于武威县在当时处于西北边陲，所以清代没有考中一甲之人，二甲者也仅有 8 人，其中牛鉴名次最高，为二甲第 4 名，其他 7 位为王化南、李蕴芳、张美如、杨增思、陈作枢、许楣、马侃。

在武威县 41 位进士中，有 10 位入选"翰林院庶吉士"，号称"十大翰林"，是为进士中的翘楚。他们是孙诏、王化南、张澍、何承先、张美如、尹世衡、牛鉴、张兆衡、丁铠、李于锴。

清代武威县文进士基本信息

序号	姓名	生年	卒年	寿命	中式时间	中式年龄	中式名次
1	孙 诏	?	1733	?	1712 康熙	?	三甲 111
2	苏 璟	?	?	?	1730 雍正	?	三甲 274
3	王化南	?	?	?	1739 乾隆	?	二甲 68
4	孙 俌	?	?	?	1751 乾隆	?	三甲 13
5	李蕴芳	1717	1755	38	1752 乾隆	35	二甲 33
6	刘作垣	1732	1813	81	1761 乾隆	29	三甲 55
7	张 翙	1750	?	?	1769 乾隆	19	三甲 15
8	萧士双	?	?	年未五十而卒	1787 乾隆	?	三甲 19

序号	姓名	生年	卒年	寿命	中式时间	中式年龄	中式名次
9	郭 楷	1760	1840	80	1795 乾隆	35	三甲 11
10	周泰元	?	?	?	1796 嘉庆	?	三甲 41
11	张 澍	1781	1847	66	1799 嘉庆	18	三甲 90
12	杨增思	1762	?	?	1802 嘉庆	40	二甲 71
13	何承先	1772	1810	38	1805 嘉庆	33	三甲 125
14	龚 溥	?	?	?	1808 嘉庆	?	三甲 104
15	张美如	?	1834	?	1808 嘉庆	?	二甲 56
16	赵廷锡	1779	?	?	1809 嘉庆	30	三甲 90
17	李蕡生	?	?	?	1809 嘉庆	?	三甲 108
18	马廷锡	?	?	?	1809 嘉庆	?	三甲 116
19	尹世衡	1779	1841	62	1811 嘉庆	32	三甲 101
20	牛 鉴	1785	1858	73	1814 嘉庆	29	二甲 4
21	潘挹奎	1784	1830	46	1819 嘉庆	35	三甲 16
22	王于烈	1783	?	?	1819 嘉庆	36	三甲 27
23	张兆衡	1788	1848	60	1820 嘉庆	32	三甲 8
24	丁 铠	1795	?	?	1823 道光	28	三甲 3
25	陈作枢	1808	1870	62	1844 道光	36	二甲 57
26	任国桢	1807	?	?	1847 道光	40	三甲 104
27	刘 铠	1814	?	?	1847 道光	33	三甲 115
28	蔡式钰	1815	?	?	1850 道光	35	三甲 97
29	王之英	1815	?	?	1852 咸丰	37	三甲 115
30	张 诏	1803	?	?	1856 咸丰	53	三甲 27
31	张景福	1830	?	?	1856 咸丰	26	三甲 57
32	袁辉山	1801	?	?	1856 咸丰	55	三甲 21
33	周光炯	1804	?	?	1859 咸丰	55	三甲 71
34	刘开第	?	?	?	1865 同治	?	三甲 107
35	许 楣	1832	?	?	1871 同治	39	二甲 86
36	马 侃	1839	?	?	1877 光绪	38	二甲 112
37	伦肇纪	1845	?	?	1880 光绪	35	三甲 153
38	任于正	1862	?	?	1890 光绪	28	三甲 94

序号	姓名	生年	卒年	寿命	中式时间	中式年龄	中式名次
39	李于锴	1863	1923	61	1895 光绪	32	三甲 26
40	权尚忠	1855	?	?	1898 光绪	43	三甲 108
41	张铣	1874	1912	38	1903 光绪	29	三甲 52

三、武威县文进士的仕宦、著作及从教经历

从仕宦经历来说，进士中式后一般钦点为知县，或者各部主事。武威县41位进士中，由知县、各部主事入仕的有34位之多，占比82.9%。其中有26位进士仕途从知县开始，占比63.4%。其中有8位进士仕途从各部主事开始，占比19.5%，如张翙、张美如任职户部，周泰元任职礼部，尹世衡、潘挹奎、周光炯任职吏部，许楫、张铣任职刑部。

另外，有3人目前史料缺乏，仕途不甚明确，任于正"钦点内阁中书"，张诏"钦点检选知县、候铨主事"，王于烈不明，估计也属于上述80%之列。有2人，仕途从学官起步，如龚溥"官至教授"，李赞生任"国子监学正"。另外，李蕴芳有担任"旗学教习"的经历，张铣有担任"八旗官学教习"的经历。

有1人未曾入仕，即进士萧士双，他为了谋生，曾为江宁太守章攀桂幕僚，河州路都督家庭教师。据潘挹奎著作《武威耆旧传》中《萧进士传》，萧士双家庭贫寒，虽然才华横溢，但相貌丑陋，嗜酒好赌，行为放荡不羁，这或许是他未能入仕的主要原因。而且，他"年未五十而卒"，当与生活艰苦有关。

在武威县进士中，牛鉴无疑是起步最高的，也是官位最高的。牛鉴考中进士后在翰林院进修6年，成为翰林院编修，后来成为道光、咸丰两位皇帝的老师，最终官至两江总督（正二品），兵部尚书衔，抚远将军，兼辖两淮漕盐（从一品）。1842年，牛鉴同耆英、伊里布代表清政府签订了中国近代史上的第一个不平等条约《南京条约》，留下了历史污点。

大部分为官的进士，其仕途始于知县、主事，亦终于此。武威县的进士都忠于职守，能于任事，多有"循吏"之称，鲜有贪官污吏。部分进士可以晋升

至州府一级的知州、知府，如王化南、刘作垣、张翙、张澍、尹世衡、张兆衡、陈作枢、李于锴、张铣等。官位最高的除了牛鉴之外，当属孙诏。孙诏在担任县令之时，恰逢雍正皇帝祭祖路过，孙诏痛打了弄权的太监，因而受到皇帝赏识，不断升迁。官至湖北布政使（从二品），还未上任，死于江西按察使任上。

从著作而言，武威县的进士中多擅长诗文，或钻研于学术，多有著作留存下来，或者在史书中有所记载，如李蕴芳、刘作垣、张翙、郭楷、张澍、张美如、潘挹奎、刘开第、李于锴。还有郭楷、张澍、张兆衡、张铣编撰过地方志，为地方文化的保存与发展做出了突出贡献。而在学术上取得成就最高的无疑是张澍。

李蕴芳的著作有《迥帆草》①《省非草》《醉雪庵遗草》；刘作垣有《周礼汇解》《左传阐义》；张翙有《念初堂诗集》《桐圃诗集》；郭楷有《梦雪草堂诗稿》《续稿》《梦雪草堂读易录》；张澍有《姓氏寻源》《姓氏辩误》《养素堂文集》《养素堂诗集》《二酉堂丛书》等等；张美如有《张玉溪先生诗稿》；潘挹奎有《通鉴论》《论论语》《诗文集》《杂著》《燕京杂咏》《武威耆旧传》；刘开第有《谷口归来客诗文集》《醉吟山房诗存》；李于锴则续成其父亲李铭汉《通鉴纪事本末》，有《李于锴遗稿》。

方志方面，郭楷编纂《灵州志迹》；张澍编纂《凉州府志备考》《续黔书》《蜀典》《大足县志》《泸溪县志》等；张兆衡编纂《新修曲沃县志》；张铣编纂《焉耆府乡土志》。这些方志承袭了明清地方志编修的体例优势，也体现了编修者的学术素养，极大地推动了中国方志学理论的发展，使得方志的编修不仅起到了保存史料、纠谬补缺等功用，也体现了清代进士的家国情怀。

清代武威县书院发达，先后有成章书院、天梯书院、北溟书院、雍凉书院等知名书院。康熙四十三年（1704），凉庄道武廷适创建成章书院；乾隆十二

---

① 原著作名为《迥颿（fān）草》，本书将异体字统一为简体，故用"帆"。

年（1747），由凉庄道张之浚倡议，凉州知府朱佐汤及凉州府所属五县知县增修书院。乾隆三十七年（1772），顾光旭出知凉州府，武威知县请求修复书院。"凉州旧有天山书院，岁久致圮。"书院修复后，更名为天梯书院。乾隆七年（1742），时任武威县令欧阳永裼在城北30里的永昌堡（今永昌镇）创建北溟书院。光绪元年（1875），甘凉道守备成定康捐出俸银1000两，在武威城西北隅石头滩购置民房，创建了一座府治书院——雍凉书院。

41位进士中，多有主讲本地书院的，与本地教育形成"互哺"，实属难得。主讲成章书院者有王化南、刘作垣，主讲天梯书院者有郭楷、杨增思、张美如、王于烈、张兆衡、陈作枢、张诏、袁辉山、张景福、周光炯等12人。主讲雍凉书院的有刘开第、伦肇纪、李于锴3人。

41位进士中，还有多位曾主讲外地书院。刘作垣曾主讲酒泉书院，郭楷曾主讲灵州奎文书院，张澍曾主讲汉中汉南书院、兰州兰山书院，张美如曾主讲镇番苏山书院、西安关中书院，张兆衡曾主讲兰州五泉书院、兰山书院。可见，进士凭借其显赫的科举身份，获得书院讲席的职位很有优势，也较为普遍。

第四节　清代镇番县文进士研究

清初，沿袭明制，有镇番卫。雍正二年（1724）撤凉州卫置凉州府，府郭武威县，撤镇番卫置镇番县，隶属凉州府。

镇番县虽地处僻壤沙乡，但"贤良接踵，科第蝉联，文运之盛，甲于河西"，也有"人勇知义，俗朴风醇"的美名。据《明清进士题名碑录索引》载，清镇番县共有文进士10人，选翰林院庶吉士1人，文举人66人，贡生353人。

一、镇番县进士的时间分布

镇番县文进士共10人，在1643年至1912年之间，大约每27年才产生一个进士，果然进士都是人中龙凤，甚为稀罕。镇番县的进士在各帝年号期间的分布也是不均衡的，其中康熙年间1人，雍正年间3人，乾隆年间2人，道光年间3人，同治年间1人。以平均每年进士数量来看，雍正、道光朝是两个高峰，雍正共13年，进士3人，平均每年0.23，道光共30年，进士3人，平均每年0.1。乾隆年间虽然进士2人，但其时间跨度达到60年，所以平均只有0.03。

清代镇番县文进士时间分布

年号	顺治	康熙	雍正	乾隆	嘉庆	道光	咸丰	同治	光绪	宣统
时间	1643—1661	1661—1722	1722—1735	1735—1795	1796—1820	1820—1850	1850—1861	1861—1875	1875—1908	1908—1912
时长（年）	18	61	13	60	24	30	11	14	33	4
进士数量	0	1	3	2	0	3	0	1	0	0

年号	顺治	康熙	雍正	乾隆	嘉庆	道光	咸丰	同治	光绪	宣统
平均每年进士数量	0	0.02	0.23	0.03	0	0.1	0	0.07	0	科举废除
进士		孙克明	卢生薰 王有德 卢生莲	刘叔堂 王宏善		张奋翼 傅培峰 张尔周		马明义		

二、镇番县进士的寿命、中举年龄，中进士的年龄、名次、仕宦经历

镇番县的进士，因为史料缺失，王有德、卢生莲、刘叔堂、王宏善 4 人生卒年不详，孙克明、马明义 2 人卒年不详。生卒年明确的有卢生薰、张奋翼、傅培峰、张尔周。其中既有长寿老人，如张奋翼享年 72 岁，也有英年早逝的，如卢生薰死于翰林院庶吉士任上，年仅 36 岁，也有死于非命的，如傅培峰在抵抗太平军的过程中惨遭杀害，年仅 54 岁。

孙克明 24 岁中举人，40 岁中进士。卢生薰 35 岁中举人，联捷中进士。张奋翼 30 岁中举人，50 岁中进士，属于大器晚成。傅培峰 39 岁中举人，42 岁中进士。张尔周 24 岁中举人，35 岁中进士，可算是年少成名了。马明义 30 岁中举人，46 岁中进士。

与武威县进士类似，镇番县的进士殿试的名次大多都比较靠后，多为三甲，其中只有卢生薰为二甲 54 名，入选翰林院庶吉士，张尔周为二甲 76 名。

镇番县进士大多担任知县这样的初级地方官，如孙克明曾任湖广通城县知县，王有德曾任山西榆次县、湖南湘乡等县知县，卢生莲曾任江西弋阳县知县，刘叔堂曾任陕西保安县、江南江都县等县知县，张奋翼曾任四川清溪等县知县，傅培峰曾任江西宜黄县令，张尔周官四川夹江、陕西西乡等县县令，马明义曾任湖北枝江县县令。个别进士有六部主事的任职经历，如刘叔堂初授刑部主事，个别进士只担任学官，如王宏善曾任同州府教授。至于卢生薰，因为病逝于翰林院庶吉士任上，未能散馆担任地方官员。

清代镇番县进士基本信息

序号	姓名	生年	卒年	年龄	中举	中进士	名次	仕宦	著作
1	孙克明	1660	?	?	1684	1700	三甲 99	湖广通城县知县	
2	卢生薰	1688	1724	36	1723	1723	二甲 54	翰林院庶吉士	《兰言斋合吟诗集》
3	王有德	?	?	?	1724	1730	三甲 137	山西榆次县、湖南湘乡等县知县	
4	卢生莲	?	?	?	1714	1733	三甲 133	江西弋阳县知县	《五凉全志·镇番县志》
5	刘叔堂	?	?	?	1735	1736	三甲 73	刑部主事，陕西保安县、江南江都县等县知县	
6	王宏善	?	?	?	1747	1752	三甲 16	同州府教授	《同州风俗杂录》（佚）
7	张奋翼	1795	1867	72	1825	1845	三甲 119	四川清溪等县知县	《周礼集字》《礼记集对》《四书题论》《公余集句》
8	傅培峰	1805	1858	54	1844	1847	三甲 94	江西宜黄县令	
9	张尔周	1815	1879	64	1839	1850	二甲 76	官四川夹江、陕西西乡等县县令	
10	马明义	1819	?	?	1849	1865	三甲 119	湖北枝江县县令	

三、镇番县进士的成就

镇番县进士的成就是多方面的，为学则出类拔萃，为师则循循善诱，为绅则造福桑梓，为书法则翰墨留香，为著作则流芳百世，更重要的是为官或为忠臣死节，或为廉吏惠民，或为能臣治世，堪称科举为官的典范。

（一）为学

进士，作为学子中的佼佼者，在为学方面必有过人之处，或天资聪颖，或勤奋刻苦，才能在众多学子中脱颖而出。

如孙克明，康熙三十九年（1700）进士，为清朝河西甲第之首。据宣统《甘肃新通志》卷65载："尝徒步两千里，越境访师，史流芳见而奇之，授以

〈关学编〉，克明豁然解悟，慨以圣贤自任。"①孙克明徒步两千里到陕西求学，得到关中理学大师史流芳的指点，学业大进，为考取进士奠定了坚实的基础。

如镇番县唯一的翰林卢生薰，八岁能文，号称"神童"。据民国《民勤县志·选举》载："卢生薰，雍正癸卯进士，选庶吉士。薰八岁能文，乡会诸墨，脍炙人口。雍正二年卒于京邸。"清代初叶甘肃著名的理学家和杰出的诗人巩建丰在其著作中写道："近科如河西卢生薰昆弟诸墨，按之沉实，扬之高华。笔力才藻，在南人亦不可多得。"②称赞卢生薰兄弟几人文才之高，在南方人中也不可多得。

如刘叔堂，颖悟有异才，其八股文章一时被推为巨手。据宣统《甘肃新通志》卷69载："刘叔堂，字子升，指挥清裔。颖悟有异才，学问详赅，文思敏速，尤工制艺，一时推为巨手。"③

又如王宏善，天资逸宕，博闻强记，贯通经史，为文尤奇丽不群。

（二）为师

镇番县的进士遵循"官师合一"的士子传统，在为师方面也能传道授业，提携后进。

王有德晚年在家乡劝课耕读，弟弟王衣德为举人，儿子王其仁为岁贡生。据宣统《甘肃新通志》卷69载："王有德，……晚年劝课耕读，尤多所成就云，弟衣德，举人，子其仁，岁贡。"④

王宏善考中进士后做了学官，任同州府教授，回乡后教授生徒，远近尊仰。据宣统《甘肃新通志》卷69载："王宏善，……乾隆十七年进士，官同州府教授。后回里教授生徒，甚有矩法，远近咸尊仰之。"⑤

---

① [清]昇允，安维峻修撰：宣统《甘肃新通志》卷65《人物志·乡贤下》。
② [清]巩建丰：《朱圉山人集》卷3《答胡静庵贡生书》。
③ [清]昇允修、安维峻纂：宣统《甘肃新通志》卷69《人物志·群材四》。
④ [清]昇允修、安维峻纂：宣统《甘肃新通志》卷69《人物志·群材四》。
⑤ [清]昇允修、安维峻纂：宣统《甘肃新通志》卷69《人物志·群材四》。

（三）为绅

镇番县的进士，在家乡生活期间，则为当地绅士贤达，对地方发展贡献颇多。

如孙克明，因镇番地多沙患、康熙四十三年，率领邑民王众等呈请，率众开垦了东边外六坝湖的沙地，贫民赖之。

（四）为书法

清代镇番县文进士在书法修养上造诣颇高，王有德、刘叔堂、王宏善、张尔周、马明义等都以书法见长。

据赵禄祥主编《中国美术家大辞典》载："王有德，清代书法家，陕西镇番（今甘肃民勤）人，雍正八年（1730）庚戌科进士，善书。""刘叔堂，清代书法家，陕西镇番（今甘肃民勤）人，乾隆元年（1736）丙辰科进士，擅长书法，有名于乡。"

（五）为著作

镇番县进士中，多位都有著作传世。卢生薰兄弟的诗歌汇成《兰言斋合吟诗集》，卢生莲参与编纂了《五凉全志·镇番县志》。王宏善编纂了《同州风俗杂录》，可惜已经失佚。张奋翼尤长于治学，一丝不苟，孜孜不倦，著有《周礼集字》《礼记集对》《四书题记》《公余集句》等。

（六）为官

镇番县进士或为忠臣，或为廉吏，鲜有贪官污吏，充分说明西北沙乡民风淳朴，学子性格刚正，也证明科举考试在人才选拔中的成功。

孙克明为县官，颂声载道，百姓立遗爱碑纪念。据宣统《甘肃新通志》卷65载："孙克明……官湖广通城县知县，颂声载道。未尽所施而卒，通人立遗爱碑以表之。"[①]

王有德为县官，持法明允，民无冤滞，有廉惠声。王有德雍正八年考中进

---

① ［清］昇允、安维峻修撰：宣统《甘肃新通志》卷65《人物志·乡贤下》。

士，初任山西榆次县知县，不久改任湖南湘乡知县，声誉卓著，后以抗直不谐于时，便辞官回乡。

张奋翼不苟取、不媚上，淡泊终身，有"廉吏"之称。张奋翼于道光二十四年考中进士后，在四川清溪、邰水等县担任知县，为官劳心抚字，政简刑轻，广受爱戴。

傅培峰在担任江西宜黄县知县时，遇到太平军攻城，他拼死守卫，城破后被肢解焚尸，惨烈牺牲。据民国《甘肃通志稿》卷95载：

> 傅培峰，字孼三，镇番人。道光二十七年进士，知江西宜黄县。咸丰三年，太平军入江西，围宜黄，培峰御之，躬率士民，昼夜不稍懈。围数月粮尽，而外援不至，城陷，培峰朝服，北向再拜曰：'臣力竭矣！'遂自经不殊，敌已至，胁之，培峰不屈。怒甚，肢解焚之。事闻，给予云骑蔚世职。①

张尔周官四川知县，署夹江、长寿等县，补仁寿县。以丁忧归，服阕，改官陕西，历署西乡、紫阳、甘泉，补蒲城，卒于任上。他革除时弊，平定数次叛乱，严于律己，勤勉吏治，人称"政平讼理，惠泽在人"。

马明义对胥役严加约束，有"铁面冰心"之颂。据宣统《甘肃新通志》卷69载：

> 马明义，字镜台，镇番人。同治壬戌科进士，官湖北知县。时，旱蝗交集，哀鸿遍野。明义用意绥，民赖以安；喜接见士民，于胥役则严加约束，不肯稍假，有'铁面冰心'之颂。去任时，父老攀辕而

---

① 刘郁芬修、张维等纂：民国《甘肃通志稿》卷95《人物十三·清七》。

送者数百人。①

四、科举家族对于进士的养成

科举家族的家学传承，对于进士的养成具有重要的作用。

镇番卢氏，显赫于明清两朝。卢氏始祖卢海（1411—1475），于明正统年间，随定西侯蒋贵北征建立军功，后留戍镇番，诰封为武略将军，世号白袍将军。二世卢椿（1441—1509），三世卢炳（1463—1542），四世卢堭（1462—1572），五世卢矿（1523—1588），六世卢浩，七世卢士彦、卢士魁，八世卢如兰等均世袭军职，封号将军。六世卢让及弟弟卢芳（1581—1662）为贡生，首倡文职。

七世卢士鹀（1625—1700）即卢生薰祖父，字博天，嗜学豪饮。以岁贡选任成县训导、卒于任所。八世卢全昌（1650—1706）为卢生薰父亲，字熙明，诰封文林郎、翰林院庶吉士，因教子有方成名，生子六：长子卢生蒲，次子卢生芯，均务本务农；三子卢生华（1676—1745），举人；四子卢生莲、五子卢生薰均高中进士，六子卢生芙，举人。卢氏后裔，也是人才辈出，望重乡里。

卢生莲、卢生薰是卢氏家族中考取进士的二人。卢氏家族重视教育、尊崇儒学，不断激励后代入仕为官、造福百姓，良好的家学环境成为进士成长的沃土。

镇番进士张尔周也是出身名门。据《镇番遗事历鉴》卷9载："公幼承庭训，源渊家学，聪慧好学，人许为远器。"②张尔周祖籍山西平阳府襄陵县，至六世祖张永岐迁居于镇番。他的曾祖父张国华，县庠生，祖父张大伸，县庠生，例赠文林郎。父亲张尚姜，例赠文林郎。

---

① ［清］昇允，安维峻修撰：宣统《甘肃新通志》卷69《人物志·群材四》。
② 谢树森、谢广恩等编撰，李玉寿校订：《镇番遗事历鉴》卷9，香港天马图书有限公司，2000年。

第五节　清代凉州府文进士简介

清代凉州府五县共有文进士57人，其中武威县有41人，镇番县有10人，古浪县有1人，平番县有2人，永昌县有3人。

一、武威县文进士（41人）

孙诏（？—1733），字凤书，又字素书，号友石，武威县人。康熙四十一年（1702）举人，康熙五十一年（1712）进士，三甲111名，翰林院庶吉士。初仕知县，后不断升迁，先后任宁波知府、宁绍道尹、两浙盐运使、江西按察使，最终晋升至湖北布政使，未及离原任便不幸去世。

苏璟，生卒年不详，字元晖，号雪峰，武威县人。雍正七年（1729）己酉科举人，雍正八年（1730）庚戌科进士，三甲274名，曾任山西文水县知县，山东汶上县知县，后辞官回乡从教。

王化南，生卒年不详，字荫棠，号雪崖，武威县人。乾隆元年（1736）乡试中举，乾隆四年（1739）高中进士，入选翰林院庶吉士。散馆后，历任直隶广昌、静海、怀来知县，山东平度、莒州知州。后辞官回乡从教。

孙俌，生卒年不详，字仲山，别号韦西，孙诏之孙，武威县人。乾隆十六年（1751）中进士，先后在广东翁源、揭阳、阳江等地担任县令，后辞官回乡从教。

李蕴芳（1717—1755），字湘洲，又字西岩，号溉愚堂，又号醉雪庵，武威县人。乾隆十七年（1752）壬申科举人，秋季连捷成进士，名次为二甲33名。朝廷任命他为江西石城县县令。乾隆二十年（1755），李蕴芳受到胡中藻文字狱案的牵连在南昌被杀，年仅38岁。

刘作垣（1732—1813），字星五，武威县刘官寨人。乾隆二十一年（1756）乡试中举，乾隆二十六年（1761）考中进士。乾隆三十五年（1770）入仕，初任安徽舒城知县。乾隆四十二年（1777），升任泗州知州，因谳邻县狱罢职归乡。先后掌教于肃州书院、天梯书院，是为名师，人称"刘山长"。门下弟子有张澍等。

张翙（1750—?），字凤飚，号桐圃，武威县人。幼年聪慧，号称"神童"。乾隆三十四年（1769）进士，三甲15名。曾任户部郎中，江西吉安府知府、荆州知府、宜昌知府、那阳知府、长沙知府等职。著有《念初堂诗集》《桐圃诗集》。

萧士双，字亦韩，又字无双，号西池，武威县七里堡人。乾隆四十九年（1784）进士，也有作乾隆五十二年（1787）进士。未入仕，曾为江宁太守章淮树幕僚。年未五十而卒。

郭楷（1760—1840），字仲仪，号雪庄，武威县人。教育家、方志学家、诗人。乾隆六十年（1795）乙卯科进士。曾任河南原武县知县，后辞官归乡，辗转各地，从事教育工作。

周泰元，生卒年不详，字德初，号竹坡，武威县人。嘉庆元年（1796）进士，官至礼部郎中。

张澍（1781—1847），字百瀹（一作伯瀹），一字寿谷，又字时霖，号介侯，一号鸠民，又号介白，武威县人。乾隆五十九年（1794）年仅13岁中举人，号称"神童"。嘉庆四年（1799）年仅18岁考中进士，入选翰林院庶吉士。曾辗转多地为县令，是清代学术大家，著作等身。

杨增思（1762—?），字孔庭，号临溪，武威县人。嘉庆七年（1802）壬戌科进士，二甲第71名。曾任陕西同官县知县。曾主讲武威天梯书院，学生中有武威进士袁辉山、张诏、周光炯。

何承先（1772—1810），字美承，号梅生，武威县人。嘉庆十年（1805）进士，入选翰林院庶吉士。曾任福建长泰知县，年仅38岁死于任上。

龚溥（pǔ），生卒年不详，字百泉，号恩斋，武威县人。嘉庆十三年（1808）三甲104名进士。官至教授。

张美如（？—1834）字尊五，号玉溪，又号第五山樵，武威县人。嘉庆十二年（1807）乡试中举，次年考中进士，名次为二甲56名，选翰林院庶吉士，官至户部员外郎。曾主讲镇番、武威、兰州、西安等地书院，在教育事业上成就卓著。

赵廷锡（1779—？），字金如，号竹溪，武威县人。少年时期勤奋好学，通读经史。在30岁时（即嘉庆十四年），赴京参加己巳恩科会试，中进士，为三甲第90名。同科进士中武威县还有李賁生、马廷锡。赵廷锡曾任直隶获鹿县知县。赵廷锡与同时期的张澍、张美如等交往颇深。

李賁（fén）生，生卒年不详，字蔼如，号桥西，武威县人。嘉庆十四年（1809）进士。历官国子监学正。武威北乡"李六先生"秀才李作枢的侄儿。

马廷锡，生卒年不详，字接三，号柏亭，武威县人。嘉庆十四年（1809）己巳恩科进士，为三甲第116名。同科进士中武威县还有赵廷锡（三甲90名）、李賁生（三甲108名）。马廷锡曾官广西知县，与同时期的张澍、张美如、赵廷锡等交往颇多。

尹世衡（1779—1841），字仲平，号仲舆，武威县人。嘉庆十六年（1811）进士，入选翰林院庶吉士。历任吏部考功文选司掌印郎中、江苏苏松太仓兵备道、江南淮扬兵备道、浙江督粮道、金衢严道。

牛鉴（1785—1858），字镜堂，号雪塘，武威县人。嘉庆十九年（1814）进士，入选翰林院庶吉士，后馆选为翰林院编修，是道光、咸丰两朝帝师。官至两江总督，曾参与《南京条约》的签订。

潘挹奎（1784—1830），字太冲，号石生，又号兔波，武威县人。嘉庆二十四年（1819）进士，曾任吏部考功司主事，后病逝于北京。

王于烈（1783—？），字硕卿，号酉泉，武威县人。嘉庆二十四年（1819）己卯科进士，三甲第27名。王于烈曾主讲武威天梯书院，学生中有武威进士袁辉山、张诏。

张兆衡(1788—1848),字仲嘉,号雪槎,武威县人。嘉庆十五年(1810)举人,嘉庆二十五年(1820)进士,入选翰林院庶吉士。散馆后改知县,因请假省亲未选任,曾主讲兰州五泉书院、兰山书院。后任山西和顺县、曲沃县知县,升任朔州知州,到任一月便称疾告归。为官循声大著,归乡则侍奉双亲,受世人称道。

丁铠(1795—?),字厚甫,号松轩,武威县人,道光三年(1823)进士,三甲第三名,钦点翰林院庶吉士。散馆归班,官四川知县。

陈作枢(1808—1870),字瑶卿,号星楼,一号桂轩,武威县人。道光十七年(1837)考中乡试第一名举人,是为"解元",道光二十四年(1844)考中进士,殿试成绩为二甲第57名。历任陕西洛南、眉县、西乡、白水,长安等县知县,擢升商州知府。因病及与上司不和辞官,同治九年(1870)病逝于长安。

任国桢(1807—?),字幹臣,号蒲溪,武威县人。道光二十七年(1847)三甲104名进士。即用陕西知县。

刘铠(1814—?),字戚之,号莲生,又号苇汕,武威县人。道光二十七年(1847)三甲115名进士。即用直隶知县。

蔡式钰(1815—?),字心吾,一字质金,号谷田,武威县人。道光三十年(1850)庚戌恩科进士,三甲第97名。钦点即用知县。

王之英(1815—?),字润石(涧石),号沙屿(少屿),武威县人。咸丰元年(1851)辛亥恩科举人,咸丰二年(1852)壬子恩科进士,三甲第115名。钦点即用知县,签掣山西省。

张诏(1803—?),字凤衔,号麓樵,武威县人。道光二十六年(1846)丙午科举人,咸丰六年(1856)丙辰科进士,殿试三甲第二十七名,钦点候选知县。曾任天梯书院山长,弟子有新疆阜康举人李钟岳等。

张景福(1830—?),字介儒(如),号梦叟,又号南村,武威县人。张景福少小聪颖，博览群书，受教于武威天梯书院。咸丰元年（1851）辛亥恩科举人，咸丰六年（1856）丙辰科进士，殿试三甲第57名，钦点即用知县。官西安府孝义厅同知。归家时捐金助文社。

袁辉山（1801—？），字小峰，号静菴，武威县人。咸丰元年（1851）辛亥恩科举人，咸丰六年（1856）丙辰科进士，殿试三甲第21名。钦加同知衔，曾任广东电白县知县。

周光炯（1804—？），字戒吾，号觐臣，武威县人。为道光二十九年（1849）己酉科举人，咸丰九年（1859）己未科进士，殿试三甲71名。钦点吏部主事，封员外郎衔吏部验封司主事。曾主讲天梯书院，学生有权尚忠、赵元普等。

刘开第，字梦惺（梦星），武威县人。同治元年（1862）壬戌科进士，殿试三甲第107名。授陕西临潼知县，历任泾阳、礼泉知县，为官有惠政。治县遭遇饥荒，刘开第捐献出八千金治赈，救活百姓无数。省上派使者勘察灾荒，使者乘机索取贿赂，刘开第坚决不给。使者便向上级进献谗言，说冒赈不实，刘开第便被左迁教职。离开之日，老幼攀辕，感泣不释。刘开第回到家乡后，曾主讲雍凉书院，成就后进不少。其著有《谷口归来客诗文集》《醉吟山房诗存》若干卷。

许楫（1832—？），字梦严（梦岩），号萍洲（蘋州），别号又甦，武威县人。咸丰五年（1855）乙卯科举人，同治元年（1862）选拔为静宁州学正，同治十年（1871）辛未科进士，殿试二甲第86名，钦点刑部主事，任刑部广东司主事。

马侃（1839—？），字仲陶，号兰泉，一号筱舲（云舫），武威县人。同治十二年（1873）癸酉科举人，光绪三年（1877）丁丑科进士，三甲第112名。钦点即用知县，签分山东。

伦肇纪（1845—？），字子修，号协吾，武威县人。光绪五年（1879）己卯科举人，光绪六年（1880）庚辰科进士，殿试三甲153名，钦点即用知县，签分河南。官陕西华阴县知县。罢归，捐三千金以助本邑文社及天梯、雍凉两书院。

任于正（1862—?），字友端，号介石，武威县人。光绪戊子科举人，光绪十六年（1890）庚寅恩科进士，殿试三甲第94名，钦点内阁中书。

李于锴（1863—1923），字冶成，又字叔坚，武威县人。天资聪慧，14岁成为秀才，21岁时考中举人。光绪二十一年（1895）上京参加会试，参与了"公车上书"，考中进士，入选翰林院庶吉士。光绪二十四年（1898）散馆后任山东蓬莱知县，后历任武城、泰安知县。袁世凯任山东巡抚期间，其担任山东大学堂监督。袁世凯离任后，李于锴复任蓬莱知县，继而升迁为沂州府知府。李于锴是著名的"山东循吏"，政绩卓著。辛亥革命后返回家乡。

权尚忠（1855/1857—?），字荩臣，号南樵，武威县人，光绪癸巳恩科举人，另说光绪八年（1882）壬午科甘肃乡试举人。光绪二十四年（1898）戊戌科进士。曾与李于锴、张思永等人联名撰写《请废马关条约呈文》。光绪二十九年（1903）补为山西崞县知县。

张铣（1874—1912），字泽堂，号柳坡，武威县人，光绪二十七年（1901）考中举人，光绪二十九年（1903）癸卯科进士，殿试三甲52名。张铣是武威县最后一位进士。初任刑部主事，后任新疆焉耆知府，在辛亥革命"南疆戕官"事件中被杀害。

二、镇番县文进士（10人）

孙克明（1660—?），字鉴涵，号茯峰，镇番县人。康熙二十三年（1684）乡试中举，康熙三十九年（1700）考中进士。因为他是河西最早的清代进士，所以被称作"国朝河西甲第之首"。曾经徒步两千里，到陕西访师，得到史流芳等指点，学业大进。康熙四十三年（1704）率众于东外边六坝湖移丘开垦，造福乡里。官任湖广通城县知县，有惠政，卒于任上。

卢生薰（1688—1724），字文馥，号同滨，又号月湄，镇番县人。雍正元年（1723），与弟卢生荚同举于乡，同年成进士，二甲54名，选翰林院庶吉士。雍正二年（1724）以疾殁于京城，年仅36岁，皇帝赐归葬家乡。与其兄弟合著有《兰言斋合吟诗集》。

王有德，生卒年不详，字慎先，镇番县人。雍正二年（1724）举人，雍正八年（1730）中进士，三甲第 137 名，曾任山西榆次县、湖南湘乡等县知县。因性格耿直，依法办事，百姓无冤情。晚年卸任后，从事教育。工于书法。

卢生莲，字文洁，号园西，镇番县人。康熙五十三年（1714）举人，雍正十一年（1733）成进士，三甲 133 名。后官江西弋阳县知县。与兄卢生华、弟卢生荚同辑《五凉全志·镇番县志》。

刘叔堂，生卒年不详，字子升，号容溪，镇番县人。雍正十三年（1735）举人，乾隆元年（1736）中进士，三甲 73 名。初授刑部山西司额外主事，后改陕西延安府保安县知县、江南江都县知县，旋调宝山县知县，卒于官。擅长书法，有名于乡。

王宏善，生卒年不详，字协一，镇番县人。乾隆十二年（1747）举人，乾隆十七年（1752）进士，三甲 16 名。官同州府教授，著有《同州风俗杂录》，现已佚。后回乡教授生徒，远近尊仰。

张奋翼（1795—1867），字翥南，号秋涧，镇番县人。道光五年（1825）乙酉举人，道光二十四年（1844）甲辰会试，因考卷有涂改，在卷末未注明，故判定在下一科殿试，道光二十五年（1845）乙巳恩科考中进士，三甲 119 名。历任四川清溪、奉节、邻水、筠连等县知县，有"廉吏"之称。著有《周礼集字》《礼记集对》《四书题论》《公余集句》。

傅培峰（1805—1858），字南山，又字擘三，号藕村，又号苏麓，镇番县人。道光二十四年（1844）举人，二十七年（1847）进士，三甲 94 名。咸丰三年（1853）任江西宜黄县令，咸丰八年（1858）太平军围城，率军民抵抗，城破不屈，被肢解焚尸，年仅 54 岁。

张尔周（1815—1879），字筱庄（小庄）、亦字普生，号双楼、亦号椿茂，镇番县人。道光十九年（1839）举人，道光三十年（1850）进士，二甲 76 名，官四川夹江、长寿、仁寿等县知县，丁忧后改任陕西西乡、紫阳、甘泉、蒲城等县等知县，抵任蒲城两月而卒，年六十四岁。张尔周家学深厚，号为名儒，为官革除时弊，平定叛乱，严于律己，勤勉吏治。

马明义（1819—?），字镜潭（镜台），号南都，镇番县人。道光二十九年（1849）陕西乡试举人，同治元年（1862）参加会试，同治四年（1865）补行朝考中进士，三甲119名，后任湖北枝江县县令。当时旱灾、蝗灾频发，百姓民不聊生，马明义安抚百姓，体察民情，对官吏严加管教，有"铁面冰心"之颂，颇有政声。

三、古浪县文进士（1人）

张澍（1856—?），字雁初，一字砚秋，号蘐轩，古浪县暖泉人。张澍自幼聪明好学，博闻强记，精通经史。文章论理缜密透彻，文风清新自然，很受学界器重。光绪元年（1875），张澍考取副贡生，光绪十一年（1885）中举人。光绪十五年（1889）中进士，名次是二甲第48名，并入选翰林院庶吉士，散馆后授编修。之后，张澍长期在福建为官，曾任福建建宁、泉州等府知府，在任所，勤政务，恤黎民，政绩显著。晚年张澍定居泉州，家道殷昌，子孙兴旺。

四、平番县文进士（2人）

王鉴塘（1821—?），字清如，号宝泉，又号西园，平番县人。道光二十三年（1843）举人，咸丰二年（1852）进士，殿试三甲第59名。初任户部主事，四十八岁时改任四川泸州合江县知县。

保鉴（1835—1878），字保三，号镜如（镜吾），又号韵青，平番县人。幼年敏悟，过目成诵，被称为"才子"。咸丰十一年（1861）拔贡生，任礼部七品小京官。同治元年（1862）举人，光绪三年（1877）进士，三甲第139名。直隶即用知县，未及到任，病逝。通经史，善诗文，著有《春晖草堂诗集》。

五、永昌县文进士（3人）

南宫鼎，字德宇，号文峰，永昌县人。其先祖南先于明正统七年（1442）任永昌卫指挥佥事，后代世袭。乾隆十五年（1750）举人，乾隆十六年（1751）进士，三甲152名，赠文林郎，任凤翔府教授多年。归殁于家，终四十五岁。以书法见称。

南济汉（1762—1848），字汇东，号斗岩，南宫鼎之子，永昌县人。乾隆四十四年（1779）举人，乾隆四十五年（1780）进士，三甲67名。乾隆四十九年（1784）起主编成《永昌县志》十卷。此后，历任湖南安福、衡山、慈利等县知县，澧州知州。为官清廉。晚年辞官归里，回到永昌后，任云川书院主讲，从事教育事业。嘉庆十八年（1813）起又编撰成《永昌县志》八卷。擅长书法。

蔡发甲（1778—1830），字翰升（翰生），号梅庵，永昌县人。嘉庆十二年（1807）举人，道光三年（1823）进士，三甲43名。曾任山东费掖、新泰等知县，因秉公执法、为官清廉，故有"蔡青天"之美誉。也曾解决乡里水利纠纷，闾里称颂。

清代凉州府文进士

	顺治	康熙	雍正	乾隆	嘉庆	道光	咸丰	同治	光绪	总数
	0	1	1	7	14	5	5	2	6	41
武威县		孙诏	苏璟	王化南 孙倜 李蕴芳 刘作垣 张翔 萧士双 郭楷	周泰元 张澍 杨增恩 何承先 龚溥 张美如 赵廷锡 李蕡生 马廷锡 尹世衡 牛鉴 潘挹奎 王于烈 张兆衡	丁铠 陈作枢 任国祯 刘铠 蔡式钰	王之英 张诏 张景福 袁辉山 周光炯	刘开第 许楣	马伦肇纪 任于正 李于错 权尚忠 张铣	

	顺治	康熙	雍正	乾隆	嘉庆	道光	咸丰	同治	光绪	总数
镇番县	0	1 孙克明	3 卢生薰 王有德 卢生莲	2 刘叔堂 王宏善	0	3 张奋翼 傅培峰 张尔周	0	1 马明义	0	10
古浪县	0	0	0	0	0	0	0	0	1 张 澂	1
永昌县	0	0	0	2 南宫鼎 南济汉	0	1 蔡发甲	0	0	0	3
平番县	0	0	0	0	0	0	1 王鉴塘	0	1 保 鉴	2
合计	0	2	4	11	14	9	6	3	8	57

第三章 清代武威县文进士举隅（一）

本章介绍了孙诏、孙俌、苏璟、王化南、李蕴芳五位进士。清代武威县孙氏家族是著名的科举家族，产生了孙诏、孙俌"爷孙两进士"。孙诏（？—1733），康熙五十一年（1712）进士，入选翰林院庶吉士，是清代武威县第一位进士。孙俌，乾隆十六年（1751）中进士，曾任广东翁源、揭阳、阳江等地县令，后辞官回乡从教。孙诏遗留下来的文章有《张君烈墓志》，孙俌文章有《重修海藏寺碑记》，孙俌的书法作品有"祇林冠冕"匾额，二人书法文章皆为文坛翘楚。苏璟，雍正八年（1730）进士，曾任山西文水县知县等职。苏璟性格耿直，身材魁梧，饭量、酒量较大，完全是一个"赳赳武夫"的形象，故有"苏公不文"之说。王化南，乾隆四年（1739）进士，散馆后，历任直隶广昌、静海、怀来知县，山东平度、莒州知州，号称"循吏"。李蕴芳（1717—1755），乾隆十七年（1752）中进士，次年春，任江西石城知县。乾隆二十年（1755）二月，因牵涉"胡中藻文字狱案"，被杀于江西南昌。

第一节　祖孙进士：孙诏、孙俌家族

清代武威县孙氏家族是著名的科举家族，产生了武威县首位进士、翰林孙诏，孙诏的孙子孙俌也考中了进士。因此，"爷孙两进士"传为佳话。

同为武威翰林的李于锴曾撰文《孙揆章》，其中写道："吾乡衣冠阀阅之盛，首推城河沿孙氏。自元朴先生以淳德至行，崇祀乡贤；凤书方伯、仲山大令，仍世登进士第。勋绩行义文章，坊表乡里者百年。""孙氏自方伯以降，甲乙科前后相望"。[①] 文中所及的元朴先生、凤书方伯和仲山大令，即孙文炳，孙诏和孙俌。

同为进士的潘挹奎所著《武威耆旧传》中，对孙氏有三篇传记：《孙文学文炳传》《孙方伯传》《孙韦西先生传》，可见孙氏声名之盛。

一、恂谨持礼：孙文炳

潘挹奎所撰《孙文学文炳传》记述了孙氏先祖孙文炳的事迹。

孙文炳，字元朴，被邑人称作"孙文学"，嗜好读书，靠开设私塾、教授学生为生，因而为后代读书科举创造了良好条件。

其为人"恂谨持礼法"，具体表现为两件事情。一件是对待哥哥及侄儿。哥哥是个武生，放荡不羁，挥霍家财，坚持分家，孙文炳反复劝说无效，只能分家。哥哥不幸去世，留下了襁褓中的侄儿孙譓。孙文炳不计前嫌，精心养育侄儿，使之最终考中了武举人。另一件是对待同乡马氏及其妻子。马氏要到外

[①] 李于锴著，李鼎文校点：《李于锴遗稿辑存》，兰州：兰州大学出版社，1987年，第22—24页。

地接回父母赡养，把妻子托付给孙文炳照顾。孙文炳让马氏妻子与自己的妻子徐氏同吃同住，自己到外舍居住，并且严令家族内十五岁以上的子弟不得入室内。一年后，马氏回来，把妻子领了回去。

邑人对孙文炳的品行非常赞赏。孙文炳去世后，选入乡贤祠享受祭祀。其儿子孙诏，考中了康熙年间进士，官至湖北布政使。

二、甲科开先：孙诏

孙诏（？—1733），字凤书，又字素书，号友石，孙文炳之子，孙为璘之父，孙俌之祖父，武威县人。康熙四十一年（1702）壬午科举人，康熙五十一年（1712）壬辰科进士，三甲111名，翰林院庶吉士。初仕知县，因痛打弄权的太监，受到雍正赏识，不断升迁，先后任宁波知府、宁绍道尹、两浙盐运使、江西按察使，最终晋升至湖北布政使，未及离原任，卒于南昌江西按察使任上，当时是雍正十一年（1733）。

在《皇清陕西历科进士录》中亦有关于孙诏的记载：

> 孙诏，字素书，凉州卫人。壬午（1702）乡试第三十七名，会试第一百二十八名。翰林院庶吉士，后提升为宁波知府，迁宁绍道尹，转任两浙盐运使，进而升任江西按察使。[①]

潘挹奎所撰《孙方伯传》记述了清代武威县第一位进士孙诏的事迹。有清一朝，武威县以科举入仕者，官位最高者首推牛鉴和孙诏。道光二十一年（1841），牛鉴官拜两江总督，兵部尚书衔，抚远将军，兼辖两淮漕盐。两江总督是正二品，加兵部尚书者则为从一品。而孙诏的湖北布政使是从二品。

孙诏最为著名的事迹，莫过于痛打太监首领，反而被雍正皇帝提拔。孙诏

---

① 多洛肯：《明清甘宁青进士征录》，上海：上海古籍出版社，2018年，第85—86页。

任翰林院庶吉士十年后，被外放担任知县。孙诏到任不久，便遇上雍正皇帝去盛京的清东陵祭拜先祖，在县境内的行宫休息。管事的太监向孙诏索取贿赂，但孙诏性格刚正，没有答应，太监便伺机报复。恰逢天降大雪，太监让孙诏在行宫扫雪。孙诏说，"县官为天子扫雪，岂辱事耶？"便弯腰扫雪不止。这下激怒了太监，便要群殴孙诏。孙诏把太监首领引出宫门外，让手下皂隶把太监头领绑住痛打了一顿。雍正皇帝得报后，欣然曰："此知县好胆，宫监滋事不可赦。"并召见孙诏，慰勉再三。孙诏痛打太监，不但没有受到处罚，反而因为雍正皇帝的赏识不断升迁，一时传为佳话。

孙诏为官，知恩图报，恪尽职守，尤其慎于庶狱。尝曰："吾不能必人之无冤，唯求己之无悔，斯已矣。"孙诏在任宁波知府时，浙江因为累有叛逆大案，被暂停贡士科举考试。孙诏严令士人积极纳税，虽有反对也不改命令，最终浙江人课税全国第一，皇帝便下旨恢复了浙江的贡士科举。蒙元时期，南宋六陵曾被妖僧杨琏真珈盗掘破坏。孙诏主持修复南宋六陵于祠祀。

诸如此类，不胜枚举，孙诏治理浙地有方，"于浙人之感方伯也深矣"。浙江名人全祖望对当时名流鲜有敬佩，但唯独对孙诏赞赏有加，在孙诏去世后，全祖望特意叙述其事，并专门写了诔悼念。其文为《署湖北承宣布政司使武威孙公诔》，收入张澍的《凉州府志备考·艺文卷十一》。

三、蔚为文宗：孙俌

孙俌，字仲山，别号韦西，孙诏之孙，武威县人。乾隆十五年（1750）中举人，次年（1751）中进士，三甲第13名，曾任广东翁源、揭阳、阳江等地县令，后辞官回乡从教。

在《皇清陕西历科进士录》中亦有孙俌的记载：

> 孙俌，字仲山，号韦西，凉州府武威县人。庚午（1750）科乡试第十一名，辛未（1751）科会试第二百二十八名，殿试三甲第十三

名。①

潘挹奎所撰《孙韦西先生传》记述了孙俌的事迹。孙俌少年丧父，读书时文才并不出众。乾隆五年（1740），孙俌考取了拔贡，乡人议论纷纷，说他是个情面贡生，考官与其祖父孙诏有交情。这严重伤害了孙俌的自尊心，于是他发愤学习，以雪此耻。

屋漏偏遭连夜雨，孙俌的母亲也不幸去世，孙俌为母亲守孝三年，其间昼夜读书不辍。

后来恰逢名儒雍正进士牛运震担任平番知县，孙俌便拜师深造。当时的同门有"三吴"，秦安进士吴镫、狄道孝廉吴镇、秀才吴懋德，三人皆负俊才，善于诗文。

牛运震在课间常常举办宴会，请人表演戏曲，比赛学生的文章，写不成文章的不能喝酒。每次都是吴镫先交卷，文章也好，便先喝酒。而孙俌思深力锐，成文甚艰苦，在求学期间没有喝过酒。牛运震对二人的评价是："吴超溪（吴镫）气轻清而上浮，孙仲山气重浊而下凝，固皆奇士，而孙之品视吴为优。"文如其人，吴镫其人不羁，故而牛运震有此评价。

孙俌学业已成，尤其精通制艺，于乾隆十五年（1750）中举人，次年1751年中进士，可谓春风得意。同科会元吴鸿雅，以制艺自负，见到孙俌的文章也非常欣赏，想要将自己的文章与之合编为《孙吴合稿》刊行。孙俌认为"吴文肥重"，没有答应，自此文名更加响噪四方。

孙俌曾任广东翁源县等地知县，因性格坦率，不媚上司，遂辞官浪游江湖数年后，回乡设馆教学。他循循善诱，因材施教，生徒多有科举高中，因而声望益隆，受到家乡人民的信任和敬佩。

孙俌去世后，名誉日崇。当时陕以西的学界，推崇"二孙"，理学以孙

---

① 多洛肯：《明清甘宁青进士征录》，上海：上海古籍出版社，2018年，第94页。

景烈为尊，文学则以孙俌为尊。孙景烈，字酉峰，陕西武功人，乾隆己未年（1739）进士。

四、闾里耆儒：孙揆章

孙揆章，字广文，又字云方（云房、云舫），是孙俌之子，嘉庆年间秀才，为当时名士。武威进士李于锴作《孙揆章》，记述其生平事迹。

潘挹奎的《孙韦西先生传》中提到孙俌有四子："子揆叙、揆泰、揆亮、揆章皆名诸生。"其中以孙揆章声名最盛。李于锴说："大令（孙俌）殁，其子揆章继起，以诸生为文学祭酒，后进之士，翕然从之，然稍陵夷衰微矣。""经乙丑之乱，第宅废为瓦砾，子姓虽繁，无读书者。仁义之不修，诗礼之日捐，世远泽竭，昔人所以慨食德服畴之难也！"[①] 孙氏家族大约在嘉庆十年（乙丑，1805）经历变故后，家道遂衰落。

孙揆章早年学业优异，"先后督学使者激赏之，试辄列高等"。但乡试不利，从此放弃科举。他天才高亮，但性格放荡不羁，结交名流，周游南方，颠沛流离。后有友人招至山西修《志》，孙揆章获得一些钱财，才得以回家。回乡后，因为年高学优，备受尊敬。

孙揆章善于诗文，著有《悟雪斋诗文集》。郑炳林主编的《凉州金石录》中收录的《清武威武征君（武瓒）李孝廉（李夔生）传》（道光十五年1835刻）为孙揆章撰文，牛鉴书写；《清陈贡禹（陈琨）墓表》（道光十二年1832刻）为孙揆章撰文，进士张美如篆额书丹。《清武禹亭碑记》（道光九年1829立）为孙揆章撰文，进士张兆衡书写。每有孙揆章撰文，都是进士为之书写，可见其地位之高。孙揆章还为保存李蕴芳的诗集出力不少，使得《姑臧李郭二家诗草》最终得以刊行。

[①] 李于锴著，李鼎文校点：《李于锴遗稿辑存》，兰州：兰州大学出版社，1987年，第22—24页。

五、保护墓碑：孙燮中

孙诏家族，在清朝武威县显赫一时。在凉州城西，高冢累累，立有七块孙氏墓碑。到了光绪年间，孙氏衰落不堪。后裔孙燮元，竟然"贫不能自立"。但有七世嫡孙孙燮中，与孙燮元为兄弟排行，岁时修祀甚是虔诚。光绪三十二年（1906），孙氏墓碑竟然丢失了四块，孙燮中追查之后发现在石匠黄茂棠家中。告到官府之后，勒令恢复。为长久保存，公议将墓碑移置公所。宣统二年（1910）完工后，武威县最后一位进士张铣撰写了《公议建孙氏墓碑记》，记述其事。[①]

六、孙氏家族谱系

根据多种史料，我们可以绘制出孙诏家族的谱系。

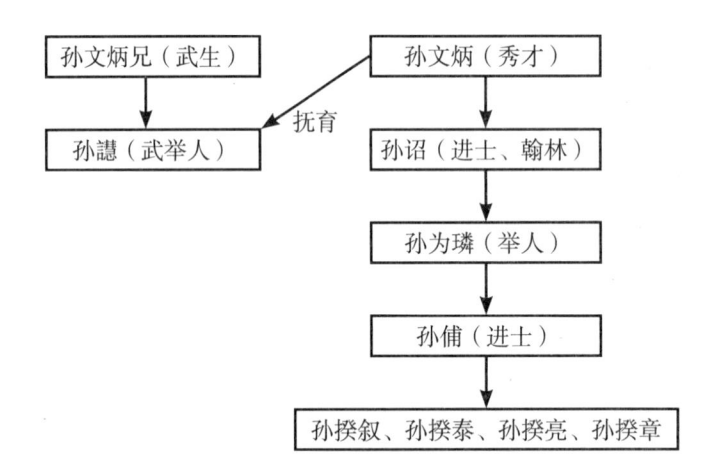

```
孙文炳兄（武生）      孙文炳（秀才）
      ↓          抚育    ↓
  孙懿（武举人） ←——   孙诏（进士、翰林）
                          ↓
                      孙为璘（举人）
                          ↓
                       孙俌（进士）
                          ↓
             孙揆叙、孙揆泰、孙揆亮、孙揆章
```

清代武威县进士翰林孙诏家族谱系

---

① 王其英编著：《武威金石志》，天津：天津古籍出版社，2020年，第259—260页。

第二节　蔚为文宗：孙诏、孙俌的文章和书法

孙诏，是清代武威县的首位进士。潘挹奎在《孙方伯传》中说："武威自明季李锐登甲榜，官汀州太守，至方伯再成进士，故吾乡入国朝来，方伯为甲科开先云。"全祖望在《署湖北承宣布政司使武威孙公诔》中称赞孙诏："峨峨使君，破荒而出，如炼石手，以补天阙。花砖绫被，三馆矜式。涖历方面，树藩秉臬。"孙诏文采卓绝，但其作品遗留罕见，他为武威名将张君烈撰写的《张君烈墓志》可见一斑。

孙俌是乾隆十六年（1751）进士。潘挹奎在《孙韦西先生传》中记述，孙俌善为制艺（八股文），岿然为文宗。去世之后，名誉日崇。在当时，陕以西言文学，则曰孙仲山，广为学者推服。其文章思深力锐，在《清修葺海藏寺碑记》中可领略其文才。

通过解读武威民间收藏的"祇林冠冕"匾额，还可以了解孙俌的书法造诣以及归乡后的社会生活。

一、孙诏撰《张君烈墓志》

张君烈（1672—1727），字承武，清代康熙、雍正时期武威名将。祖籍安徽凤阳，其先祖为开国功臣，因为军功被封为世袭指挥同知，便落籍武威。雍正年间，张君烈因为军功被封为松江总兵，雍正皇帝非常器重，称其"有督抚才"。

武威县进士潘挹奎撰写的《武威耆旧传》一书中，讲述了张君烈两个儿子的故事，二子合称"殿堂"，长子叫张殿，见于《张孝子传》，次子叫张堂，孙子叫张联珂，字介璜，见于《张介璜传》。《张君烈墓志》中提到，张君烈还有一幼子张台。

张氏和孙氏是两代世交，张君烈去世后，孙诏应其后代请求，撰写了《张

君烈墓志》,由举人白暲书写。①

二、孙俌撰《重修海藏寺碑记》

在武威,孙俌的书法和文章都幸有留存。在武威民间收藏有"祇林冠冕"匾额,落款为"乾隆甲辰(1784)秋九月,辛未(1751)进士揭阳令韦西孙俌题",是孙俌于乾隆四十九年(1784)九月为武威山西会馆高僧题写。

乾隆五十四年(1789)二月,孙俌撰写《修葺碑记〈重修海藏寺碑记〉》,碑文末署名为"赐进士出身、原任广东肇庆府阳江县知县邑人孙俌撰"②,说明当时他已经辞官回乡。碑文开头一句"武邑林泉之美,城北为最,而海藏迤东尤胜",历来为描写海藏寺优美风景之名句,今人引用频多,但未必知其出处。

此碑文为"邑诸生王录书"。王录,字心简,是进士王化南的侄儿,在潘挹奎《武威耆旧传》中有《王文学传》。在碑阴,则记录了海藏寺的主持僧人,及其徒弟、徒孙、徒曾孙。

三、孙俌书写的"祇林冠冕"匾额

武威的民间收藏家收藏有一块匾额,上书"祇林冠冕"四个大字,是进士孙俌题写。此匾额长度240厘米,高度104厘米,为6屏组合而成,周边雕刻彩绘,正文蓝绢泥金书写,完整精美,具有很高的艺术价值和历史价值。

匾额上款曰:"□上人庄严整肃,得二十六相,公□颇化,穷百尺竿头而世无沴仰,无从授记,主持山西会馆数十年,和易雍容,缁素景慕,因弁数言,以为诸山式。"

下款曰:"乾隆甲辰(1784)秋九月,辛未(1751)进士揭阳令韦西题"。后面还有"友""诸山衲(僧人)"等字样,及几十个人名,应该是共同敬献匾额之人。

---

① 郑炳林主编:《凉州金石录》,兰州:甘肃文化出版社,2022年,第205—206页。
② 郑炳林主编:《凉州金石录》,兰州:甘肃文化出版社,2022年,第205—206页。

第三节　苏公不文：苏璟

苏璟（生卒年不详），字元晖，号雪峰，武威县人，雍正七年（1729）己酉科举人，雍正八年（1730）庚戌科三甲274名进士，曾任山西文水县知县。

一、史料记载

《皇清陕西历科进士录》中记载："苏曔（又作苏璟），字元晖，号雪峰，凉州府武威县人。己酉（1729）乡试第二十二名，会试第一百五十八名。山西文水知县。"《甘肃新通志》中记载："苏璟，山东汶上县知县。"[①]

二、潘挹奎《苏雪峰先生传》解读

在同乡进士潘挹奎所著的《武威耆旧传》中有《苏雪峰先生传》。根据这篇传记，苏璟是武威北乡人，据乡老讲述为金羊镇三盘磨村人。1730年，苏璟考中进士，被委派为山西文水县知县。但由于不习惯官场事务与习气，不久便辞官回家，在家乡收徒讲学，被尊称为"雪峰先生"。

苏璟以文章名世，和孙俌（fǔ）齐名。苏璟的文章"不尚藻饰，读之甚黯然者，而于圣贤立言之旨，不一粟隔"。在乾隆年间，武威文坛推崇孙俌，而在雍正年间则推崇苏璟。

苏璟性格耿直，直露胸怀，而且身材魁梧，饭量、酒量较大，虽然高中进士，但完全是一个"赳赳武夫"的形象。乡人因而有俗语："苏公不文，李公不武。"这个"李公"，名叫李万仓，官郧阳总兵，虽是一名武将，但平生喜读

[①] 多洛肯：《明清甘宁青进士征录》，上海：上海古籍出版社，2018年，第90页。

《论语》，精熟历史，善于谈诗，是一名"儒将"。

乡人每逢伏腊有大的宴会，必会推举苏璟、李万仓为祭酒，李公"援古证今，吐属渊雅"，而苏公则"举觞微笑，言论不出桑麻晴雨"，似乎学识还不如作为武将的李公。两个人都是德高望重的耆老，受到乡人敬重。

苏璟的后辈中，其侄子苏因植，乾隆九年（1744）甲子科举人，精通文章，但三试礼闱不第，无奈只能放弃，乡人说起来都觉得可惜。

苏璟善于书法，尤其工于楷书，潘挹奎评论："雪峰先生工作楷书，腴润而有骨，观其字可想见其人。"今凉州大云寺古钟楼上有"声震蒲牢"匾额，为苏璟题于乾隆十一年（1746）。

张玿美总修的《五凉全志》中《武威县志》由曾钧和苏璟担任纂修。曾钧，字万楼，湖广湘潭县人。

三、《城隍庙甬道学产执照碑记》解读

苏璟曾为武威《城隍庙甬道学产执照碑记》撰文，碑文落款为"乾隆十五年（1750）岁次庚辰四月吉日，赐进士出身、原任山西文水县知县加一级苏璟撰"。[①] 乾隆年间，时任武威县令欧阳永裿倡导在城隍庙甬道处修建了商铺房屋若干，充作学产，收入用于资助士子参加乡试、会试等科举考试，为记录功德，明确权益，立碑为证。碑阴还记录了四份官府执照：乾隆七年（1742）九月凉庄道宪杨批给印照；凉州府正堂梁披给印照；武威县正堂欧阳批给印照；乾隆二十三年（1758）九月武威县正堂永给发印照。

四、苏璟诗歌《凉州怀古》

在《五凉全志·武威县志·文艺志》中收入了苏璟所作的一首怀古喻今的

---

① 王其英编著：《武威金石志》，天津：天津古籍出版社，2020年，第178页。

诗歌《凉州怀古》[①]，其诗如下：

> 汉家曾此播恩覃，羌虏新降压境南。
> 方物输将堪自效，吏人侵夺竟谁甘。
> 剑芒尚带春余雪，兵气初回霁后岚。
> 校尉威防循旧制，一营须得一牛邯。

诗歌中提到的"牛邯"，是东汉光武帝建武九年（33）的护羌校尉。

---

① [清]张玿美总修，张克复等校注：《五凉全志校注》，兰州：甘肃人民出版社，1999年，第175页。

第四节　廉平循吏：王化南

王化南（生卒不详），字荫棠，号雪崖，武威人，乾隆元年（1736）丙辰科举人，乾隆四年（1739）己未科进士，二甲第68名，选翰林院庶吉士。散馆后，历任直隶广昌、静海、怀来知县，山东平度、莒州知州。

一、史料记载

《皇清陕西历科进士录》记载："王化南，字荫棠，凉州府武威县人。丙辰（1736）乡试第十五名，会试第二百四十三名。翰林院庶吉士，历任直隶、广昌、静海、怀来知县，后晋升山东平度州知州。"[①]

朱汝珍《词林辑略》记载："王化南，号雪崖。散馆改知县，官至山东莒州知州。"[②]

二、潘挹奎《王荫棠先生传》解读

在潘挹奎编著的《武威耆旧传》中有《王荫棠先生传》。王化南是著名的循吏，"有廉平之誉，而尤严于治胥役。每到官，必裁胥役之冗者"。潘挹奎认为这种做法"可谓为政得其本矣"，要是推广到全国，必将造福人民，只可惜王化南管辖的地域太小。

在任山东平度知州时，王化南大兴水利，民赖以生存。当地民谣唱道："王公来，谋民食。浚源泉，汰蠹役。民利兴，民害息。公不来，吾谁翼。"一年

---

① 多洛肯：《明清甘宁青进士征录》，上海：上海古籍出版社，2018年，第92页。
② 多洛肯：《明清甘宁青进士征录》，上海：上海古籍出版社，2018年，第92页。

后，王化南因病离职，百姓作诗送行："公为百姓来，百姓送公去。渠水如许清，看公走马处。"

后来，王化南被起用为莒州知州，循声益著。当时莒州科举考试作弊猖獗，王化南严厉整治，风气为之大变，真才实学者被选拔出来。

王化南为官，既有声望，在山东州县中资俸独深，应当升迁为直隶州的知州。但上官借机索取贿赂，王化南生气地说："吾岂以财求官者哉？"即日便辞官归乡。王化南在《述怀诗》有云："羞闻白兔营三窟，每对黄金凛四知。"其自律如此。

王化南回到故乡后，适逢安徽桐城人章攀桂（字淮树）担任武威县令。章淮树很喜欢奖进士类，他闻王化南回武威，便聘为书院讲席。王化南对学生要求极严，学校纪律和学习风气都为之大变。

王化南嗜学，至老不厌。他当官的时候，每天早起，处理完政事，下午便召集幕府子侄聚会，谈经论史，吟诗作赋，到了晚上，仍然书声琅琅。回到故乡，王化南每年都要温习经史几遍，每天夜晚不读书就不睡觉。有客人将唐人诗句集为楹联赠送给他："官职声名俱入手，风流儒雅是吾师。"王化南对这幅楹联是当之无愧的。

三、王化南的碑刻遗存

王化南曾为《重修文庙碑》撰额，碑现存文庙，其落款为"时乾隆三十七年（1772）岁次壬辰荷月上浣谷旦立"，署名为"赐进士出身翰林院庶吉士选山东平度州知州加三级纪录五次王化南篆额。赐进士出身授户部广东清吏司主事兼署河南事加三级邑人张翙撰文。张蕴枢、拔贡生马开泰书丹"。[①]

[①] 王其英编著:《武威金石志》，天津：天津古籍出版社，2020年，第192—193页。

第五节　天妒英才：李蕴芳

李蕴芳（1717—1755），字湘洲，号溉愚堂，又号醉雪庵，武威县人。乾隆十七年（1752）春中举人，秋季连捷中进士，殿试二甲第33名。次年春，任江西石城知县。期间，关注民生，吏才凸现。乾隆二十年（1755）二月，因牵涉"胡中藻文字狱案"，被杀于江西南昌。

一、史料记载

在《皇清陕西历科进士录》中，写作"李芸芳"，其记述为："李芸芳，字湘洲，凉州府武威县人。壬申（1752）科顺天乡试第八名，会试第十三名。任江西石城知县。著作有《迥帆草》《省非草》等，现仅存《溉愚堂遗诗》手稿二卷。"[1]

二、潘挹奎《李湘洲传》解读

在潘挹奎所著的《武威耆旧传》中有《李湘洲传》。

康熙五十六年（1717），李蕴芳出生于武威城中的一户儒商家庭。其父亲是一名商人，但好读书，喜欢考证经史，往往能辨析谬误，经常被里中子弟请教，因为其博闻强识、答问无穷被称为"万宝全书"。优裕的家学环境，使李蕴芳在年幼时即接触经史，学业"洽治"。成为秀才后，李蕴芳更加勤奋好学，攻习经籍，文章出众，成为当时武威众多士子中的俊彦。

乾隆七年（1742），李蕴芳赴西安参加陕西、甘肃两省的生员合试，以一

---

[1] 多洛肯：《明清甘宁青进士征录》，上海：上海古籍出版社，2018年，第95页。

篇《黄河赋》为陕西学政胡中藻所激赏，考取两省第二名，名动西北。当时第一名也是武威人贡生曾国倓。胡中藻认为李蕴芳的文章"宏远"，有两晋木华、郭璞之才质，还以"经生家之所稀、著述家之所宝"的评语推荐他的赋文。

次年（1743），胡中藻到凉州府视学，再次合试凉州府各县生员。李蕴芳拔取头筹，经胡中藻核定，选为当年凉州府的优贡生，偕同入京赴国子监进修。

乾隆十二年（1747），而立之年的李蕴芳以优等成绩毕业，寓居京城。两年后，选为八旗教习。在任教习期间，李蕴芳一边教学，一边备考顺天乡试，"客京师八载，屡困场屋"。屡考不第，加之卷入鄂张党争旋涡，遭当时得势的张党排挤，虽然"或赋、或诗、或古今文日成。一艺成，则人争取去"，但他的才名在京城并不为朝廷显达所知，倒是在江南地区"名誉甚盛"。

乾隆十七年（1752），李蕴芳在春季壬申乡试中考取举人，秋季连捷，考取壬申会试贡士，历殿试，成为二甲三十三名进士，但并未因进士授予官职。次年春，李蕴芳结束了八旗教习生活，朝廷任用他为江西石城知县。李蕴芳央人斡旋，希望在国史馆任职，但未能成功。李蕴芳怀着沉郁的心情，离京踏上漫长的南下之路。

李蕴芳在石城任职期间，关注民生，政绩卓著。在石城任职期间，李蕴芳"有吏才，民称其断""久之，湘洲且以知县为足乐也"。春旱时节，李蕴芳到边远山区督查灌溉，曾替民鸣不平，发出警策之语："常将辛苦供他人，粗粝犹然不给日。君不见，江南自古财赋地，寸寸黄金无遗利"，"簿书之暇，犹著述不辍，且喜言诗，诗名复噪"。

当时的南昌官僚阶层结圈，多喜欢诗歌酬唱，互相吹捧。赣州太守某某癖好诗歌，写成诗集，便召集属下赏析。众人夸赞不已，李蕴芳却置若罔闻，太守再三要李蕴芳评价，李蕴芳拿着书卷，翻看几遍，只说纸佳，字亦佳，就是不说诗歌如何。太守因此怀恨在心，伺机报复。

后来胡中藻一案爆发，李蕴芳因为是其学生而受到牵连。赣州太守恰好奉命搜查胡中藻家，搜出了李蕴芳写给胡中藻的书信，里面有言："初官知县，不谙刑名，相验乃甚苦。"李蕴芳便因此被定罪。乾隆二十年（1755），李蕴芳在南昌被杀，年仅38岁。

李蕴芳短短一生，著述甚丰。案发之际，李蕴芳曾将其诗文稿寄给一位同年保存，不料同年畏惧惹祸上身，竟将诗文稿焚毁，幸得有人在火中抢出一本诗稿，保存了下来，这便是《溉愚堂遗草》二卷，也叫《醉雪庵遗草》。其次，李蕴芳在南昌狱中匆忙草就的《省非草》诗歌小辑，曾在江南被抄传。武威进士潘挹奎评论说："予尝诵其和阮嗣宗诗，词旨渊放，忧生虑祸之意，时时见诸言外，而于君亲，实无怨尤，盖《小雅》之余音也。"

李蕴芳育有一子，字学山，名文曾，是乾隆二十七年（1762）壬午科举人，与父亲一样是"亦具出类之才"，但却"屡困场屋"，再加上父亲被杀害，后抑郁成疾而逝。

三、《重建莲花山黑虎财神殿碑》解读

《重建莲花山黑虎财神殿碑》立于乾隆九年（1744）四月，已佚失，碑文收入《武威县志稿》，又收入王其英编著《武威金石志》。[①] 碑文作者为李蕴芳，当时还未考中举人、进士，为"凉郡补博士弟子员"，由同为"凉郡补博士弟子员"的张发空书写。

凉州莲花山位于城西15公里，形势雄伟，气象深邃，周围有八峰环列，形如莲瓣，故名。据考证，莲花山原有寺庙、道观72处，亭榭、楼阁、僧房、塔、庭院等建筑999间，寺庙依山而建，殿宇相望，规模宏伟，环境优美，山泉秀丽，景色宜人。黑虎财神殿是其中的道教建筑，供奉骑着黑虎的财神赵公明。

李蕴芳记述了从雍正五年（1727）开始的长达十七年的大修缮，以财神殿为切入点，全面描绘了莲花山的胜景，文笔优美，用典较多，对了解莲花山的历史面貌具有参考价值。

---

① 王其英编著：《武威金石志》，天津：天津古籍出版社，2020年，第169—171页。

第四章 清代武威县文进士举隅（二）

本章介绍了刘作垣、张翙、郭楷、何承先、张美如等5位进士。刘作垣（1732—1813），武威刘官寨人，乾隆二十六年（1761）进士。曾任安徽舒城知县，泗州知州，以谳邻县狱忤吏议归。先后在肃州书院、天梯书院掌教，是为名师，号称"刘山长"，乾嘉学术大师张澍即出自其门下。张翙（1750—？），幼年聪慧，号称武威"神童"，乾隆三十四年（1769）进士。曾任户部郎中，江西吉安府知府、荆州知府、宜昌知府、那阳知府、长沙知府等职。郭楷（1760—1840），乾隆六十年（1795）进士，年八十而卒。曾任河南原武县知县，后辞官归乡，辗转各地从教。何承先（1772—1810），嘉庆十年（1805）进士，入选翰林院庶吉士。曾任福建长泰知县，嗜酒如命，年仅38岁死于任上。张美如（？—1834），嘉庆十三年（1808）进士，选翰林院庶吉士，官至户部员外郎。曾主讲镇番、武威、兰州、西安等地书院，所讲之处，人文蔚起。在书画、诗歌方面成就斐然，世人称其"诗书画三绝"。

第一节　书院山长：刘作垣

刘作垣（1732—1813），字星五，武威刘官寨人。乾隆二十一年（1756）丙子科举人，乾隆二十六年（1761）辛巳科进士。乾隆三十五年（1770）任安徽舒城知县，乾隆四十二年（1777），迁泗州知州，以谳邻县狱诖吏议归。他先后在肃州书院、天梯书院掌教，是为名师，号称"刘山长"，乾嘉学术大师张澍即出自其门下。著有《周礼汇解》《左传阐义》。

一、史料记载

在《皇清陕西历科进士录》记载："刘作垣，字星五，凉州府武威县人。丙子（1756乾隆二十一年）乡试第四十二名，会试第六十名。任安徽舒城县知县、泗州府知府。"[①]

武威进士潘挹奎所作《武威耆旧传》有《刘山长传》。张澍在其《养素堂文集》卷24有《刘星五先生传》。

二、刘作垣的家族

2010年6月，凉州区清源镇刘广村（清代刘官寨）发现4方墓志砖，是刘作垣父母的墓铭。武威市文物考古研究所的朱安撰文《武威进士刘作垣父母墓志砖及刘作垣生平事迹》做了考证。刘父刘定业（1703—1753），是清雍正三年秀才，后诰赠奉政大夫，刘母李氏（1703—1783），后诰封宜人。他们有子女各三人。长子刘作垣，官至泗州直隶州知州，次子刘作梅，庠生；三子刘作

[①] 多洛肯：《明清甘宁青进士征录》，上海：上海古籍出版社，2018年，第97页。

舟，庚寅（1770）年举人，曾任福建滁美场监大使。三个女儿均嫁给了儒生。

在《武威耆旧传》卷二《刘丕丞先生传》中提到，武威贡生刘述武（字丕丞）在武威城西开设教馆，号称"西刘"，刘作垣的父亲在城东开设教馆，号称"东刘"。

又据张澍《刘星五先生传》，"子学海，庠生；孙瀛，亦庠生，皆克世其家风矣"。其儿子为刘学海，孙子刘瀛，都是庠生。

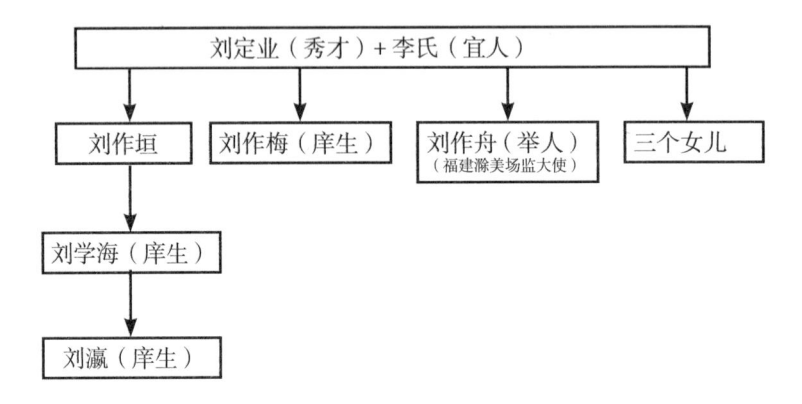

清代武威县进士刘作垣家族谱系

三、《刘星五先生传》解读

张澍在其《养素堂文集》卷 24 有《刘星五先生传》。

刘作垣（1732—1813），字星五，武威刘官寨人。祖先世代务农。父亲是秀才，在当地设馆教学，为人宽和，乡里人称为才者。乾隆二十六年（1761）刘作垣考中进士。三十五年（1770）任安徽舒城知县，喜造士，创龙山书院，善折狱，廉平明敏。四十二年（1777），迁泗州知州，以谳邻县狱忤吏议归。

他先后在酒泉书院、天梯书院掌教，严立课程，因材施教，成才颇多，乾嘉学术大师张澍即出自其门下。

著有《周礼汇解》《左传阐义》，"大抵采宋儒之说，而参以本朝诸家，于方灵皋（苞）尤为服膺。其言平实坚确，不尚新奇"，是可传之书。

武威文庙号称"陇右学宫之冠"，是全国第三大文庙。在文庙有两座祠堂，一是牛公祠,纪念牛鉴;二是刘公祠,纪念的就是刘作垣。

文庙桂籍殿前木牌楼上有两块刘作垣书写的匾额,一块为"桂宫传箓"匾额,绿底黄字,落款"清嘉庆二年八月中浣士庶公建牌坊叩泗州知州刘作垣敬书",另外一块为"月殿腾辉",黄底红字。

四、《文昌宫敬惜字纸会碑记》解读

中华民族素有敬惜字纸的传统,体现对文化的尊重。武威文庙有三大部分:儒学院、文昌帝宫、孔庙。文昌帝宫供奉文昌帝君。在武威文庙文昌宫设立有敬惜字纸会,专门倡导此传统,相关事迹记录于《文昌宫敬惜字纸会碑记》。[①] 乾隆十八年(1753),时任武威县令为"山西介公"(事迹不详),善政颇多,尤其注重斯文。有一日他在街道上见到有残废字纸,便停下轿子亲自弯腰拾起,并传授文昌帝君《惜字十八戒》。而后,在文昌宫东南隅设立焚化炉,每年在县仓拿出小麦四斛,雇佣合适人选,捡拾字纸,焚化之后投入河流。这一做法,后来逐渐荒废。到了嘉庆三年,本郡县士庶凑钱要恢复前制,但因为经费问题,恐怕难以持久。幸好有生员汪雨霖、乡耆党作霖,于嘉庆四年(1799),将金渠土地若干捐入会中,生员刘培荣于嘉庆九年(1804),又将永渠土地若干捐入会中。以土地获得租金,就可以使采拾字纸的经费得以保证。嘉庆十一年(1806),专门立碑记录介公善政暨汪刘党氏士庶雅意。此碑文由刘作垣撰写,由另一位进士张翙书丹。

碑文追溯了文字以及书写载体、书写方式的演变。由上古的结绳记事到文字的产生,是一个巨大的进步。最初的文字形如蝌蚪,体制古老而结构复杂,到了史籀(读音为 zhòu,传为周宣王时的史官)变为大篆,李斯又变为小篆,而程邈(秦代书法家)又减作隶书。隶书后来演变为楷书。书写载体,刚开始有金文、丝帛、简牍、到了东汉蔡伦发明了造纸术,书虽然大为简便,但毕

[①] 王其英编著:《武威金石志》,天津:天津古籍出版社,2020 年,第 207—210 页。

竟成书不易。到了唐宋，印刷术日渐成熟，书籍得以大量印刷。

进而，碑文指出了如今的弊端。"乃无知之徒，或以废书易物，旧册糊窗，抑且覆瓶盖瓮，裹筴擦盘，甚至纸虽败而字画宛然，轻掷道途，往来践踏，毫不兴恤；明为读书人，并不思书之由来，是为大愚且大不敬，其取戾有不可胜言者。"后人逐渐不以字纸为贵，随意丢弃糟践，这是大愚且大不敬的做法，必须坚决予以劝止。字纸是圣贤根基所在，心生敬意，才能聚汇道德，所以必须"念文字由来，而知其成之不易，对简编如对神明，片纸只字，不敢弃若弁髦"。树立此碑的目的，就是劝导人们敬惜字纸。

第二节　武威神童：张翱

张翱（1750—？），字凤颮，号桐圃，武威县人。幼年聪慧，号称"神童"。乾隆三十年（1765）举人，乾隆三十四年（1769）进士，三甲15名。曾任户部郎中、江西吉安府知府、荆州知府、宜昌知府、那阳知府、长沙知府等职。著有《念初堂诗集》《桐圃诗集》。

一、史料记载

《皇清陕西历科进士录》记载：

> 张翱，字凤颮，号桐圃，凉州府武威县人。乙酉（1765）乡试第五十五名，会试第六十八名，钦授户部额外主事。授户部郎中，出任江西吉安知府。著有《念初堂诗集》《桐圃诗集》等。[①]

《甘肃新通志》记载：

> 张翱，户部额外主事、长沙府知府。[②]

二、张翱的仕宦功绩和诗歌成就

乾隆三十四年（1769），张翱考中进士后，钦授户部额外主事，曾任户部

[①] 多洛肯：《明清甘宁青进士征录》，上海：上海古籍出版社，2018年，第109页。
[②] 多洛肯：《明清甘宁青进士征录》，上海：上海古籍出版社，2018年，第109页。

郎中。张翙后出任江西吉安知府。此时，湖北一带常闹水灾，水患得不到治理，而朝廷发放的赈灾粮款，又被贪官污吏中饱私囊。百姓生活在水深火热之中，背井离乡，流落他方。因之荆州知府被革职，朝廷选派张翙任荆州知府。

他廉洁奉公，办事认真负责。因而调动频繁，一个地方刚得到治理，又调去另一个地方。他先后在宜昌、那阳、长沙等地任知府。再加上他父亲多病，又多次回乡探病，长期奔波，没有一个安定的工作和生活环境。他在一首诗的引言中写道："计余六年内，凡三行三峡，七度秦岭。"

父亲去世后，他离任回乡奔丧守孝，按当时制度，服丧期间不得参与宴乐活动和担任公职。可是，就在这时，得知荆江泛滥，他任职的地区洪水成灾。他心急如焚，火速起程，赶往灾区，主持防洪抢险，赈济灾民，组织百姓重建家园。

在繁忙的公务之余，张翙写下了大量诗歌，收入《念初堂诗集》和《桐圃诗集》，其诗为许多名人学士所称道。张翙的许多诗反映了百姓在天灾人祸中的苦难。如荆江泛滥成灾，面对哀鸿遍野的现实，他深感忧虑。在他的诗中写道"领郡那无喜，亲民重有忧。随车荣五马，解刃困全牛。赈罢疮痍在，官虚案牍留。闾阎问府主，何术奏新猷？"这充分说明他是一个同情人民苦难的好官，也可以看出他真心实意为老百姓办事的精神。他曾在诗中写道："惊风吹雨逼穷庐，又去荆襄问旧途，忍听松楸喧鸟雀，愁看城廓占龟鱼。职臣未预堤防策，庭座频宣赈恤书。闻道经营劳上相，何人典守敢宁居？"表达了他对灾民的深切关怀。

三、潘挹奎《刘明府统张太守翙合传》

在潘挹奎所著《武威耆旧传》中，有《刘明府统张太守翙合传》，是刘统和张翙的合传。

潘挹奎认为，武威自古以来，以诗歌出名的首推南北朝时期的阴铿，接下来是元代的余阙。到了清朝，文学蔚起。康熙、雍正之间，王化行、张珆美相继以诗成名。乾隆初年有李蕴芳独为雄出，潘挹奎的先祖即墨公潘中吉也诗歌卓绝。与李蕴芳同时代善于为诗的还有刘明府刘统、张太守张翱，还有薛一鸿。潘挹奎评价张翱"为诗力追盛唐，五言尤工，沉挚于子美（杜甫）为近"。

四、张翱《重修文庙碑记》

张翱曾为武威文庙《文昌宫敬惜字纸会碑记》书丹，其落款为："嘉庆十一年（1806）岁次丙寅，赐进士出身原任湖南长沙知府庚申科湖南乡试内监试官前户部郎中张翱"。

张翱曾撰写《重修文庙碑记》，署名"赐进士出身授户部广东清吏司主事兼署河南事加三级邑人张翱撰文"，其落款时间为："时乾隆三十七年（1772）岁次壬辰荷月上浣谷旦立"。[①] 该碑由进士王化南篆额，张蕴枢、拔贡生马开泰书丹。碑文记述了乾隆三十六年至三十七年（1771—1772），武威县令章攀桂主持对武威文庙进行维修。

---

① 郑炳林主编：《凉州金石录》，兰州：甘肃文化出版社，2022年，第237—240页。

第三节　高寿耆儒：郭楷

郭楷（1760—1840），字仲仪，号雪庄，清代凉州府武威县人，教育家、方志学家、诗人。乾隆六十年（1795）乙卯科进士。曾任河南原武县知县，后辞官归乡，辗转各地，从事教育工作。

郭楷一生著述丰富，其主要成果为方志、诗歌、《易经》研究三个方面。其方志方面的成果有《灵州志迹》。郭楷在教学之余，写了大量的诗歌，集为《梦雪草堂诗稿》八卷，还有《续稿》三卷和《读诗录》，其中《梦雪草堂诗稿》和《续稿》由武威段永恩收入《姑臧李郭二家诗草》于1916年刊行传世。其易学著作《梦雪草堂读易录》，嘉庆二十三年（1818）由杨芳校对，出资刊行。

一、郭楷的家世

关于郭楷的家世，魏一在其硕士论文《清代郭楷〈梦雪草堂诗稿〉〈梦雪草堂续稿〉整理与研究》中做过较为深入的研究。[①] 郭楷第六世孙郭万虎先生亦提供了大量口述资料。郭万虎（1950年出生）先生从山丹军马场退休，现居凉州城区。其兄郭万成（1934年出生）老先生居住在发放镇朱家庄（以前叫作"白土庄"）。

段永恩在《梦雪草堂诗稿序》中写道："先生姓郭氏，名楷，字仲仪，号雪庄，世居武威北乡校尉沟。"[②] 但"北乡校尉沟"的说法与郭氏后人的说法并不

---

① 魏一：《清代郭楷〈梦雪草堂诗稿〉〈梦雪草堂续稿〉整理与研究》，宁夏大学硕士学位论文，2020年。

② 吴娱整理：《姑臧李郭二家诗草燕京杂咏张玉溪先生诗》，北京：中华书局，2016年，第54页。

一致。

郭万虎先生讲述，"郭氏先祖在明朝永乐年间从山西清源县（今清徐县）移民来到武威，定居在城东杂木灌区（今清源镇）的校尉沟。校尉沟传说是西汉武帝时期十八岁的校尉霍去病第一次征战河西驻军的地方，因此也称作霍沟。""从明代起郭氏祖坟（郭家坟）就坐落在现在的清源镇境内，祖坟内种植有多棵挺拔高大的柏树，枝繁叶茂，遮天蔽日。"

郭楷的父亲，"从事皮毛土特产买卖生意，长年奔波在山东等地，由于路途遥远，风餐露宿、积劳成疾，中年离世。""母亲马氏，山东人，文才和武艺都很出众，性格刚烈，知书达理，教子有方，是远近闻名的'女侠客'。"

在郭楷的诗歌《午日坐雨》中写道："先君子（父亲）以庚子岁五月六日下世。"[1] 可见郭楷的父亲去世于乾隆四十五年（1780），此时郭楷21岁。

郭母抚育四个儿子长大。郭楷在幼年受到了父母良好的教育。郭楷五岁时由他父亲启蒙，教诵诗歌。在《梦雪草堂诗稿·自序》中，郭楷写道："余年五岁始受书。先君子（父亲）口授古人诗歌，辄跳踯欢呼之不置。"[2] 母亲亦教导："积金如山，不若立名；立名唯勤，不唯希幸。""唯学是务""立名唯勤，做人唯德。"

四个儿子中，老大、老三在乾隆年间迁往山东（可能是郭母要求回乡、落叶归根）。郭楷辞官归家后，和四弟郭均在家乡武威创办了刘广寨学堂（清源刘广村）和白土庄学堂（发放朱家庄），后来因为天灾人祸被毁，没有遗存。

郭楷兄弟四人兄友弟恭，和谐友爱，他与弟弟"叔衡"关系最为密切，在诗歌作品中多有提及，在诗歌中也提到了"伯兄"。古代常用"伯、仲、叔、季"等字表明兄弟之间长幼有序，因此可以推断：郭楷兄弟四人，郭楷为老二，字"仲仪"，三弟字"叔衡"。

---

[1] 吴娱整理：《姑臧李郭二家诗草燕京杂咏张玉溪先生诗》，北京：中华书局，2016年，第91页。

[2] 吴娱整理：《姑臧李郭二家诗草燕京杂咏张玉溪先生诗》，北京：中华书局，2016年，第55页。

根据对郭楷诗歌的分析，郭楷有三个儿子。长子郭思孝，小字阿复，屡次乡试未能中举，是个秀才。二子郭思敬，小字阿申，嘉庆二十四年（1819）己卯科中举，是个举人，后多次会试未能考中进士。三子郭思廉，小字阿益，武举未中。据其他史料，武威郭思廉，于道光二十三年（1843）任红城堡千总。

郭楷在诗歌中提到了幼孙"长庚"的名字，但不知为哪个儿子的后代。

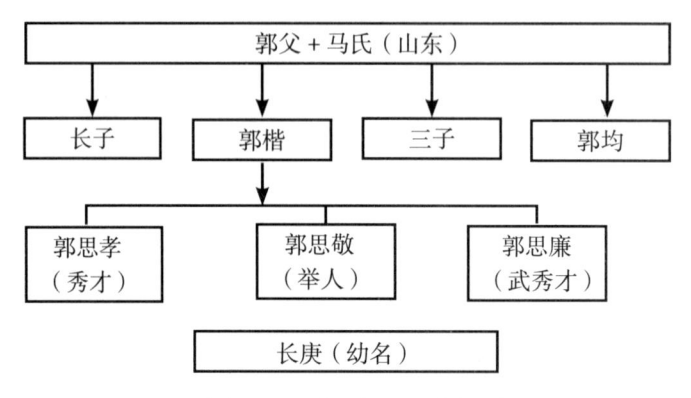

```
              郭父 + 马氏（山东）
      ┌──────┬──────┬──────┐
    长子    郭楷    三子    郭均
            │
      ┌─────┼─────┐
   郭思孝  郭思敬  郭思廉
   （秀才）（举人）（武秀才）
            │
        长庚（幼名）
```

清代武威县进士郭楷家族谱系

二、郭楷的科举和仕宦经历

在《皇清陕西历科进士录》中有记载："郭锴（1760—1840），字也裴（一字仲仪），号雪庄，甘肃凉州府武威县人。丙午科乡试第二十八名，会试第四十一名。著有《芙蓉山馆诗抄》。"①

在这条史料中，"郭楷"写作"郭锴"。"著有《芙蓉山馆诗抄》"的表述，明显有误，这是郭楷的好友曾任灵州知州的杨芳灿的著作。

郭楷曾师从武威名儒"善为人师"的尹绾、武威进士孙俌（字韦西）。二人在武威进士潘挹奎的《武威耆旧传》中都有传记。孙俌是山东学者牛运震的弟子，精通儒家经义，制艺（八股文）作得"理醇辞雅"。郭楷投在他的门下，研读经学，学作制艺，收获很大。

---

① 多洛肯：《明清甘宁青进士征录》，上海：上海古籍出版社，2018年，第103页。

乾隆末，狄道（今甘肃临洮县）举人吴镇任兰山书院山长，郭楷考入书院，跟吴镇学习诗、古文，日夜诵读不已，达到"焦唇已就疲，蕊鬓未遑卧"的程度，沉浸于风、骚、唐诗中，奠定了诗人的基础。

乾隆五十一年（1786），郭楷考中丙午科举人，但三赴北京会试未中，于是生活陷入困境，只好典当衣物维生。经他不懈努力，终于在乾隆六十年（1795）中乙卯科进士。后出任河南原武县知县，在知县任内，政绩卓著，县民称颂。但因不能曲意奉事上官，愤而辞职归里。

从此，郭楷绝于仕进，专心教学授徒。先后任凉州天梯书院山长，灵州奎文书院山长。还在张掖给甘肃提督杨芳做过家庭教师，教授他的子弟。

三、《姑臧李郭二家诗草》的刊行

1916年，当时武威县文化界发生了一件大事：著名的《姑臧李郭二家诗草》在新疆刻印发行。这本诗集涉及武威的八大名人，成为认识清代及民国初期武威历史文化的一个"窗口"。这八大名人灿若星河，熠熠生辉。他们是李蕴芳、孙揆章、潘挹奎、李铭汉、李于锴、郭楷、段永恩、贾坛，其中李蕴芳、李于锴、潘挹奎、郭楷4人皆为进士。

这本诗集，要从武威进士李蕴芳说起。李蕴芳因被杀害，其著作也被焚烧殆尽，幸好有人从火中抢出了一本书得以传世。从火中抢出的便是李蕴芳诗稿《醉雪庵遗草》，辗转流落到武威，被另一位武威名人孙揆章得到。

嘉庆十二年（1807），孙揆章将《醉雪庵遗草》拿给潘挹奎看，潘挹奎写了序言。孙揆章家道中落，托付潘挹奎刊行诗稿，但因为潘挹奎英年早逝，最终未能付之印刷。

《醉雪庵遗草》连同潘挹奎的序言，后来到了武威大儒李铭汉的手中。据说李铭汉变卖了部分家产才购得诗稿。李铭汉本想将李蕴芳的诗稿《醉雪庵遗草》刊行传世，但至死未能实现，诗稿便传至其子李于锴。

李于锴把刊行《醉雪庵遗草》之事委托给了学生段永恩。段永恩借着给郭楷刊行诗集《梦雪草堂诗稿》和《续稿》的便利,将二人诗集合为《姑臧李郭二家诗草》最终付梓印刷。

段永恩(1875—1947),字季承,甘肃省武威县人,学业优异但因赶上清末废除科举未能中举,清末与民国期间曾在新疆多地任知县等官职。

郭楷的后代有了资金,便委托远在新疆当官的同乡段永恩刊行诗集。段永恩不负所托,为郭楷的诗集撰写了序言,准备刊行。段永恩作《梦雪草堂诗稿序》,其中对郭楷的诗歌作了评价:"先生诗,则吐言天拔,萧然尘壒之外,不事雕琢,动中自然。如玉鉴冰壶,一往清迥;又如古琴名酒,渊粹醇洁;挹之靡穷,而味之无极。读其诗,想见其人,非世士准量行墨、剽剥章句者所可拟也。"又说:"然先生之可传者,终当在诗也。偃蹇百里,所如凿枘。笔耕墨畲,穷老讲席。读先生诗,益令人慨然于廉吏难为矣。"[①]

李于锴是段永恩的老师,听到这个消息后,便委托贾坛把李蕴芳的《醉雪庵遗草》邮寄给了段永恩,合为《姑臧李郭二家诗草》刊行,段永恩为二家诗集也写了序言,在序言中提到与同在新疆做官的兰州人刘绍廷对郭楷的诗集进行了校对。

贾坛(1862—1941),字杏卿,甘肃武威县人,生于商贾世家,能书善画,酷爱金石文物,中华人民共和国成立前后曾对保护武威文物作出过突出贡献。

如果从1755年李蕴芳被杀算起,到1916年《姑臧李郭二家诗草》刊行,经历了160多年,从清代乾隆盛世跨越至中华民国初期,李蕴芳的诗集才和郭楷的诗集合并传之于世。

四、郭楷编纂《灵州志迹》

宁夏回族自治区灵武市,古称灵州。灵州始建于西汉,西汉惠帝四年(前

---

① 吴娱整理:《姑臧李郭二家诗草燕京杂咏张玉溪先生诗》,北京:中华书局,2016年,第54—55页。

191）置灵州县，属北地郡。在近2000年的历史中，灵州虽为军事重镇、文化盛地，但没有独立完整的方志。直至清代嘉庆三年（1798）《灵州志迹》的出现，才弥补了这个空白。

《灵州志迹》全书共四卷，约四万多字，详细记载了嘉庆以前灵州的历史地理、政治军事、经济文化等众多方面的内容，展现了灵州丰富多彩的历史面貌，是研究灵州乃至宁夏古代社会历史的一部极有价值的方志。

这部方志的主要编纂者，就是武威进士郭楷。在书中记载："捐修：署知州事丰延泰，满洲正白旗人，廪膳生员；监修：前任知州杨芳灿，江苏金匮人，拔贡生；纂修：奎文书院长郭楷，凉州武威人，己卯科进士。"[①] 这本志书是在前任灵州知州杨芳灿的大力支持下，郭楷编纂，继任灵州知州丰延泰捐资刊印。

丰延泰，字岐东，长白满洲正白旗人，廪膳生员。根据丰延泰所撰写的《灵州志迹跋》（见《灵州志迹》卷末）自叙，丰延泰曾"承乏甘肃省近十年"，任过"皋兰县知县"。嘉庆三年（1798），"以边俸报满，自新疆见代抵省，阅二月，复委署宁皋之灵邑"[②]。

杨芳灿，字蓉裳，江苏金匮人。《清史稿》有他的列传，谓"杨芳灿与弟（杨）揆并负时名"，评价其才学是"诗文华赡"。他是乾隆四十二年拔贡生，"延试得知县，补甘肃之伏羌"。在伏羌任知县时，曾参与镇压田五起义，后"叙功，擢知灵州"。从乾隆五十二年（1787）起至嘉庆三年（1798），他在灵州任知州十二年。嘉庆三年由灵州"假守高平（今宁夏固原市）"。后来，他进北京任户部员外郎，并"与修《会典》"。杨芳灿为官清廉，晚年生活清贫，最后"丁母忧，贫甚，鬻书以归"。他的著作有《芙蓉山馆文钞》。

因为郭楷的老师吴镇与灵州知州杨芳灿关系密切，杨芳灿便聘请郭楷到

---

① 张建华、苏昀校对：《嘉庆灵州志迹校注》，银川：宁夏人民出版社，1996年，第1页。
② 张建华、苏昀校对：《嘉庆灵州志迹校注》，银川：宁夏人民出版社，1996年，第289—290页。

灵州奎文书院任山长,并请郭楷编纂《灵州志迹》。郭楷不负所托,在杨芳灿工作的基础上,广为搜集资料,呕心沥血,初成基础。在丰延泰继任灵州知州后,郭楷对初稿进行增减修订,最终刊印。

郭楷为《灵州志迹》撰写的序言中交代了成书的过程:"先是梁溪杨公蓉裳(杨芳灿)官是邑,有心是事,勤加搜辑,嘱余补订之,未及成书,而杨公去任,是事旋废。今复承公(丰延泰)之命,幸旧本犹在,遂取而整齐之,删其烦复,益其疏漏,按《文献通考》体例分为十八门类,类以小序冠之,俾览者提纲挈领,豁然心目。凡再易稿,而书始成。"[1]

郭楷任奎文书院山长时,以西汉教育家文翁为榜样,决心办好奎文书院,辛勤教读,以期灵州像"修鳞""翱凤"的潜在人才赶快兴起。为此,他训导启迪学生不要墨守成规,而要勇于探索。他用形象的语言反复教诲诸生珍惜时间,刻苦攻读,在学业上不能浅尝辄止,而应不断求深、求专乎本原,攀登高峰。

武威进士郭楷,在宁夏灵州担任书院山长,并编纂方志《灵州志迹》,反映了清代甘肃与宁夏之间在分省前后都有着深入频繁的文化交流,也是武威文人奋发进取、建功立业于异乡的典型例证。

另外,据郭楷第六世孙郭万虎先生的口述,郭楷与西夏碑的发现有关联。郭万虎讲述,郭楷在编纂《灵州志》的过程中,搜集到了大量西夏文的书籍资料,并在凉州一名高僧口中得知,大云寺中有一块西夏文石碑,前往查看后继续封存。后来,郭楷邀请张澍等朋友共同到大云寺查看,终于使举世闻名的西夏碑公之于众。郭楷对张澍研究西夏碑和西夏文提供了诸多帮助,自己也潜心研究,著述有《河西字略考》一书,可惜未能保存下来。

郭万虎先生的陈述,虽然缺乏文献资料的印证,但是为我们进一步考证西夏碑的历史,提供了一个全新的视角。

---

[1] 张建华、苏昀校对:《嘉庆灵州志迹校注》,银川:宁夏人民出版社,1996年,第2页。

五、郭楷与名将杨芳的交往

嘉庆十九年（1814），杨芳调任甘肃提督驻守张掖，聘请武威进士郭楷教授子弟，从此便与武威及郭楷结下不解之缘。

杨芳（1770—1846），字通达，号诚村（斋），贵州松桃厅人。自幼家境贫寒，好读书，苦练武，迫于生计，投身行伍。在镇压农民军起义、少数民族叛乱的过程中，杨芳屡建功勋，不断得到提拔，深受几任皇帝赞赏。

杨芳先后参与乾隆年间镇压湘黔苗民起义，嘉庆年间清剿白莲教义军，道光年间平息张格尔叛乱，镇压四川清溪、越西等地的起义。嘉庆帝对他倍加赞赏，赐"诚勇巴图鲁"名号。道光帝封他为一等"果勇侯"，可以说位极人臣。

道光二十年（1840）鸦片战争爆发，靖逆将军奕山兵败，广东水师提督关天培战死。朝廷无奈派时年70岁的老将杨芳出战。杨芳虽然奋勇抗敌，但不免失败。海战失利后，奕山不顾杨芳的劝阻竖白旗投降，与英国人签订了《广州条约》。

杨芳痛心疾首，仍留守广州，继续管理军务。在骑马出城巡察营汛炮台时，不慎失马闪挫，重病卧床。杨芳主动上书请罪，自请调往湖南任提督，又于道光二十三年（1843）从湖南告老还乡，道光二十六年（1846），病逝于家中。

郭楷与杨芳在长期交往中建立了深厚的友谊。郭楷花费四十年的工夫，朝夕研读《周易》，后来辑录宋元以来先儒诸说，加上自己的心得，编为《梦雪草堂读易录》，嘉庆二十三年（1818）由杨芳校对，出资刊行。

在郭楷的诗集中，有多首是写给杨芳的。有的诗为杨芳出征壮行或者赞颂其功业，如《诚村大将军出征西域长律奉赠》《喜闻诚村军门柯尔坪之捷寄献歌四章》等，有的诉说对杨芳的知遇之恩的感激，如《诚村军门以眼镜赠赋此谢之》《去甘留别一园》等，有的抒发对杨芳的思念，如《九月登高忆诚村大将军》等。

郭楷去世后，杨芳在71岁高龄写下了《雪庄先生哀诔并挽诗》来悼念郭楷，后被收入《姑臧李郭二家诗草》。杨芳所作挽诗如下：

雁笺才寄祝长生，消息俄闻返玉京，
万里关山空梦想，廿年风雨忆交情。
鹤辞林表云无色，星陨河源浪有声。
抔土自今何处是，酒樽遥酹向公倾。

往事回头总黯然，问谁得似地行仙。
中州政绩丰碑在，壮岁声名蕊榜传。
经籍流光开后辈，衣冠古道逼前贤。
囊琴归作闲居赋，桃李春浓绛帐边。

适馆劳公训我儿，缁衣真愧昔人诗。
先生馔不资兼味，弟子胸凭剖大疑。
婚娶敢矜筹借重，棺衾犹恐报多亏。
当年琴谱题词妙，诵到于今泪尚垂。

九九年来矍铄翁，返魂无计夺天工。
望穿秋草迷离外，写入斜阳感慨中。
堂构端应绵世泽，门墙从此失春风。
愿将遗蒿镌梨枣，传与人间作宝弓。

道光二十年（1840）七月十日诚村弟杨芳拭泪拜书，时年七十有一。①

---

① 吴娱整理：《姑臧李郭二家诗草燕京杂咏张玉溪先生诗》，北京：中华书局，2016年，第344—345页。

第四节　嗜酒好书：何承先

何承先（1772—1810），字美承，号梅生。乾隆六十年（1795）举人，嘉庆十年（1805）进士，三甲125名，入选翰林院庶吉士。曾任福建长泰知县，嗜酒如命，年仅38岁死于任上。

一、史料记载

《皇清陕西历科进士录》记载：

> 何承先，字美承，号梅生，甘肃凉州府武威县人。乙卯（1795）科乡试第一名，会试第八十四名，钦点翰林院庶吉士。福建知县。①

清华藏《嘉庆十年乙丑科会试同年齿录》（清刻本）记载：

> 何承先，字美承，号梅生，乾隆壬辰年（1772）十月十九日吉时生，凉州府武威县增广生。乡试中式第四十五名，会试第八十四名，殿试三甲第一百二十五名，钦点翰林院庶吉士。②

在宣统《甘肃新通志》卷69《人物志·群材四》中，有何承先的传记。传曰：

---

① 多洛肯：《明清甘宁青进士征录》，上海：上海古籍出版社，2018年，第107页。
② 多洛肯：《明清甘宁青进士征录》，上海：上海古籍出版社，2018年，第107页。

何承先，字美承，一字梅生，武威人。乾隆乙卯（1795）举人，嘉庆乙丑（1805）进士，选翰林院庶吉士，散馆授知县，官安徽（应为福建）长泰县知县。承先初喜读经，兼及秦汉唐宋诸大家文，融会其理趣，步其局阵，袭其风神，以是务为文章，非复寻常蹊径。①

这些资料，多有不一致的地方。承先乡试的名次如何，结合其他资料，应当为第一名，人称"何解元"。另外，何承先任官应在福建长泰，而非安徽长泰。

二、张澍的《何梅生小传》

何承先和张澍是同乡加挚友。张澍在其《养素堂文集》卷25有《何梅生小传》，叙述了何承先的生平事迹以及他和何承先的交往过程。②

何承先的父亲名叫何天民，是乾隆三十年（1765）拔贡生。何承先是遗腹子，乾隆三十七年（1772），父亲去世几个月后何承先出生。张澍写道："庚午冬，调南安，未抵任而病，病良久遂卒。"可见，何承先病逝于庚午年，也就是嘉庆十五年（1810）。何承先无子，去世后由其继室黄氏通过海路加陆路长途跋涉将灵柩送回凉州安葬。

何承先由其舅舅贡生林起鹏抚养长大。何承先嗜好读书，学业优异。在乾隆乙卯（1795）乡试考举人时，他名列第一，是武威县科举历史上为数不多的"解元"之一，人称"何解元"。当时的乡试经题为《诗·小戎》首章之前六句，即"小戎俴收，五楘梁辀。游环胁驱，阴靷鋈续。文茵畅毂，驾我骐馵。"其他考生的答案平平无奇，唯独何承先的答案"考据独详核"，考官大喜，直接定

---

① 陈尚敏：《清代甘肃进士传记资料辑录》，兰州：甘肃人民出版社，2013年，第17页。
② 陈尚敏：《清代甘肃进士传记资料辑录》，兰州：甘肃人民出版社，2013年，第179—180页。

为头名。当时的乡试考官为湖南翰林罗修源，对何承先非常欣赏，在公卿间多有赞誉，因此何承先声名日盛。

嘉庆乙丑（1805），何承先高中进士，改庶吉士，名次为三甲98名。戊辰年（1808），何承先散馆授知县，张澍说是"官福建长泰"。何承先嗜酒如命，即使在重病期间仍然喝酒不停。张澍虽然年幼于何承先，但何承先能听其劝说。在张澍的一再劝说下，何承先喝酒有所约束，病情才得以好转。

张澍还记录了一件灵异的事情。何承先去世9年后，成了"江南庐江县显应侯"，也就是"庐江城隍神"。有一日，一只白凤降临署衙，在盘沙中画字，写了一阕词，署名就是"梅生"。众人都说："梅生先生来了！"又问："梅生先生爱喝酒，何不来喝一杯？"白凤写道："我是庐江城隍神，将去某处审案，没有时间喝酒，但我手下人多，你们可以一起喝酒。"

白凤是传说中的神鸟，相传汉代的扬雄在撰写《太玄经》时梦吐白凤，后来白凤用以比喻出众的才华或才华出众之士。何承先化身白凤的传说，正是表明他是才华卓越之士。

三、潘挹奎的《何梅生传》

潘挹奎的《武威耆旧传》中亦有《何梅生传》。

潘挹奎认为，何承先算不上真正的"通经之士"，虽然文才卓著，但"立身治人"方面有所欠缺。其为官，嗜酒如命，荒废政事，在福建长泰当县令时，离家万里，风土不习，语言不通，所以"恒鞅鞅若有所失"。其为人，由舅舅抚养长大，耗尽了舅舅家财，备受族人指责，但最终也未能回馈舅舅一家。

第五节　诗书画"三绝"：张美如

张美如（？—1834）字尊五，号玉溪，又号第五山樵，甘肃凉州府武威县人。嘉庆十二年（1807）丁卯科举人，嘉庆十三年（1808）戊辰科进士，殿试二甲第56名，选翰林院庶吉士，官至户部员外郎。其一生不喜做官，但在教育事业上成绩卓然，曾主讲镇番、武威、兰州、西安等地书院，所请之处，人文蔚起。在书画、诗歌方面成就斐然，世人称其诗、书、画三绝。著有《张玉溪先生诗》。

张美如的书法作品被称为"风流圆润，运笔如行云流水，极其自然"。他的山水画所营造点染的丘壑山水，深受"文人画"影响，笔墨淡远雅致，画面气韵生动，宛如一曲飘绕回旋的优美乐章，至今为收藏家所赏识。

蒋宝龄曾在《墨林今话》里这样评价张玉溪的画作："工山水，澹远似云林，苍厚似大痴。"这句评语中的"云林"即云林子，是元代大画家倪瓒的号。"大痴"乃大痴道人，为元代大画家黄公望的号。因此以蒋宝龄看来，张美如的书画艺术创作风格介于元代大画家倪瓒与黄公望之间，这样的评价对张美如来说是非常高的。

张美如的诗，留存下来的有《张玉溪先生诗》，是武威进士李于锴在光绪八年（1882）手抄的，存古今体诗124首。这些诗歌，有的写与友人游赏唱和的乐趣，有的抒发孤独寂寥的情感，有的写西北独特的地形地貌，更多的是题画、赏画与友人商讨画技的诗歌，表现出张美如远离政治的生活面貌。[1]

---

[1] 吴娱整理：《姑臧李郭二家诗草燕京杂咏张玉溪先生诗》，北京：中华书局，2016年，第465—474。

一、史料记载

《皇清陕西历科进士录》记载:"张美如,字尊五,号玉溪,甘肃凉州府武威县人。丁卯科乡试第三十八名,会试第一百五十二名,钦点翰林院庶吉士。著有《张玉溪先生诗稿》。"[1]

北大藏《嘉庆戊辰科登科录》(清刻本)记载:"张美如,陕西凉州府武威县,民籍。副榜贡生,丁卯科乡试第三十八名,戊辰科会试第一百五十二名。"[2]

朱汝珍《词林辑略》记载:"张美如,号玉溪,散馆改主事,官至户部员外郎。"[3]

《甘肃新通志·人物志·群材四》(宣统)记载:"张美如,字玉溪,武威人。嘉庆戊辰进士,选翰林院检讨。善书,邑人藏张氏书者颇多。"[4]

二、《赐进士出身户部员外郎张玉溪先生墓表》解读

《张玉溪先生墓表》作者为武威名士孙揆章,文字收录于《陇上学人文存·李鼎文卷》,又收入王其英编著《武威金石志》。据李鼎文所言,该墓表转录于民国重修《武威县志稿》。墓表内容并不完整,但足以勾画张美如的生平事迹和精神面貌。

张美如从小聪明灵慧,除日常读书外,也专攻绘画。青年时期的张美如除准备科举考试外,大部分时间在今武威民勤的苏山书院教书。远离家乡,在苏山书院教书授徒的生活是极为清贫的,张美如依靠授徒的微薄收入奉养双亲。

张美如"少豪迈倜傥,有大志,尝以陈同甫自况。喜气盖人,人多不堪,久之乃见,谓为直谅"。张美如豪迈倜傥,胸怀大志,曾经以南宋状元陈同甫

---

[1] 多洛肯:《明清甘宁青进士征录》,上海:上海古籍出版社,2018年,第107页。
[2] 多洛肯:《明清甘宁青进士征录》,上海:上海古籍出版社,2018年,第107页。
[3] 多洛肯:《明清甘宁青进士征录》,上海:上海古籍出版社,2018年,第107页。
[4] 陈尚敏:《清代甘肃进士传记资料辑录》,兰州:甘肃人民出版社,2013年,第17页。

自比。他诚实正直，但喜欢在气势上压制别人，所以容易得罪人。

陈同甫（1143—1194），名亮，字同甫，世称龙川先生。婺州永康（今属浙江）人。南宋思想家、文学家。其为人才气超迈，喜谈兵，议论风生。学术以经世济用为本，王霸杂用，为永康学派的代表。力主抗金，反对议和。其政论气势纵横，词风慷慨豪雄，为著名的辛派词人。宋光宗绍熙四年（1193）状元及第，授建康府判官厅公事，未到任而卒。有《龙川文集》《龙川词》传世。

从陈同甫的性格来看，确实与张美如相似。张美如才华横溢，但不争虚名，好谈时务，蔑视当世之士。"诗文如宿构，洋洋洒洒，下笔数千言，顷刻立就，清隽超拔，迥出异常。然不屑以此争名于时，而好谈时务，凡兵制、钱谷、吏治、民风之得失，罔不讲求其源流，视并世之士蔑如也。"

嘉庆十二年（1807），张美如考中举人。次年（1808），又考中进士，为二甲第 56 名，选为翰林院庶吉士。同科进士中还有武威人龚溥，为三甲第 104 名。

嘉庆十四年（1809），张美如翰林院散馆后在京师为官，改授户部主事，后因双亲年老多病需要人照顾，便辞官回到家乡，居于凉州。张美如在凉州一住就是 13 年，与武威名士张澍、郭楷、何承先等交往密切。

道光二年（1822），张美如再次入京做官，这次升官为户部员外郎。但不久就因失察捐纳之事被朝廷降职。捐纳，又称捐输、捐例，俗称卖官鬻爵，是中国古代政府为弥补财政困难，允许士民向国家捐纳钱粮以取得爵位官职的一种方式。道光年间，安徽发现捐纳职衔者数目不符，查看部文核对时，数目也与户部所留文件数目内容不符，并且没有捐纳者详细情况的册子，凡此种种，均与所列的捐纳情况不符，于是上奏朝廷。道光帝下令户部、刑部严查。数月后，审出户部、国子监等衙门造假办理的经过，从而得知其中虚报有 100 多人，从中获取白银数万两。户部员外郎张美如，由于对这件事失于检查、监督而被降职。这次变故对张美如的刺激很大，使他深刻认识到了官场的险恶，于是再无意留职京师，便辞官返乡。

不到三年，朝廷下令张美如官复原职，但张美如纵情山林，耽于汉末琴书，热衷培养后进人才，并未赴任。张美如先后主讲凉州天梯书院、兰州兰山书院。道光十二年（1832），张美如受聘到关中书院讲学。两年后（1834），张美如患病，久治不愈，病逝于关中书院。

张美如既是诗人，又是书画名家，被称为陇右诗书画"三绝"。张美如去世后，其诗文书画多被门人拿走，遗留在武威的反而如凤毛麟角，如有尺幅寸缣之作，便被视作珍宝。[1]

三、《清城隍庙宫隙地及铺面入租佐乡会试碑记》解读

《清城隍庙宫隙地及铺面入租佐乡会试碑记》立于嘉庆十七年（1812）农历十月，刻于木牌之上，现保存于武威文庙。碑文由张美如撰写，尹世衡书写。[2]

据碑文记述，乾隆九年（1744），武威县令欧阳永裪念及贫寒学子参加乡试、会试路费无着，倡导将城隍庙空地修成铺面数十间出租，以租金收入作为士子参加考试的路费。历经68年，管理此事的各界人士，严格遵循欧阳永裪的愿望，资助了大量的学子，资金得以有效利用。

欧阳永裪，拔贡，广西马平人，因为北宋欧阳修为庐陵（今江西吉安市）人，故以庐陵欧阳公尊称。吏治精勤，初任武威县令，乾隆十年（1745）升任凉州知府，后调平凉。

嘉庆十七年（1812），斋长许寿山等人提出要将近三年的收入和支出予以公布，供人监督，以防日久生弊。张美如便应邀撰写了此文，"爰详细叙之，以识美举，并告来者"。

城隍宫近三年所收入房租共五百余金，其中二百金供乡试，到了会试之

---

[1] 王其英编著：《武威金石志》，天津：天津古籍出版社，2020年，第580—581页。
[2] 王其英编著：《武威金石志》，天津：天津古籍出版社，2020年，第213—215页。

年，每人给银子五两，遇到恩科加试则平分其数不得少减外，还有二百余金足够祭祀宴会之用。另外，由刘陛荣经理的"敬惜字纸会"三年也收入了大钱三万六千文，一并用于乡试卷价。

这些收支情况，由各界人士署名见证，除了撰文、书写者2位进士张美如、尹世衡，另外署名者多达96人。为官的其他进士有郭楷、周泰元、张澍、杨增思、龚溥、李蕡生、马廷锡、赵廷锡8人，举人有郑长年、张希孔、柯映伊、郑希夔、尹世阿5人，以及布政司理问陈琨1人。

另外有岁贡生10人，举人22人，副贡生6人，拔贡生4人，合学绅士28人，经理斋长12人。举人中有潘挹奎，拔贡生中有牛鉴，后来也高中进士。

如此庞大的阵容，可见社会各界对此事的重视。其中的诸多学子，本身就是资助制度的获益者，因而心怀感激，希望制度日益完善。

第五章 清代武威县文进士举隅（三）

本章介绍了尹世衡、张兆衡、陈作枢、李于锴、张铣五位进士。尹世衡（1779—1841），嘉庆十六年（1811）进士，入选翰林院庶吉士。尹世衡出身武威望族，其曾祖父为康熙举人尹诰，祖父为乾隆拔贡尹思任，生父是"武威名师"廪膳生尹绾。张兆衡（1788—1848），嘉庆二十五年（1820）进士，入选翰林院庶吉士。为官循声大著，归乡则侍奉双亲，受世人称道。陈作枢（1808—1870），道光十七年（1837）考中乡试第一名举人，是为"解元"，道光二十四年（1844）考中进士。李于锴（1863—1923），光绪二十一年(1895)参与了"公车上书"，反对签订《马关条约》。同年考中进士，为翰林院庶吉士。李于锴的父亲李铭汉是清代道光年间的著名学者，其子李鼎超、李鼎文也是近现代著名学者，李氏三代人书香传承，成为武威县科举家族的典范，也是武威文风鼎盛的明证。张铣（1874—1912），光绪二十九年（1903）进士。光绪三十一年（1905），清朝廷废止科举制度，因此张铣成为武威县最后一位进士。

第一节 名门之后：尹世衡

尹世衡（1779—1841），字仲平，号仲舆。嘉庆十六年（1811）进士，殿试三甲第101名，入选翰林院庶吉士。历任吏部考功文选司掌印郎中、江苏苏松太仓、江南淮扬兵备道、浙江督粮道、金衢严道等职务。

一、尹氏家族

（一）《尹氏三传》

尹世衡出身于武威望族，其曾祖父为康熙举人尹诰，祖父为乾隆拔贡尹思任，生父是廪膳生尹绾。在潘挹奎的《武威耆旧传》中有《尹氏三传》，介绍了善于为吏的尹诰，善于为子的尹思任，善于为师的尹绾，祖孙三人号称"三善士"。而尹世衡正是名师尹绾的儿子，只不过过继给胞伯庠生尹彩为子。

尹绾是武威名师，其弟子中考中进士者有郭楷、周泰元、牛鉴、潘挹奎等。尹绾的三个儿子"尹氏三兄弟"也非常优秀，长子尹世阿是举人，次子尹世衡是进士，三子尹世清是举人。

综合各方面信息，绘制尹世衡家族谱系如下：

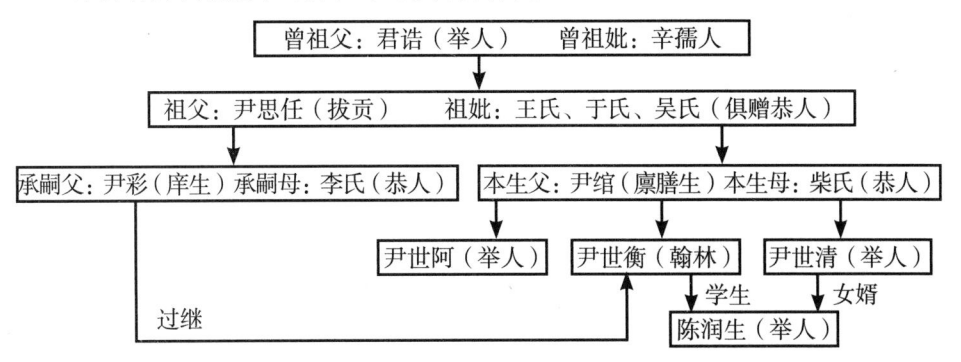

```
          曾祖父：君诰（举人）    曾祖妣：辛孺人
                          ↓
          祖父：尹思任（拔贡）    祖妣：王氏、于氏、吴氏（俱赠恭人）

承嗣父：尹彩（庠生）承嗣母：李氏（恭人）   本生父：尹绾（廪膳生）本生母：柴氏（恭人）

              尹世阿（举人）    尹世衡（翰林）    尹世清（举人）
                                  ↓学生          ↓女婿
    过继                       陈润生（举人）
```

清代武威翰林尹世衡家族谱系

（二）尹世清及其女婿陈润生

尹世清是尹世衡的胞弟，道光五年（1825）乙酉科《乡试硃卷》的家族谱系中写道："胞兄：世衡，嘉庆庚午举人，辛未进士，现任江苏分部考功司掌印郎中，翰林院庶吉士。过继胞伯。"

陈润生为道光二十三年（1843）癸卯科举人，在《乡试硃卷》师承关系部分称："尹仲平夫子，讳世衡，嘉庆辛未科进士，前翰林院庶吉士，吏部考功文选司掌印郎中，壬午、癸未会试同考官，历任江苏苏松太仓、江南淮扬兵备道、浙江督粮道、金衢严道。"可见，陈润生师从尹世衡。

陈润生还是尹世清的女婿，与尹世阿、尹世衡有了姻亲关系，其《乡试硃卷》载："娶尹氏，乾隆乙卯科举人，大挑一等，试用知县，借补布库大使，江西宜黄县知县世阿公胞侄女；嘉庆辛未进士，吏部文选司掌印郎中，浙江松江道，前翰林院庶吉士世衡公胞侄女；道光乙酉科举人，原任陕西同州府蒲城县训导，保举知县世清公女。"

二、尹世衡研究

（一）史料记载

《皇清陕西历科进士录》记载：

> 尹世衡，字仲平，号□□，行二，辛丑年（1781）十一月十一日吉时生，甘肃凉州府武威县人，廪生，民籍。庚午（1810）乡试第六名，会试第一百七名，钦点翰林院庶吉士。[①]

清华藏《嘉庆辛未科会试同年齿录》（清刻本）记载：

---

① 多洛肯：《明清甘宁青进士征录》，上海：上海古籍出版社，2018年，第109页。

尹世衡，字阶平，号仲舆，行二，乾隆辛丑年（1781）十一月十一日吉时生，系甘肃凉州府武威县廪生，民籍。乡试六名，会试一百七名，殿试第□名，钦点。①

朱汝珍《词林辑略》记载：

尹世衡，字仲与，号阶平。散馆改吏部主事，官至浙江粮道。②

（二）尹世衡墓志

尹世衡墓志，中华人民共和国成立后在陕西省西安市南郊长安区出土，现藏长安区博物馆。志盖、志石共五方。均高25厘米，宽50—55厘米。每方四部分，以单线框间隔。第一方为志盖，篆题"皇清诰授中宪大夫历任江苏苏松太仓江南淮扬兵备道浙江督粮道金衢严道前翰林院庶吉士武威仲平尹公墓志铭"，共12行，满行4字。第四方右部残缺，第五方佚。现存志文71行，满行15字，正书。进士牛鉴篆额，进士许丽京撰文，进士常大淳书丹，蒋方正题笺。铭文在郑炳林主编的《凉州金石录》中有收录。③

根据墓志，我们可以获得尹世衡较为完整的信息。尹世衡（1779—1841），字仲平，号仲舆，甘肃武威人，生于乾隆四十四年（1779），卒于道光二十一年（1841），享年六十三岁。其生年信息与前述史料记载中的"辛丑年（1781）"不一致，因为墓志信息的可靠性，我们采纳墓志中的"乾隆四十四年（1779）"。

1809年，尹世衡从兰山书院肄业，1810年，陕甘乡试中举人，1811年，辛未科中进士，名次为三甲第101名，选翰林院庶吉士。散馆后，历任吏部

---

① 多洛肯：《明清甘宁青进士征录》，上海：上海古籍出版社，2018年，第109页。
② 多洛肯：《明清甘宁青进士征录》，上海：上海古籍出版社，2018年，第109页。
③ 郑炳林主编：《凉州金石录》，兰州：甘肃文化出版社，2022年，第848—851页。

考功文选司掌印郎中,壬午、癸未会试同考官,江苏苏松太仓、江南淮扬兵备道、浙江督粮道、金衢严道等职务。

(三)尹世衡为永登县师氏撰写墓表

永登县(清代为平番县)《师氏家谱》中保存的《皇清甘肃平番县师氏先茔墓表》是由武威尹世衡撰文,皋兰黄在中书丹,狄道(今临洮县)李颖篆额的。

1809己巳年,尹世衡从兰山书院肄业,与一位同学师身修(字慎之)交好。1811年,尹世衡考中进士后,告假回乡,与师身修相会,应邀撰写了这篇墓表。

师氏一族,原籍山西太平马村,明代时高祖师自祥行商甘肃,遂定居在平番西乡之红古城。曾祖师仁奉,祖师福荣,父师大德,有五子:师广修,师身修,师齐修,师治修,师俊修。五人者有子三:长子师应选,次子师应运,次子小名毛头,有女一。

师氏后代师承烈,于壬戌(1862)年中武举人,于光绪五年(1879)将表文抄录到了《师氏家谱》当中。这篇墓表,可见尹世衡的文章面貌。

第二节　山西循吏：张兆衡

张兆衡（1788—1848），字仲嘉，号雪槎（雪楂），武威县人。嘉庆十五年（1810）举人，嘉庆二十五年（1820）进士，三甲第8名，入选翰林院庶吉士。散馆后改知县，因请假省亲未选任，曾主讲兰州五泉书院、兰山书院。后任山西和顺县、曲沃县知县，升任朔州知州，到任一月便称疾告归。为官循声大著，归乡则侍奉双亲，受世人称道。

一、科举与为官

《皇清陕西历科进士录》记载：

> 张兆衡，字仲嘉，号雪槎，行二，甘肃凉州府武威县人。由副贡生中式庚午（1810）科本省乡试第十四名，庚辰（1820）会试中式第二百一十名，钦点翰林院庶吉士。[1]

张兆衡生于乾隆五十三年（1788），嘉庆十五年（1810）22岁时考中举人，嘉庆二十五年（1820）32岁时考中进士，入选翰林院庶吉士，是武威县"十大翰林"之一。道光二年（1822）散馆改知县，因请假省亲，未选任。

张兆衡曾主讲兰州五泉书院、兰山书院。道光八年（1828）在兰山书院任山长，曾作《兰山书院加增膏火记》，记甘肃布政使颜伯焘捐养廉银3000两发商生息做膏火费的事迹。

---

[1] 多洛肯：《明清甘宁青进士征录》，上海：上海古籍出版社，2018年，第112页。

道光十三年（1833），张兆衡45岁时选任山西和顺知县，"重兴学校，作育人材"。道光十九年（1839）任曲沃县知县，革弊厘奸，修建书院，增修县志，百废俱举。

张兆衡纂修《新修曲沃县志》十二卷，于道光二十二年（1842）刻印。此志系补旧志而作，全书除新增补外，义法纲目，均异于旧志。其特点在于简要，然删旧志山水、人物和艺文诸类颇多。

道光二十二年（1842），张兆衡邀孝廉乡绅，在曲沃中学现址，创建考院，并将"乔山书院"移建于此。曲沃中学，历史源远流长，从明代义学之所（1374），清代绛山书院、从教书院、乔山书院、贡院，到1907年成立新学堂，630余年，虽年代变迁，兵燹战乱，校名更迭而校址始终未变。且学风卓荦，人才辈出，更因顾炎武、傅山曾在此讲学而名扬华夏。

道光二十三年（1843），张兆衡擢升朔州知州，到任一月，便称疾告归。道光二十八年（1848）归乡六年后张兆衡逝世，同乡翰林牛鉴为撰墓表，碑现存武威文庙。

二、张兆衡故居

据梁新民先生考据，张兆衡府第在凉州城西小北街西侧（现在的民族街仓巷口南侧），张澍故居南面，从坐西向东的一个街面进去，直顶到一堵影壁，而后从南、北两个侧门进去，是南、北两院房子。府第原有歇山顶式大门向东，门前有两块鼓形石。有南北两院，南院一套两院，有仪门、屏门，内外都是出廊四合院。北院叫花厅院，为单独小院。全部房舍砖木结构。

据朱子云先生所记，张兆衡府第门额为"忠刚遗泽"，由清道光左都御史、书法家姚元之用隶书题写。花亭匾书"古雪山房"。

姚元之（1783—1852），字伯昂，号荐青，安徽桐城人。嘉庆十年（1805）进士，选翰林院庶吉士。嘉庆十三年（1808），为陕甘乡试正考官。历官至内阁学士。道光二十三年（1843）休致。工诗文，擅书画。著有《竹叶亭杂记》

《荐青山人诗文集》等。姚元之曾说:"甘省文风,初唯宁夏最盛,今则莫盛于凉州之武威。"这是他亲身所见所感而发,足见清代武威"文风甲秦陇"信非虚言。

20世纪20年代,张兆衡后裔将祖业卖于名医权爱棠。权爱棠是进士权尚忠之子,以行医名世,又是著名的书画家。购得张兆衡府第后,加以修缮,由族弟书法家权景猷隶书匾额"略阳世泽"。甘肃书画家范振绪先生适寓武威,看到此匾后赞不绝口,称看其隶书大作,在武威没有自己书写隶书的市场了,回去再不写隶书。

张兆衡故居历经变迁,在1988年修建商业大厦时已拆移。目前在武威海藏湿地公园内的天仙宫北侧院内有1987年市级文保碑记"张兆衡故居"。

三、民国《甘肃通志稿》中的《张兆衡传》

在民国《甘肃通志稿》卷94《人物十二·清六》中有张兆衡的传记。传记评论张兆衡"为治明练,敦大体,剔弊除奸,不少姑息",并记录了其为政期间的多个事例,如革除县额征折色、仓库木地板等弊端,赈济和顺县1835年旱灾,如清理曲沃积案,杖毙恶徒张三娃,平定赵城、曾顺叛乱,推荐科举不利的才子李春华等。[①]

四、《张兆衡墓表》和《张兆衡事迹碑》

在武威文庙收藏有一通石碑,高177.5厘米,宽101厘米,厚19厘米。碑的阳面是《张兆衡墓表》,全称《诰授奉直大夫山西朔州知州前翰林院庶吉士张公墓表》,刻于道光二十九年(1849),由武威名士牛鉴撰文并书写。简述了墓主张兆衡的家世学业、家庭往事、官场生活,突出其干才绩效和爱民情怀。

---

① 陈尚敏:《清代甘肃进士传记资料辑录》,兰州:甘肃人民出版社,2013年,第20—21页。

由墓表可知，张兆衡世为凉州望族，是明代著名将领忠刚公张达后裔。其父亲为张耀文，生子四人，张兆衡为长子。张兆衡任知县期间，兴利除弊，除莠安良，深得地方绅民信赖。在和顺县重修书院，革除县额征折色、仓库木地板等弊端，拒绝上供土产何首乌，赈济1835年旱灾。在曲沃县清理积案，杖毙恶徒张三娃，修建考院，平定赵成、曹顺（民国《甘肃通志稿》作赵城、曾顺）叛乱，推荐科举不利的才子李春华。[1]

该碑末尾空白处刻1931年贾坛、唐发科题识，记述了张兆衡后裔式微，将墓碑两百金卖于秦钟生，秦钟生在贾坛、唐发科的劝说下，将碑捐赠给文社，得以保存。题识谨录于后：

> 雪槎太史学术政绩，洵堪垂世。其裔式微，不克保守是碑，以二百金售之秦君钟生，唐坛劝钟生慨捐文社，永为保存。亦以太史之人格，镜唐之文，若书旭东之跋，后堪称三善，爱树之，以为后学矜式云。中华民国二十年七月既望，后学贾坛、唐发科谨识。富平仇星乙、仇志立刻。[2]

碑的阴面为《张公墓表碑阴书事》，即《张兆衡事迹碑》。[3]

此碑文为道光二十八年（1848）十二月，张兆衡的同乡蔡舍辉所撰，结合张兆衡墓表叙述其事迹，重点讲述了审判曲沃周氏析产案件，兄弟六人和睦相处两件事。碑文交代，张兆衡去世时"春秋六十有一"，结合前述逝世于"道光二十有八年（1848）"，可知其出生于1788年。碑文还交代了张兆衡的父母儿子等信息，结合《张兆衡墓表》的信息，整理如下：

---

[1] 郑炳林主编：《凉州金石录》，兰州：甘肃文化出版社，2022年，第283—285页。
[2] 郑炳林主编：《凉州金石录》，兰州：甘肃文化出版社，2022年，第285页。
[3] 郑炳林主编：《凉州金石录》，兰州：甘肃文化出版社，2022年，第280—282页。

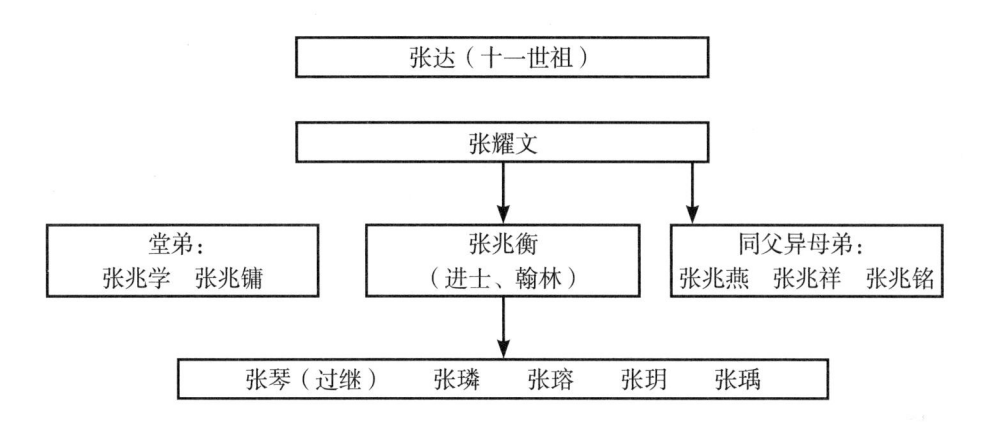

```
┌─────────────────────────┐
│    张达（十一世祖）      │
└─────────────────────────┘
┌─────────────────────────┐
│        张耀文            │
└─────────────────────────┘
         ↓              ↓
┌──────────┐  ┌──────────┐  ┌──────────────┐
│ 堂弟：    │  │  张兆衡   │  │ 同父异母弟：  │
│张兆学 张兆镛│ │（进士、翰林）│ │张兆燕 张兆祥 张兆铭│
└──────────┘  └──────────┘  └──────────────┘
                  ↓
┌────────────────────────────────────────┐
│ 张琴（过继）  张璘   张瑢   张玥   张瑀  │
└────────────────────────────────────────┘
```

清代武威县翰林张兆衡家族谱系

第三节　乡试解元：陈作枢

陈作枢（1808—1870），字瑶卿，号星楼，一号桂轩，甘肃凉州府武威县人。陈作枢生于嘉庆十三年（1808），道光十七年（1837）考中乡试第一名举人，是为"解元"，道光二十四年（1844）考中进士，殿试成绩为二甲第57名。历任陕西洛南、眉县、西乡、白水、长安等县知县，擢升商州知府。因病及与上司不和辞官，同治九年（1870）病逝于长安。

一、史料记载

陈作枢的生平事迹，史料多有记载。

《皇清陕西历科进士录》记载："陈作枢，字瑶卿，号星楼，一号桂轩，嘉庆戊辰年（1808）八月二十九日吉时生，甘肃凉州府武威县人，廪生，民籍。道光丁酉科乡试中式第一名举人，甲辰科会试中式第一百二十八名，殿试二甲第五十七名，钦点知县。"[①]

浙江图书馆藏《道光二十四年甲辰科进士同年录》（清松竹斋刻本）记载："陈作枢，武威县人，二甲五十七名，归班知县。号星楼，行一，戊辰八月二十九日生，廪生，丁酉举人，会试一百二十八名。"[②]

王权所著《笠云山房诗文集》中收录有《诰授中宪大夫知府衔商州直隶州知州陈君厝志》，对陈作枢事迹记述甚是详细。

王权（1822—1905），甘谷县人，晚清学者。1844年中举后，先后主讲岷

[①] 多洛肯：《明清甘宁青进士征录》，上海：上海古籍出版社，2018年，第123页。
[②] 多洛肯：《明清甘宁青进士征录》，上海：上海古籍出版社，2018年，第123页。

州文昌、天水、宁远书院，造就了一大批人才。同治十一年（1872）后历任兴平、富平知县，扶危济困，政声斐然。1886年辞官回乡，潜心学问，闭门著书，著作10余种。

二、《诰授中宪大夫知府衔商州直隶州知州陈君厝志》解读

古人去世后，一般要归葬乡里，落叶归根。同治九年（1870）陈作枢病逝于长安，当时到凉州的道路阻断，所以灵柩暂时安置在长安。王权便撰写了这篇"厝志"。厝，假借为"措"，意为安置，放置，又由安置引申为安葬，亦指临时措置以待迁葬或改葬。

陈作枢年少之时，父亲就不幸离世，母亲含辛茹苦，抚养孤儿长大。陈作枢也非常懂事，读书特别用功，"比长，博通经史，为文章英挺绝人"。

道光十七年（1837），陕甘乡试举行，陈作枢千里迢迢来到了陕西，考了第一名的好成绩，是为"解元"，一时震惊了陕甘两省的士子们，为凉州学子争光不少。道光二十四年（1844），陈作枢到京城参加甲辰科会试，中进士，排名为二甲第57名。

吏部选派陈作枢到江西安远县（今属江西赣州市）任知县，陈作枢以母亲年事已高为由，没有赴任，吏部于是改派陈作枢到离凉州不远的陕西商州洛南县（今属商洛市）任知县。在洛南任职期间，陈作枢的母亲不幸病逝，他按规定辞去官职回乡守墓。期满后，他历署凤翔府郿县、汉中西乡县、耀州白水县知县，后调西安府长安县知县，不久又擢升商州知府。

陈作枢治理有方，政绩卓著，他"克己恤民，规画勤苦，兴革利害，若饥趋食。所至尤因地为治，刚柔疏密，不执一是"。洛南县地处"楚（今湖北）、豫（今河南）二省"，西乡县又"南濒蜀口（今四川）"，所以这里"外奸错寄，俗杂讼丛"。陈作枢任县令后，经数月的治理，这两县的"积牒皆清，奸人相率远遁"。陈作枢还时常穿便服来到乡野，到老百姓家里访疾问苦，审理纠纷。

眉县白莲教四处作乱，官衙被烧，官吏逃散，一时间无人敢去，于是众人推举了陈作枢。射人先射马，擒贼先擒王。他甫到眉县，迅速逮捕了白莲教的头目，并谕解胁从之众，经一个月时间，平定乱势。

关中一带发生严重的蝗灾，知府急命各县组织百姓到田间捕蝗。陈作枢却说道："蝗，一灾也，加以捕蝗之扰，乃二灾矣。"他"斋戒虔祷，为文告土谷之神，阅日蝗遂灭"。

咸丰年间，甘肃、陕西一带太平军兴起，"民死者十七八，吏治益偷纵无纪"。陈作枢"累莅危疆，树立闳大，乃更过承平时"。那时，太平军再次围攻湖北，因"商州外接贼壁"，知府知道陈作枢善于用兵，便将商洛一带的防务委托给了陈作枢。陈作枢便在险要处构筑工事，增派重兵，"贼竟不敢西犯"。

同治元年（1862）四月十七日，陕西渭南任武起义，很快便占据了长安周边一带，临潼、渭南、蒲城、富平为"巨巢"，唯独耀州白水县孤零零地处在中间，如岌岌可危的累卵。土匪乘机作乱，陈作枢募集壮士，擒获了十几个头目，立即处斩，"内应乃绝"。因"民俗脆怯，猝难纠集"，陈作枢便利用万余乡民赛社的机会，现场激励教谕，组织数千名壮丁，教给战守之法。贼寇听到消息，不敢侵犯白水县界。

那时候，由于战乱，许多流民聚集在白水城，因城垣久圮，城内又无水泉。陈作枢便命兴筑代赈，在南城下掘得一口洌井，"自是崇墉屹立，民不乏饮。贼至，得资以为守"。

陈作枢还善于"治军储"，在朝廷用兵期间，其治下的白水县、长安县以及商州都能供应充足及时。陈作枢合理调度，协调矛盾，而且"礼接营弁，披露肝胆"，军官感念其廉直，也约束手下不得骚扰，因此兵民相悦。陈作枢在任期间，不仅积极赈灾救民，还不忘办学教育子弟，终积劳成疾。

同治七年（1868）八月，陈作枢突患痰厥（一种因痰盛气闭而引起四肢厥冷，甚至昏厥的病症），服药多日后慢慢转好。恰好这个时候，有一位武官奉陕西巡抚命令襄办转运，与陈作枢的意见不合，便"构蜚语以闻"，巡抚也偏听偏信，对陈作枢颇有微词。陈作枢听闻后，感叹道："陈星楼尚何恋于此乎？"即日便移疾求退。

同治八年（1869）正月，陈作枢卸任商州知府，上交了知府大印。州内百姓听闻后哭留陈作枢，但他去意已决，商州百姓为他立长生牌，列入名宦祠。

同治九年（1870）九月，陈作枢病逝于长安邸舍，享年六十有三。因当时到凉州的道路阻断，陈作枢便遗命次子陈倬将灵柩暂时安置在长安。

王权将陈作枢的品行评价为："君性情刚豁朗，平时爱人喜士，不设町畦。至纠过绳邪，乃凛然峻厉。居官事上，忠朴无缘饰。事有不可，辄变色力争。上官始忿其鲠峭，久乃益敬信。其治军储，接将弁，亦以此道行之，先忤后孚者十八九，然亦终以次获谤。"

陈作枢育有两子，长子陈健，为庠生（县学的生员），早年患病，先于父亲去世。次子陈倬，知州衔，陕西候补布政司经历。同治十年（1871），陈倬将父亲灵柩暂时安置在长安某乡，便请求父亲好友王权撰写了厝志。王权在文末说，"若其世系婚娶及居乡行事之善，则俟他日归葬，铭墓碑者详焉"。意思是陈作枢更详细的事迹在墓志铭中会记述，但可惜陈作枢的墓志铭至今未见。[①]

三、《阜成寺碑记》解读

《阜成寺碑记》碑立于道光二十八年（1848）农历三月吉日，石碑已佚失，碑文保存于《武威县志稿》，后被收入王其英编著的《武威金石志》。[②]

碑文由陈作枢撰文，由道光二十七年（1847）丁未科进士任国桢书写。此碑由进士陈作枢撰文，进士任国桢书写，可见其重视程度。

任国桢（1807—？），字幹臣，号蒲溪，清凉州府武威县人。道光二十三年

[①] 陈尚敏：《清代甘肃进士传记资料辑录》，兰州：甘肃人民出版社，2013年，第64—65页。

[②] 王其英编著：《武威金石志》，天津：天津古籍出版社，2020年，第233—235页。

（1843）癸卯科举人，道光二十七年（1847）丁未科三甲 104 名进士。钦点即用知县，分发陕西。

碑文第一部分交代了阜成寺的来历。整段用设问的手法，自问自答。发问"此寺何始末"？接下来按照时间顺序叙述其始建与维修复建历程。

阜成寺位于今武威市凉州区金沙镇吴府村，始建于明代，由恭顺伯吴允诚家族在其鼎盛时期建造，时间在 1415 年左右。当时寺庙是吴氏家庙，叫作"吴府寺"。

吴允诚（1357—1417），蒙古族鞑靼人，原名把都帖木儿，其家族为河西大族，居住在塔滩（位于今阴山以西），起先出仕元朝，洪武二十三年（1390）归降明朝。后于永乐三年（1405）七月，率所部自塔滩归附明朝，明成祖朱棣赐其汉名吴允诚，初授右军都督佥事，据守凉州。吴允诚屡立战功，为明成祖重用，永乐十年（1412）正月封爵恭顺伯。永乐十五年（1417），吴允诚卒于任上，谥忠壮。

到了清朝，吴府寺庙院颓废，主持失守，吴氏后代吴志同施舍倡导维修，因为门上榜书"转轮"，故也称"转轮寺"，成为一座藏传佛教寺庙，由喇嘛主持。乾隆年间，高勇捐寺东地五斗，以为花圃；赵天爵、郭四等，买寺前河南土房院落地基，以为观音会香火资。

过了百年，寺庙重归颓废，施主张福等，倡议捐修，并请千荣和尚主持寺庙。千荣和尚命他的徒弟普桐敦促修建事宜，于道光五年（1825）兴工修建，创修了大殿、耳院、廊房、中殿、卷棚、庙前义学等，寺庙颇具规模，金碧辉煌，灿然大备。门上榜书"阜成"，故寺庙遂名"阜成寺"。

普桐和尚去世后，他的徒弟度禅等奉师父遗命，继续修建，于道光二十五年（1845）兴工，修建了钟楼、鼓楼，并重修山门，至此大功告成，后于道光二十八年（1848）立碑纪念。

碑文的第二部分，缅怀了武威先贤，说明树碑立传的重要性，也赞颂了恢复和重建古迹的功德，并且补充了乾隆年间的捐助事宜。汉代名将段颎，唐代名臣段秀实，南北朝时期著名诗人阴子春、阴铿父子，唐朝名将李抱真、李抱玉兄弟等一众武威名人，事迹得以流传后世，全赖于史籍碑刻，但这样的贤人实属难得。因此，树碑记述吴氏以及捐资修建寺庙的各位信众的事迹尤为必要。而寺庙屡次颓废，屡次重修，皆赖于众多信徒的无私奉献，不懈努力。寺名"阜成"，就是激励世之修废举坠者。

第四节　三代耆儒：李于锴家族

在武威凉州城南有"李铭汉故居"，李铭汉是清代道光年间的著名学者。其子李于锴是光绪年间的进士，翰林院庶吉士，所以这一故居也称"李翰林院"。李于锴之子李鼎超、李鼎文也是近现代著名学者，李氏三代人书香传承，成为武威县科举家族的典范，也是武威文风鼎盛的明证。对联曰："三代耆儒学者府，一朝进士翰林家。"综合多种史料，可以理清李氏家族的脉络，也可以了解李氏家族与其他科举家族的联姻关系。

一、李铭汉的先祖

李铭汉的先祖居住在"宁夏卫之门城驿"，因为明末动乱，便迁居凉州卫，因为清朝设立凉州府武威县，便成了武威县人。李铭汉的曾祖父叫李如极，是一位贡生(别称明经)。祖父叫李煌，是一位庠生。李煌生二子，长子名叫李元祺，次子名叫李元秘。李元秘与刘孺人生下了李铭汉。

李于锴撰写的《先大夫云章府君行述》，交代了李氏家族传承："府君姓李氏，名铭汉，字云章。先世居宁夏卫之门城驿，明季寇乱，迁居凉州卫，入国朝，雍正二年改置凉州府，治武威县，遂为武威县人。四传至叙辰公，讳如极，以明经起家，为府君曾祖。生庠生映南公，讳煌。映南公生二子：长寿庵公，讳元祺；次疏亭公，讳元秘。疏亭公娶先大母刘孺人，是生府君。"[①]

李于锴任泰安知县期间，捐助学堂经费。光绪帝特于光绪二十九年

[①] 李于锴著，李鼎文校点:《李于锴遗稿辑存》，兰州：兰州大学出版社，1987年，第26—39页。

（1903）降旨嘉奖，诏赠其祖父李元秘为朝议大夫，其祖母刘氏为恭人。诏赠其父李铭汉为朝议大夫，其母康氏、白氏为恭人。两件圣旨现存武威市博物馆，分别为《清光绪赏赠李元秘圣旨》和《清光绪赏赠李铭汉圣旨》。两件圣旨均为丝织品，满汉两文，其文字收录于《武威地区志》。①

李鼎文撰文《我家三世简史》，亦交代了其先祖："我家是在明末清初向西北移民时，从宁夏卫萌城驿迁移到武威的。第一代名叫'李长腿'，没有学名，是劳动人民。到我的五世祖，考中了秀才，接着高祖、曾祖都是秀才，从此成为读书人家。"②

二、李铭汉

李铭汉（1809—1891），字云章，清代凉州府武威县人。李铭汉年轻时曾投著名学者张澍、陈世熔门下受业，他学识渊博，对于天文、算术、舆地、兵、农都有所涉猎，对音韵、训诂之学尤有研究。李铭汉一生科考不利，未能出仕，便以教书为业。据李鼎文《我家三世简史》，"他考上秀才后，曾八次到西安参加乡试，都没有考上举人，最后一次取为副贡生，即备取生，俗称'半个举人'，这时是道光二十九年（1849），已四十二岁。先后在凉州雍凉书院、甘州甘泉书院任山长（校长）。"光绪年间，学使胡景贵上疏推荐李铭汉为"陇上耆儒"，朝廷下令加"国子监学正"衔。李铭汉在居家读书著述的同时，热心地方公益事业，对家乡父老多有助益。李铭汉代表作为史学著作《续通鉴纪事本末》（共110卷，90至110卷为其子李于锴所续）于光绪三十二年（1906）年刊行。还有《尔雅声类》《说文谐声表》等著作。

---

① 武威市地方史志编纂委员会：《武威地区志》，北京：方志出版社，2016年，第2292—2293页。

② 李鼎文：我家三世简史[EB/OL]，https://www.toutiao.com/article/7187038983405830715/.2023年3月1日。

三、李于锴

李于锴（1863—1923），字冶成，又字叔坚。李于锴于同治癸亥年（1863）正月癸卯日吉时生，天资聪慧，14岁成为秀才，21岁时考中举人。光绪二十一年（1895），李于锴赴京赶考，参与撰写甘肃举人《请废马关条约呈文》，考中进士，并入选翰林院庶吉士。光绪二十四年（1898）散馆，李于锴出任山东蓬莱知县，后历任武城、泰安知县。袁世凯任山东巡抚期间，李于锴被任命为山东大学堂监督，山东大学堂即为今山东大学的前身。袁世凯离任后李于锴复任蓬莱知县，继而升迁为沂州府知府。李于锴是著名的"山东循吏"，政绩卓著。辛亥革命后返回家乡。因李于锴声望卓著，袁世凯两次想起用，1913年任命其为甘肃警察厅长，1914年聘为清史馆协修，但李于锴耻于与之为伍，都拒绝受命。1923年5月10日，李于锴去世于家中。李于锴续写了其父亲的《续通鉴纪事本末》90至110卷，其零散文章被其长子李鼎超收集为《味檗斋遗稿》，次子李鼎文进而编为《李于锴遗稿辑存》出版发行。

四、李鼎超

李鼎超（1894—1931），字酝班，李于锴长子，清末民初学者。李鼎超幼年跟随父亲李于锴到山东，接受了"中学""西学"兼顾的良好教育。李鼎超曾被任命为甘肃省通志局分纂，后又受聘于兰州中山大学（今兰州大学）讲授文字学。李鼎超的成就主要在方志，撰写了《甘肃通志》中的《方言》《水道》二志，编撰完成了《武威县志》中的《人物志》《艺文志》《金石志》《方言志》。其中《方言志》历时近十年完成，最后更名为《陇右方言》，由李鼎文整理校注出版。1921年，李鼎超整理刊行其父李于锴的著作《味檗斋遗稿》。关于李鼎超之死，李鼎文在《我家三世简史》记载，"1931年春，被选为国民会议代表，赴南京开会，目睹政局混乱，忧愤成疾，在上海新普育堂疯人院用皮裤带自缢而死。"

五、李鼎文

李鼎文(1919—2014),字献甫,李于锴之次子。据李鼎文在《我家三世简史》自述:"五岁丧父,十三岁丧兄。没有上过小学。1937年武威师范学校简师科毕业,1940年兰州师范学校中师科毕业。1950年毕业于西北师范学院,任武威师范教员。1956年赴天水,任甘肃师范专科学校讲师。1957年,甘肃师专并入西北师院,在师院中文系教中国古典文学,并开《杜诗选读》《敦煌文学》等选修课。历任西北师范大学中文系副教授、教授。1987年退休。"李鼎文的著作有《甘肃文史丛稿》,整理校点的书有张澍的《续敦煌实录》《李于锴遗稿辑存》,李鼎超的《陇右方言》,王权的《笠云山房诗文集》,主编有《甘肃古代作家》,著名论文有1959年发表于《光明日报》的《胡笳十八拍是蔡文姬做的吗?》。李鼎文晚年移居新西兰,于2014年病逝。

六、李于锴的岳丈:进士刘开第

李鼎文《我家三世简史》记载:"我父先后结婚四次,元配刘氏,为武威刘开第的侄女。开第字梦星,进士,知县。"可见,李于锴的元配夫人刘氏是武威县进士刘开第的侄女。

刘开第,字梦惺(梦星),武威县人。同治元年(1862)壬戌科进士。授陕西临潼知县,历任泾阳、礼泉知县,为官有惠政。有一年,正值饥荒,刘开第捐献出八千金治赈,救活百姓无数。省上的使者来勘察灾荒,乘机索贿,刘开第以灾情紧急,拒绝不给。使者便向上级进献谗言,说冒赈不实,刘开第便被左迁教职。离开之日,老幼攀辕,感泣不释。刘开第回到家乡后,曾主讲雍凉书院,成就后进人才不少。其著有《谷口归来客诗文集》《醉吟山房诗存》若干卷。

七、李于锴的女婿:进士张铣

李鼎文《我家三世简史》记载:"我父有二子二女,长子鼎超,次子鼎文。

长女与张铣结婚，张铣，字泽堂，清末进士，官至新疆焉耆府知府，辛亥革命时被害。有三子：张揆文，张鸿文，张允文。张揆文北平铁路大学毕业，回武威后不久病故。"可见，李于锴的长女嫁给了武威县进士张铣。

八、李于锴的亲家公：进士权尚忠

李鼎文《我家三世简史》记载："鼎超有二子二女……玉兰、锺福、玉清，为权氏所生，权氏为武威权尚忠的女儿。尚忠，字荩臣，进士，山西崞县知县。继福，为张氏所生。"可见，李鼎超的岳丈，也就是李于锴的亲家公，是武威县进士权尚忠。

权尚忠（1855/1857—？），字荩臣，一字夏卿，号南桥（也作南樵），武威县人，廪生，民籍。咸丰乙卯年（1855）正月十八日吉时生，另说咸丰丁巳年（1857）正月二十六日吉时生。光绪八年（1882）壬午科甘肃乡试举人，另说中式光绪癸巳（1893）恩科本省乡试第十四名举人。光绪二十四年（1898）中进士。曾与李于锴、张思永等联名撰写甘肃举人《请废马关条约呈文》。1903年补为山西崞县知县。

权尚忠也是一位书法家。在武威文庙有"辅元开化"匾额，落款"中华民国三年（1914）岁次甲寅六月下浣谷旦邑人权尚忠熏沐敬书"。

九、结语

李铭汉、李于锴、李鼎超、李鼎文三代人或立德，或立功，或立言，永垂不朽，成为武威文人典范，在武威历史上留下浓墨重彩的一笔。李于锴自身是光绪年间的进士，其岳丈为进士刘开第，女婿为武威县最后一位进士张铣，亲家公为进士权尚忠，这显示了进士家族之间互相联姻的风貌。

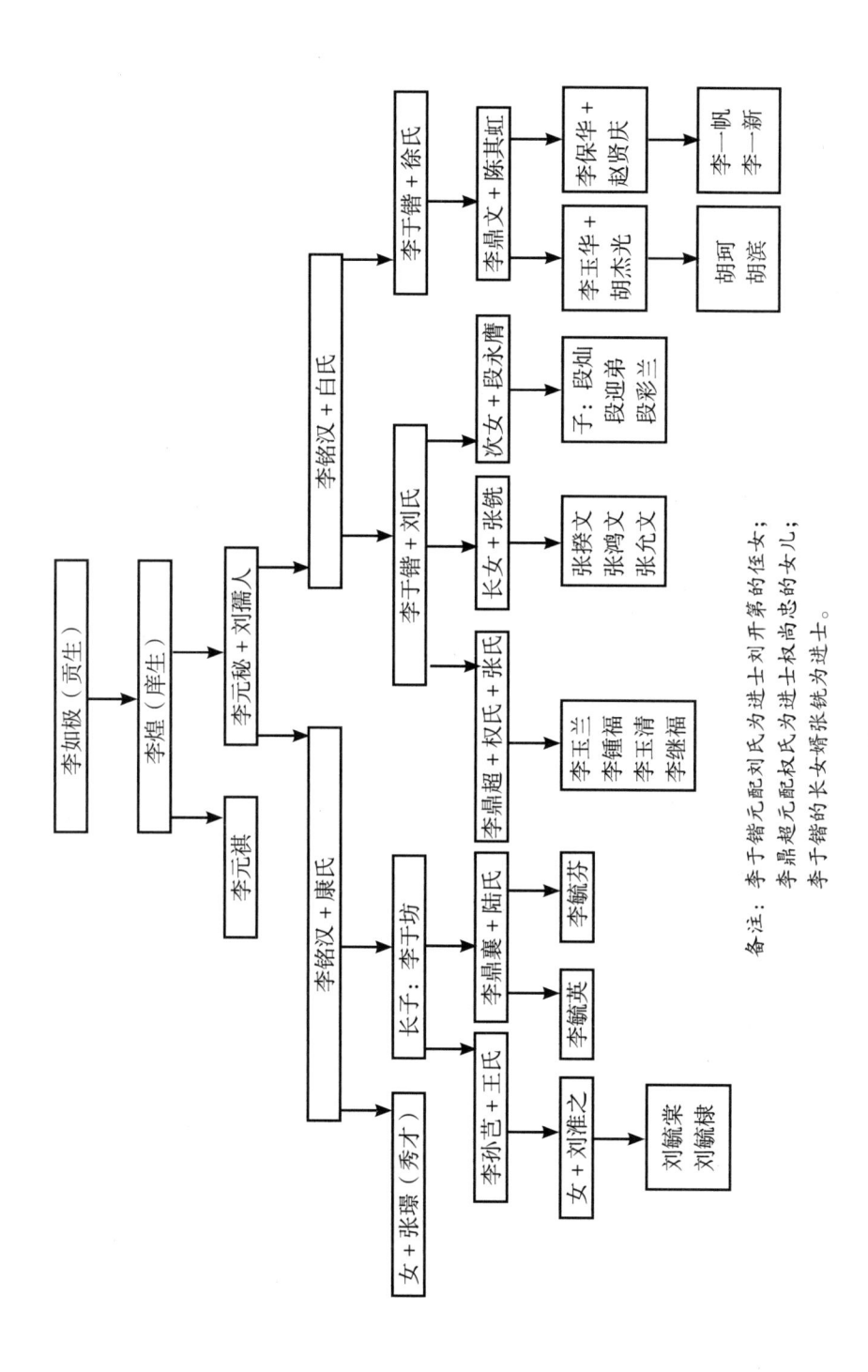

第五章 清代武威县文进士举隅（三） | 151

```
李如极（贡生）
    │
李煌（庠生）
    │
    ├── 李元秘 + 刘孺人
    │       │
    │       ├── 李铭汉 + 白氏
    │       │       │
    │       │       └── 李于锴 + 徐氏
    │       │               │
    │       │               └── 李鼎文 + 陈其虹
    │       │                       │
    │       │                       ├── 李保华 + 赵贤庆 ── 李一帆 / 李一新
    │       │                       └── 李玉华 + 胡杰光 ── 胡珂 / 胡滨
    │       │
    │       └── 李铭汉 + 白氏
    │               │
    │               ├── 李于锴 + 刘氏
    │               │       │
    │               │       ├── 长女 + 张铣 ── 张揆文 / 张鸿文 / 张允文
    │               │       └── 饮女 + 段永膺 ── 子：段灿 / 段迎弟 / 段彩兰
    │               │
    │               └── 李鼎超 + 权氏 ── 李玉兰 / 李锺福 / 李玉清 / 李继福
    │
    └── 李元祺
            │
            ├── 李铭汉 + 康氏
            │       │
            │       └── 长子：李于坊
            │               │
            │               ├── 李鼎襄 + 陆氏 ── 李毓芬
            │               └── 李鼎英
            │
            ├── 李孙苞 + 王氏
            │       │
            │       └── 女 + 刘淮之 ── 刘毓棠 / 刘毓棣
            │
            └── 女 + 张璟（秀才）
```

备注：李于锴元配刘氏为进士刘开第的任女；
李鼎超元配权氏为进士权尚忠的女儿；
李于锴的长女长婿张铣为进士。

清代武威县进士李于锴家族及其联姻关系

第五节　公车上书：李于锴

李于锴（1863—1923），字叔坚，又字冶成，李铭汉之子。李于锴天资聪慧，14岁成为秀才，21岁时考中举人。光绪二十一年（1895）参与"公车上书"，反对签订《马关条约》。同年考中二甲第26名进士，为翰林院庶吉士。光绪二十四年（1898）散馆，任山东蓬莱知县。其后代理武城、泰安知县，后调任山东大学堂监督。复任蓬莱知县，升沂州府知府。辛亥革命后返回家乡。1913年被任命为甘肃警察厅长，坚辞不就。1914年被聘为清史馆协修，亦未就任。晚年闭户读书，终老乡里。

一、史料记载

《皇清陕西历科进士录》记载：

> 李于锴，字冶成，一字叔坚，甘肃武威县人，民籍。由廪生中式光绪壬午（1882）科本省乡试第三名举人，乙未（1895）会试中式第二百四十一名贡士，覆试一等三十三名，朝考一等第十一名，钦点翰林院庶吉士。著有《味檗斋遗稿》。[①]

北大藏《光绪二十一年乙未科会试同年齿录》（宏文斋、翰藻斋等刻本）记载：

---

① 多洛肯：《明清甘宁青进士征录》，上海：上海古籍出版社，2018年，第173页。

李于锴，字冶成，一字叔坚，行三，同治癸亥年（1863）正月癸卯日吉时生，甘肃凉州府武威县人，廪生，民籍。乡试第三名，会试第二百四十一名，覆试一等第三十三名，殿试二甲第二十六名，朝考一等第十一名，钦点翰林院庶吉士。①

二、李铭汉故居

明清两代，达氏是武威城的显赫家族，在城南有"达府巷"，达府巷则因"达云将军府邸"而得名。清代咸丰年间，李铭汉从达云后裔处购得前院，稍加改造后居住。光绪二十六年（1900），李铭汉之子、翰林院庶吉士、时任山东蓬莱知县的李于锴寄资家人重新补修。整座院落有走廊、庭院、花园，建筑布局错落有致，成为当时武威的名宅大院，民间俗称"李翰林院"。李铭汉故居是李氏三代学术传承的象征，李铭汉、李于锴、李鼎超、李鼎文四人百余年间，均曾在此读书治学。

2018年，武威市对这一处历史文化遗存进行了保护性修缮。同时，拓展绿色空间，在故居东侧修建"翰林园"小游园，布设景观，置巨石、半廊、仿古亭、古井等，修复后的李铭汉故居和南城门楼连成一片。

三、刘尔炘《武威李叔坚传》

李于锴逝世后，刘尔炘撰《武威李叔坚传》，安维峻撰《读凉州李叔坚传书后》，对其生平事迹记述甚详。刘尔炘所作传记全名《山东沂州府知府前翰林院庶吉士武威李叔坚传》，收录在李鼎文点校的《李于锴遗稿辑存》中。②

---

① 多洛肯：《明清甘宁青进士征录》，上海：上海古籍出版社，2018年，第173页。
② 李于锴著，李鼎文校点，《李于锴遗稿辑存》，兰州：兰州大学出版社，1987年，第116—122页。

四、《甘肃举人呈请政府废除马关条约文》

1894年，中日爆发甲午战争。清政府战败后，于1895（光绪二十一年）年4月17日在日本马关与日本明治政府签订了丧权辱国的《马关条约》。根据条约规定，中国割让辽东半岛（后因俄、法、德三国干涉还辽而未能得逞）、台湾岛及其附属各岛屿、澎湖列岛给日本，赔偿日本2亿两白银。中国还增开沙市、重庆、苏州、杭州为商埠，并允许日本在中国的通商口岸投资办厂。

条约签订后，在北京参加会试的各省举人群情激奋。康有为与梁启超集结1300余名举人，联名上书光绪皇帝，反对签订《马关条约》，这就是"公车上书"。以李于锴为首的甘肃76名举人，撰写了《甘肃举人呈请政府废除马关条约文》，表达了甘肃举人救亡图存的心愿。[①]

五、李于锴《雪山歌》赏析

李于锴一生遵循"经世致用""实事求是"的学术思想，在学术研究和文学创作方面均取得了突出的成就。李于锴的文学创作，诗文兼长，尤长于文。其文骈散兼备，佳作频频。《雪山歌》[②]就是李于锴撰写的一篇骈文，短小精悍却豪放雄壮，文采飞扬。

此文大致可以分为三部分，在此分别略作赏析。

第一部分为开头两句，开宗明义，点明家住"祁连之南谷水北"，祁连雪山就在眼前，因而作此《雪山歌》，同时确定了文章的情感基调，"十年洗眼看雪山，剩有心胸沁冰蘗"，十年来生活清苦，犹如饮冰食蘗。生活虽然清苦，但是却磨灭不了作者的雄心壮志。

中间十五句，是对雪山景色的描写，雪中有山，山中有雪。所谓"一切景

---

① 李于锴著，李鼎文校点，《李于锴遗稿辑存》，兰州：兰州大学出版社，1987年，第44—48页。

② 李于锴著，李鼎文校点，《李于锴遗稿辑存》，兰州：兰州大学出版社，1987年，第82页。

语皆情语",在景物的描写中,融入了作者的丰富想象,澎湃激情。祁连雪山何向何止?昆仑维首终南尾。既然居于昆仑终南等神山之间,所以目睹神仙出没就不足为奇了,九天清绝浩无声,岩洞仙人对饮酒。苍茫大地,辽阔无际,出塞迢遥不知几万程,西行入关尚余四千里。巍巍雪山,势若上天,蜿蜒山路,犹如盘蛇。大雪漫山,千顷原野,宛若开遍了白莲花。这等风景,真是千里冰封、万里雪飘的大好江山。

文章的最后两句为第三部分,表现了作者建功立业的心愿,"书生狂兴不可除,手披北风卷,坐揽名山图。径须五千铁骑横绝漠,雪中生缚南单于,寻到天山挂弓处,卧看天盖四野如穹庐"。虽为书生,但志愿为将军,率领五千铁骑,横扫大漠,生擒敌酋,醉卧天山,幕天席地。

第六节　末代进士：张铣

张铣（1874—1912），字泽堂，号柳坡，武威县人。光绪二十七年（1901）考中举人，光绪二十九年（1903）癸卯科进士，殿试三甲第52名。曾任刑部主事，后任新疆焉耆知府，辛亥革命"南疆戕官"事件中被杀害。光绪三十一年（1905），清朝廷废止科举制度，因此张铣成为武威县最后一位进士。

一、史料记载

《皇清陕西历科进士录》记载："张铣，字灵堂，号柳坡，甘肃武威县人，民籍。由丁酉（1897）拔贡生八旗官学教习中式辛丑（1901）补行庚子（1900）恩正并科本省乡试第二十二名举人，癸卯（1903）会试中式第三百名贡士，覆试一等第六十二名，朝考二等第五十名，钦点主事，签分刑部。"①

清华藏《光绪辛丑、壬寅恩正并科会试同年齿录》（龙光斋、会文斋、精华斋、翰藻斋承办刻本）记载："张铣，字泽堂，号柳坡，行三，同治甲戌年（1874）正月初四日吉时生，甘肃凉州府武威县拔贡生，民籍。丁酉（1897）科选拔第一名，戊戌（1898）考取八旗教习第六十九名，乡试第二十二名，覆试一等第□名，会试第三百名，覆试一等第六十二名，殿试三甲第五十二名，朝考二等第五十名，钦点签分刑部。"②

张铣是李于锴的女婿。据其《会试硃卷》："娶李氏，特赏中书衔国子监学正、道光己酉科副榜，讳铭汉公孙女；壬午经元、乙未进士、翰林院庶吉

---

① 多洛肯：《明清甘宁青进士征录》，上海：上海古籍出版社，2018年，第182页。
② 多洛肯：《明清甘宁青进士征录》，上海：上海古籍出版社，2018年，第182页。

士，现任山东蓬莱县知县，印于锴女。"①其受业师中就有其"岳丈李叔坚夫子于锴"。

二、生平事迹

（一）家庭背景

同治十三年（1874），张铣出生于武威县一个殷实家庭。其曾祖、祖、父、胞兄弟四代人均无功名和仕宦经历，但均因为张铣的缘故被封赠为正四品的"中宪大夫"。

据当地耆旧介绍，张铣故宅坐落于武威城区东巷子正北方，府址后为凉州区委党校所在地（现已搬迁）。三开间府门，悬挂绘蓝底金字楷书方匾"通议大夫第"，左右各悬彩绘草绿底金字"文魁"楷书匾两块。其故宅已于20世纪50年代拆除。

（二）科举经历

张铣师从其岳丈李于锴，亦师从陕甘教育家白遇道。白遇道（1836—1926），陕西高陵人，同治十三年（1874）进士，曾主讲于关中书院，授课于武威雍凉书院。

光绪二十三年（1897），张铣以第一名的成绩成为拔贡生，次年（1898）考取八旗教习，光绪二十七年（1901）考中举人。光绪二十九年（1903），由于时局的原因，癸卯科会试在河南开封举行，张铣高中进士，名次为三甲第52名。张铣初为刑部主事，后外放为焉耆知府。

（三）焉耆政绩

张铣在任焉耆知府时，颇有政绩，主要功绩为兴办学校和编修方志。

据赵云田《清末新政期间新疆文化教育的发展》一文②，清末新政实施后，

---

① 陈尚敏：《家族与清代甘肃科举人才的养成》，《教育与考试》，2021年。
② 赵云田：《清末新政期间新疆文化教育的发展》，《西域研究》，2002年。

光绪二十九年（1903），清政府公布了《奏定学堂章程》；光绪三十一年（1905），废止了科举制度，设立了学部；光绪三十二年（1906），各省设提学使、劝学所，学堂的设立如雨后春笋。在这一过程中，新疆也大力创办学堂，文化教育得到了新的发展。光绪三十四年（1908），新疆学务公所派人前往新疆南北两路进行教育考察。时任焉耆知府张铣，因为办学得力，被上报学部，得优叙。新政期间，焉耆府共设立学堂16所。其中官立两等小学堂、官立初等小学堂、官立艺徒学堂各1所，光绪三十四年和宣统元年知府张铣设立。官立半日学堂2所，光绪三十四年和宣统二年知府张铣设。官立汉语学堂5所，均兼简易识字学塾，光绪三十四年和宣统二年知府张铣、汝恒年设立。官立汉语讲习所1所，宣统二年知府汝恒年设。总计教习21员，学生377名。

张铣还编修了《焉耆府乡土志》。该书1卷，4000余字，成书于光绪三十四年（1908），书末署"光绪三十四年十月知府张铣"，并钤有焉耆府印。此书系张铣奉清廷敕令而编写的方志，分沿革、政绩录、兵事录、耆旧录、人类、户口、氏族、宗教、实业、地理、山水、道路、物产、商务诸目。

另据王楠《伯希和与清代官员学者的交往（1906—1909年）》一文①，张铣与法国探险家伯希和有过接触。1906—1909年间，伯希和率领法国探险队来新疆及甘肃考察，在敦煌藏经洞攫取了大量写本文书，但客观上也促使了世界敦煌学的发展。据记载，伯希和向委署焉耆府知府张铣借阅《新唐书》二本、《秦州新志》十六本、《兰州府志》八本、《敦煌县志》四本、《国朝史略》四本、《满洲旅行记》二本。

三、《宜定宗旨策》解读

光绪二十七年（1901），清政府诏谕废除八股文，规定从次年开始乡、会试首场试中国政治史事论，并不准用八股文体。张铣便开始学习西学，研讨变

---

① 王楠：《伯希和与清代官员学者的交往（1906—1909年）》，《西域研究》，2017年。

法，并于光绪二十九年（1903）考中癸卯科进士。其硃卷所收二场各国政治艺学策的一篇文章，题目为"日本学制改用西法，收效甚速。然改制之初，急求进境，不无躐等。偏重之弊，东国名宿类自言之取长舍短，宜定宗旨策"。其文收录于陈尚敏教授的《清代甘肃进士研究》①

张铣首先陈述了当时崇尚东洋的现象，众人舍西取东的主要原因是东洋变法见效快。日本在明治维新之后，学习西方，但由于"求治过急"，"其法愈变，其进愈锐而其弊愈丛"。日本在取得成功的同时，由于全面否定儒学道统，难免弊端丛生，乱象迭出。

就变法而言，张铣秉持当时的主流观点"中学为体，西学为用"。"先体历圣相承之道统以定宗旨，然后仿彼之长，变我之短。"如果放弃道统，否定一切，一味求变，就会弊端丛生，就像"无本之木，朝花夕萎；无源之水，迩盈而远涸"。变法必须合理取舍，有所为有所不为，"唯愿变其所当变，发愤为雄以鼓天下臣民之气，不变其所不当变，守经任道以抑异端煽惑之心"。

张铣的这些观点，在当今仍然有积极意义。全面西化，否定传统的极端改革，必将产生恶劣的后果。坚持和弘扬中华优秀传统文化的同时，实施改革开放才是正途。

四、《公议建孙氏墓碑记》解读

《公议建孙氏墓碑记》，由张铣撰写于宣统二年（1910），碑刻已经佚失，但碑文收入《武威县志稿》，后又收入王其英编著《武威金石志》。②

武威孙氏在清前期是显赫家族，在武威进士潘挹奎所著的《武威耆旧传》中收录了六十余人，而孙氏就有三人。孙文炳号称"孙文学"，是一名秀才，其儿子孙诏是清代武威县首位进士，官至湖北布政使。孙诏的儿子孙为璘是举

---

① 陈尚敏：《清代甘肃进士研究》，兰州：甘肃人民出版社，2013年，第176—177页。
② 王其英编著：《武威金石志》，天津：天津古籍出版社，2020年，第259—260页。

人，不幸早逝。孙诏的孙子孙俌也考中了进士，号称"爷孙两进士"。在凉州城西，高冢累累，立有七块孙氏墓碑。到了光绪年间，孙氏衰落不堪。后裔孙燮元，竟然"贫不能自立"。但有七世嫡孙孙燮中，与孙燮元为兄弟排行，世居永下石头沟，岁时修祀甚是虔诚。

光绪三十二年（1906），孙燮中来到墓地，发现墓碑丢失了四块，追查之后发现在石匠黄茂棠家中，碑上的字已经磨灭尽失。告到官府，判令已经卖出的由孙燮中赎回，其余由黄茂棠如数交出，恢复石碑的一切刻工，由黄茂棠承担。结案快五年了，判令并未实施。

宣统二年（1910），孙燮中申请执行前议。众人评议认为，孙氏一族"承其家学，康济斯民，诱掖后进，俱为有功学校，有光荣梓"，即家风蔚然，有功于地方，如今孙燮元已经逝世，孙燮中独力难支，居所离墓地较远，荒郊野外难以看管，只有移置公所，才能确保无虞。孙燮中深以为然，便择日兴工，共成其事。对于孙氏人物事迹，"旧谱总存，碑文参考"，石碑上"大书官阶，而缀序于后"，用以孙氏子孙纪念，并教化世人。序文邀请同乡张铣撰写。

第六章 清代镇番县文进士(一)

镇番自明朝开始就已经被置为卫，并建立了官职和吏制，编制户口并分配屯田地，从而确定了地域范围。雍正二年，镇番卫升级为县，这一变化标志着政治经济中心从卫治转向县治，从而辐射周围的农牧文化圈。伴随着社会经济的飞速发展，清代镇番儒学教育水平得到迅速提升。各个乡镇竞相开办书院，学富五车的儒生们纷纷收徒授业，那些贤达之士层出不穷，他们在科举考试中屡屡登上榜首，文化运动之盛举国无双，其繁荣程度甚至超过了河西一带，当地还流传着"谢家三代知县，卢氏子弟翰林院"这样的佳话。

本章介绍了孙克明、卢生莲、卢生薰、王有德、刘叔堂五位进士。孙克明（1660—?），康熙三十九年（1700）考取进士，被誉为"国朝河西甲第之首"。官任湖广通城县知县，有惠政，卒于任上。卢生薰和卢生莲为兄弟进士。卢生薰（1688—1724），雍正十一年（1733）考中进士，入选翰林院庶吉，雍正二年（1724）以疾殁于京城，年仅36岁，与其兄弟合著有《兰言斋合吟诗集》；卢生莲，雍正元年（1723）考中进士，任江西弋阳县知县，与兄卢生华、弟卢生荚同辑《五凉全志·镇番县志》。王有德，雍正八年（1730）中进士。曾任山西榆次县、湖南湘乡等县知县，晚年卸任后，从事教育，且工于书法。刘叔堂，乾隆元年（1736）中进士。初授刑部山西司额外主事，后任陕西延安府保安县知县，江南江都县知县，旋调宝山县知县，卒于官。擅长书法，有名于乡。

根据陈尚敏《甘肃进士研究》的相关记载，对10位文进士的信息汇总见下表。

清代镇番县文进士基本信息

朝代	科次	姓名	甲第名次	任官
康熙	康熙三十九年（1700）	孙克明	三甲第99名	湖广通城县知县
雍正	雍正元年（1723）	卢生薰	二甲第54名	翰林院庶吉士
雍正	雍正八年（1730）	王有德	三甲第137名	山西榆次县、湖南湘乡等县知县
雍正	雍正十一年（1733）	卢生莲	三甲第133名	江西弋阳县知县
乾隆	乾隆元年（1736）	刘叔堂	三甲第73名	刑部山西司额外主事，后改陕西延安府保安县知县，江南江都县知县，旋调宝山县知县
乾隆	乾隆十七年（1752）	王宏善	三甲第16名	同州府教授
道光	道光二十五年（1845）	张奋翼	三甲第119名	四川清溪、奉节、邻水、筠连等县知县
道光	道光二十七年（1847）	傅培峰	三甲第94名	江西宜黄县令
道光	道光三十年（1850）	张尔周	二甲第76名	四川夹江、长寿、仁寿等县知县
同治	同治四年（1865）	马明义	三甲第119名	湖北枝江县县令

第一节 甲第之首：孙克明

  清代康熙年间甘肃总共有 19 名进士，其中康熙三十九年甘肃有 2 名进士，镇番县孙克明在该年考中了进士。孙克明（1660—?）字鉴涵，号莰峰。他于康熙二十三年（1684）中举成为举人，康熙三十九年（1700）考取进士，名列三甲第 99 名，被誉为"国朝河西甲第之首"。为了求学，他曾徒步行走两千里，前往陕西拜访师长史流芳等人，在得到他们的指点之后，学业大有进展。康熙四十三年（1704），他率领群众在六坝湖开垦土地，为当地居民谋福利。后来他担任湖广通城县知县，以惠政著称，直至在任期间逝世。

一、史料记载

《皇清陕西历科进士录》对孙克明的记载为：

> 孙克明，字莰峰，陕西甘肃镇番卫人。甲子乡试第四十二名，会试第八十七名。湖广通城知县。①

上图藏《康熙三十九年庚辰科会试中式同年录》（钞本）记载为：

> 孙克明，字鑑涵，号莰峰，庚子十月初七日生，甘肃镇番卫廪。易四，甲子四十二名，会试八十七名，三甲。②

---

① 多洛肯：《明清甘宁青进士征录》，上海：上海古籍出版社，2018 年，第 84 页。
② 多洛肯：《明清甘宁青进士征录》，上海：上海古籍出版社，2018 年，第 84 页。

从《甘肃新通志》卷 65《人物志·乡贤下》对孙克明的相关记载可以知道，孙克明中进士后有"国朝河西甲第之首"之称。

《民勤县志》卷 6《人物志·选举·进士》对孙克明的记载为康熙庚辰进士，湖广武昌府通城县知县，卒于任，见"乡贤"。

孙克明的祖先原籍陕西省安塞县，属于小旗族。据史料记载，孙家在宣德六年被并入总旗，并且孙克明是在镇番地区的第十代传人。早年时，孙克明被他的舅舅王扶朱收养。王扶朱是明代镇番县的举人，当时，王氏是该地区的名门望族，家庭人口众多，担任官职、从事商业以及求学的人不在少数，而孙氏稍逊一等。王扶朱在镇番城南两里处修建了一个高三丈的大土台，并在其上建造了八间房子，称为"扶朱台"或者"王家台"。《镇番遗事历鉴》顺治十七年记载："邑人王扶朱于城南二里许筑土台，曰'扶朱台'，高逾三丈，广可盈亩，上筑房八间，左以悬梯相通，扶朱隐居其上凡一十八年。"[①] 王扶朱无子嗣，故收养了他妹妹的儿子孙克明为义子。在王扶朱离世后，孙克明恢复了自己的原姓，因此"王家台"也被称作"孙家台"。

孙克明弟兄两个，他们都以科举闻名。哥哥孙克恭，字敬涵，康熙八年己酉举人。孙克恭读书刻苦，焚膏继晷，寒暑不辍，著有《南征草》《西归吟》诗集，人称有唐人之风。

二、生平事迹

（一）刻苦求学

据《甘肃新通志》卷 65《人物志·乡贤下》载，孙克明是一位勤奋好学的读书人，不仅用功读书，而且还四处游学求教。据《光绪临高县县志》卷 10《秩官类·本朝职官》记载，史流芳是陕西华州人，壬戌进士，康熙三十年开

[①] 谢树森等编著，李玉寿校订：《镇番遗事历鉴》，香港：香港天马图书公司，2000 年，第 103 页。

始担任职务。在康熙三十三年（1694）编修《临高县志》两卷，并创办了鹅江书院，但后来被废除。当孙克明拜见史流芳先生时，史流芳对他的勤奋学习感到惊讶和感动，便向他传授了《关学编》。《关学编》是由明代冯从吾撰写的一部著作，共有四卷，主要介绍陕西关中地区的礼学思想，其中第一卷列出了秦孔门四子、宋代张载等9人，第二卷列出了金代杨天德、元代杨奂等8人，第三卷和第四卷分别列出了明代段里坚等15人。该书按历史顺序总结了关学的历史发展，并记述了这些学者的著作。孙克明听了史流芳的教诲后，受益匪浅，深感自己能够像圣贤一样精通学问，大有进步。

多部书籍对孙克明的求学经历做了记载，比如，清代昇允、安维峻修撰的宣统《甘肃新通志》，陈尚敏所著的《清代甘肃进士传记资料辑录》等。这些书籍对孙克明的求学经历的具体记载为：

> 尝徒步二千里，越境访师，史流芳见而奇之，授以《关学编》，克明豁然解悟，慨以圣贤自任。镇邑地多沙患，康熙四十三年，率邑民王众等呈请，于东边外六坝湖，移亩开垦，贫民赖之。[①]

（二）六坝湖移丘开垦

镇番曾是优良牧场，但其处于腾格里沙漠和巴丹吉林沙漠的夹缝中，生态本就脆弱，靠祁连山的融水以及经过石羊河的滋养后，形成了深入两大沙漠的一片绿洲，担当着阻挡两大沙漠合拢的重任。但在经过屡次大规模的开发后，使其生态遭到了严重破坏，地下水下降惊人。

清初因明制，继续向镇番移民开垦土地，清移民人数和开垦规模空前。同时，畜牧业也在大规模发展，特别是养驼业的规模曾达10万头之多，"今人研究明清两代畜牧业尤其养驼业对绿洲生态造成的影响时指出：蓄驼10万对于

---

① 陈尚敏：《清代甘肃进士传记资料辑录》，兰州：甘肃人民出版社，2013年，第6页。

蕞尔一隅的民勤而言，不啻是杀鸡取卵，这种掠夺式的开发对民勤后来环境恶化埋下了带毒的种子，产生了十分严重的后果"。①经过频繁的移民开垦，和大规模的牧业发展，使镇番经济得到发展的同时对环境的索取也越来越多，而且上游来水量大幅度减少。降水少、蒸发量大，致使湖泊干涸，绿洲缩小，沙漠化越来越严重。

据史料记载，该县"十地九沙"，沙患严重。志书中对镇番沙漠化现实的描写随处可见，如《五凉全志·镇番县志·地理志·里至》引用了陕甘总督佛保《筹边第一疏》："镇番砂碛卤湿，沿边墙垣，随筑随倾，难以修葺。今西北边墙半属沙淤，不能恃为险阻，惟有瞭望兵丁而已。"②另如："四坝西五里为新河，缘红沙堡一带，居四坝之末，兼被沙患，旧坝水多淤遏，不能直达，故另立新河口以便下截浇灌。"③再如："今飞沙流走，沃壤忽成丘墟。未经淤压者，遮蔽耕之；陆续现地者，节次耕之。一经沙过，土脉生冷，培粪数年方数。"④

《五凉全志·镇番县志·地理志·物产》载有诸多以沙命名的动植物：

  沙米，野产，入冬采之煮粥。

  沙葱，野产，不拘秋夏，得雨则速生。

  沙芥，野产，味辛，冬初采之。

  沙枣，经霜则味甘。

  沙竹，可作蜡心，亦可作席。

---

① 李玉寿:《天下民勤》，兰州：敦煌文艺出版社，2011年，第321页。

② [清]张玿美总修:《五凉全志校注》，张克复等校注，兰州：甘肃人民出版社，第189页。

③ [清]张玿美总修:《五凉全志校注》，张克复等校注，兰州：甘肃人民出版社，第203页。

④ [清]张玿美总修:《五凉全志校注》，张克复等校注，兰州：甘肃人民出版社，第93页。

沙鸡，土人以网罗之。夏秋皆滨迹远方有水地。①

因此，水利灌溉便成了当地最为紧要的问题之一。现有史料对孙克明于六坝湖移亩开垦之事并无过多记载，但六坝湖对清代镇番县的水利灌溉具有重要意义。

清代镇番县"多沙患"，据清代许协《重修镇番县志》卷7《宦迹·进士》及马福祥主修、王之臣等纂修的民国《民勤县志》卷6《人物志·乡贤》载，康熙四十三年（1704），孙克明与百姓王仲等人呈请同意后，在六坝湖进行移亩开垦，来缓解当时出现的水利灌溉困难。

陈尚敏所著的《清代甘肃进士传记资料辑录》对孙克明此段经历记载为：

> 孙克明，……镇邑地多沙患，康熙四十三年，明率邑民王仲等，呈请镇道各宪，于东边外六坝湖移丘开垦，移亩开垦，贫民赖之。仕湖广通城，颂声载道，莅任无几，殁，邑人为立遗爱碑。②

道光《重修镇番县志·地理卷一·山川》中记载了六坝湖的地理位置，从中可以得知，六坝湖在县东三十里，今垦为田。东有鸭儿湖，距县五十里。

在道光时期，《重修镇番县志·水利卷四·碑例》以及《民勤县水利志》中的《各坝水利碑》详细地记载了当时水利矛盾频发的情况。知县文楠会同永昌县的相关人员一同前往六坝湖进行实地勘察后，制定了一套符合实际并且"各坝士民，俱皆悦服"的水规。乾隆五十四年（1789），大路坝的汪守库等人控

---

① [清]张玿美总修：《五凉全志校注》，张克复等校注，兰州：甘肃人民出版社，第196—197页。
② 陈尚敏：《清代甘肃进士传记资料辑录》，兰州：甘肃人民出版社，2013年，第6页。

告小二坝、魏龙光争夺水利资源,并指责红沙梁多占秋水,六坝湖多占冬水。从碑文的记载来看,经过实地考察,六坝湖从原来需要"浇冬水十昼夜"改为"次四坝、中截、六坝湖、润河水内划出水四时六刻,共划出水十四时四刻"。此外,大路坝的汪守库、杜鳌等人向督宪行辕提出的控诉获得了批复,再次和永昌县共同勘察安议六坝湖的取用水问题。最终,将水利灌溉之事改为"……六坝湖于应分冬水牌内让出六时,共让出水一昼夜九时,添给大路五牌分浇"。六坝湖对镇番县的农业水利灌溉起到了重要作用。这套水规符合实际情况,并且考虑到了节气、时令、各地产粮量以及地理环境等多种因素,具有极高的指导意义。因此,"勒石以刻",成为清代镇番县水利灌溉的重要遵循。

孙克明为了改善环境,还募资修葺苏武庙,带领民众在苏武山种植香椿、土榆、紫槐、杨树、沙枣树等几千株,筑土屋数间,雇人专门看守树木。

从《清代甘肃进士传记资料辑录》的记载可知,孙克明在任湖广通城县的知县时,他的才能和作为官员的表现深受百姓的广泛赞誉。尽管他在任期间未能完成所有的承诺和计划,但是百姓为了表达对他的怀念,竖立了一座遗爱碑来纪念他的成就和奉献精神。相关内容具体记载为:

> 后官湖广通城县知县,颂声载道。未尽所施而卒,通人立遗爱碑以表之。[1]

从孙克明的求学经历和为官经历可以看出,他是一位具有高尚品德和卓越才华的人。他不畏艰险,越境访师,求得真知灼见;他在官场上为民造福,开垦荒地,解决民生问题,深得人民爱戴。他的遗爱碑也表明了他在人们心中的地位。孙克明的一生充满了艰辛和奋斗,但他始终坚持自己的信念,秉持着"以圣贤自任"的理念。

---

[1] 陈尚敏:《清代甘肃进士传记资料辑录》,兰州:甘肃人民出版社,2013年,第6页。

第二节　兄弟进士：卢生薰和卢生莲

康、雍两朝，镇番卢生华四兄弟，二人举人、一人进士、一人翰林。"适川陕总督某观风全秦，生华同弟生莲、生薰、生荚俱列高等，倾动河西。总督特加奖赏，会题开大学。"①同时期的巩建丰所著的《朱圉山人集》卷3（答胡静庵贡生书）中对卢氏兄弟等人的才华也做了肯定："近科如河西卢生薰昆弟诸墨，按之沉实，扬之高华。笔力才藻，在南人亦不可多得。"

张杰最先提出了"科举家族"的概念。这一概念指的是清朝时期世代聚族而居、从事举业人数众多且至少有举人或五贡以上功名的家族。他认为，科举家族必须满足三个条件：首先是世代聚族而居，并凭借家族组织支持族人应试；其次是从事举业人数众多且世代应举，这是与其他家族的根本区别；最后是至少取得举人或五贡以上功名的家族。在清代官员铨选中，除了进士和举人，贡生也有资格进入仕途，因此将最低功名界定为贡生。这样，拥有进士、举人和贡生功名的家族就会形成一个良性循环，即由功名获取权利，由权利获取金钱，再由金钱支持族人读书应试而获取功名②。按照张杰的定义，卢氏家族可以被称为"科举家族"。

张杰的研究发现，清代政府从中央到地方的官僚队伍数量庞大，且主要

---

① "会题开大学"是指镇番县学额由小学升为大学。清代，以各地文风盛衰状况为依据，为当地儒学规定一个较为固定的学额，三年一个轮回，进行岁、科二考以取录生员。就一般而言，小学学额8名、中学12名、大学15名，当然亦有例外。据民国《续修镇番县志》卷11《补录拾遗杂记》"卢生薰"条载："镇番学额向隶小学，岁、科各八名。雍正二年川陕制府观风全秦，卢氏生华兄弟俱列高等，主司叹赏文声彪襮，遂复奏开大学。"光绪《清会典事例》亦载："雍正二年，镇番卫向系小学，今人文最盛，改为大学，取十五名。"

② 张杰著：《清代科举家族》，北京：社会科学文献出版社，2003年，第316页。

集中在几百个科举家族中①。类似的结论也可以从区域进士的分布研究中得出,"就家庭背景而言,江南进士主要出身于那些阀阅大家"。②"明清徽州进士分布的第二个显著特点是集中在少数几个大姓大族之中。"③科举制度作为当时社会阶层上升性流动的基本途径,因其不拘门第的开放特点,极大地激发了整个社会的向学热情。同时,科举制度的普及也在根本上动摇了宋以前依靠国家政权支撑的"门阀性"家族的稳定。因此,为了维护家族的社会声望和地位,家族中的优秀人才必须致力于科举考试,并争取通过考试获得科名。出于这个原因,家族通常会整合各种资源来营造良好的教育环境,或者兴建义学、书院,鼓励子弟入学;或者划出学田、成立宾兴会,为应举者提供经济帮助。江南成为中国传统社会后期的文化中心,科举考试的成功与家族对教育的重视有着直接关系。虽然中国强调血缘关系的宗法思想形成于中原地区,但随着战乱和国都多次南迁,大批北方世家望族举族南迁,这也是我国发展后期江南地区家族意识浓厚、组织发达的一个历史原因。

根据陈尚敏所著的《清代甘肃进士研究》可知,甘肃进士家族总共有26个,与其他地区相比处于较低水平,其中,兄弟进士家族有4个,具体见下表。

甘肃兄弟进士汇总

家族	基本情况	资料来源
镇番卢氏	卢生薰:雍正元年(1723)癸卯科	宣统《甘肃新通志》卷69《人物志·群才四》
	卢生莲:雍正十一年(1733)癸卯科	

---

① 张杰著:《清代科举家族》,北京:社会科学文献出版社,2003年,第316页。
② 范金民:《明清江南进士数量、地域分布及其特色分析》,《南京大学学报(哲学.人文科学.社会科学版)》,1997年第2期,第171—178页。
③ 李琳琦:《明清徽州进士数量、分布特点及其原因分析》,《安徽师范大学学报(人文社会科学版)》,2001年第1期,第32—36页。

家族	基本情况	资料来源
岷州郭氏	郭成峻：乾隆十年（1745）乙丑科	宣统《甘肃新通志》卷65《人物志·乡贤下》
	郭成魏：乾隆二十二年（1757）丁丑科	
镇原李氏	李清瑞：咸丰九年（1859）己未科	民国《重修镇远县志》卷14《耆旧志续编·文学》
	李清鉴：光绪二年（1876）丙子恩科	
会宁苏氏	苏耀泉：光绪二十四年（1898）戊戌科	民国《会宁县志续编》卷11《人物志·贤达》
	苏源泉：光绪三十（1904）甲辰科	

在甘肃兄弟进士家族中，卢氏兄弟的基本信息是：卢生薰（1688—1724），字文馥，号同滨、月湄。1723年，他与弟弟卢生荚一同在乡里举荐，同年考中进士，名列二甲第54名，并被选为翰林院庶吉士。然而，仅在雍正二年（1724）时，他因病去世，年仅36岁。皇帝特赐他回家乡安葬。他与其兄弟合著有《兰言斋合吟诗集》。卢生莲，字文洁，号园西。1714年，他成为举人，随后在1733年考中进士，排名为三甲第133名。后来，他担任江西弋阳县知县。他与兄长卢生华和弟弟卢生荚一同编纂了《五凉全志·镇番县志》。

一、史料记载

（一）卢生薰史料记载

据陈尚敏所著的《清代甘肃进士传记资料辑录》记载：

> 卢生薰，字文馥。生而颖异，八岁能文，康熙五十三年，兄生莲领乡荐，生薰以"聿"额见抑，中国榜，雍正元年，与弟生荚同举于乡，同年成进士，选翰林院庶吉士，性纯淡，每值史馆公集，呐呐善下，未尝以义气自豪。若尹望山、陈榕门党皋、张晚楼、王罕皆诸钜公，胥推重之。[①]

---

① 陈尚敏：《清代甘肃进士传记资料辑录》，兰州：甘肃人民出版社，2013年，第8页。

据《皇清陕西历科进士录》载：

卢生薰，字文馥，陕西镇番卫人。癸卯乡试第十二名，会试第十七名。翰林院庶吉士。①

此外，在朱汝珍《词林辑略》、宣统《甘肃新通志》卷69《人物志·群才四》《陇上学人文存·第3辑·李鼎文卷》等书籍中也有类似记载。

（二）卢生莲史料记载

据《皇清陕西历科进士录》载：

卢生莲，字文洁，陕西凉州府镇番县人。康熙五十三年乡试破额中举，甲午乡试第三十七名，会试第二百一十四名，授江西弋阳知县。②

据陈尚敏所著的《清代甘肃进士传记资料辑录》记载：

卢生莲，字文洁。天性纯笃，四学了文。康熙五十三年破额中式，士咸钦卿之，雍正十一年成进士，后江西弋阳县知县，与兄生华同辑县志。③

二、卢氏家族

科举家族的出现，是建立在社会稳定的前提之上的。同时，科举政策的调

---

① 多洛肯：《明清甘宁青进士征录》，上海：上海古籍出版社，2018年，第88页。
② 多洛肯：《明清甘宁青进士征录》，上海：上海古籍出版社，2018年，第91页。
③ 陈尚敏：《清代甘肃进士传记资料辑录》，兰州：甘肃人民出版社，2013年，第9页。

整也是其中重要因素。清代甘肃家族进士主要出现在两个时段，第一个时段是乾隆中期至同治元年（1862），这是甘肃政局一个相对较长的稳定时期；另一个时段是光绪朝的三十余年。光绪元年，陕甘分闱，甘肃乡试在省会兰州举行，这样一来，甘肃士子应试无须再远赴西安，应试成本降低。同时，分闱后甘肃乡试中额增多，大大激发了地方社会的向学热情。

由于科举考试的长期性，以及不受年龄限制，治举业者大都有家室之累。科考成功显然需要有一定的经济基础和闲暇时间。正如人们所说，"功名盛衰，原因复杂"，"但经济是基础。科举考试，要以经济实力为后盾"[①]。甘肃的士子往往因无力筹措应试盘费而失去参加科举考试的机会。这也是清代甘肃家族进士少于其他地区的主要原因之一。

谢树森的乡试硃卷中记载了镇番卢氏家族的科举情况。谢树森是道光二十六年（1846）丙午科举人，他的硃卷详细记录了卢氏家族的历史背景："卢氏家族母氏为康熙庚子科举人生华公的曾孙女；雍正癸丑科进士、江西弋阳县知县生莲公、雍正癸卯科进士、翰林院庶吉士生薰公、雍正癸卯科举人生荚公侄曾孙女都是卢氏家族的成员；乾隆辛酉科举人、湖北长阳县知县煛公则是卢氏家族的孙女；涵申公是例赠文林郎、太学生的次女；金润公是嘉庆辛酉科举人的胞妹；宝伦公则是优廪生的胞姑。"从这些记载可以看出，卢氏家族五代人都有功名，其中卢生莲和卢生薰是雍正朝兄弟进士，而卢生薰还获得过馆阁之职。在部分书籍中对卢氏家族人员信息有详细记载。

在《镇番县志》卷9《人物列传上》中，详细记载了明朝骠骑将军卢全昌及其四个儿子的信息，从中可知卢全昌幼年聪颖，热爱学习，一生致力于传经课子。他的儿子中，卢生华、卢生莲、卢生薰、卢生荚都才华横溢。卢生华拔贡，卢生莲博学工文，卢生薰八岁能文，都在科举考试中有所成就。卢生荚品学兼优，以家学教授生徒，传道授业，培养了众多优秀的学生。总的来说，卢

[①] 范金民：《明清江南商业的发展》，南京：南京大学出版社，1998年，第42页。

全昌及其儿子的文化素质极高，对中国古代文化和教育事业作出了重要贡献。卢全昌及其四个儿子的信息在《镇番县志》卷9《人物列传上》的具体记载如下：

> 卢全昌，字熙，明骠骑将军矿裔，幼聪颖工属文，而酷嗜学。平生以传经课子为切务，虽诸子文望日隆，全昌益鞭策不少懈。后以子生薰贵，赠文林郎、翰林院庶吉士。生华，举人；生莲、生薰，进士；生英，举人。
>
> 卢生华，字文锦，康熙三十七年（1698年）拔贡，五十一年（1712年）举于乡，工时艺。
>
> 卢生莲，字文洁，天性纯笃，博学工文。康熙五十三年（1714年）破额中式，士咸钦仰之。雍正十一年（1733年）成进士，后官江西弋阳县知县，与兄生华同辑县志。
>
> 卢生薰，字文馥，生而颖异，八岁能文，康熙五十三年（1714年），兄生莲领乡荐，生薰以"聿"额见抑，中副榜。雍正元年（1723年），与弟生英同举于乡，同年成进士，选翰林院庶吉士。
>
> 卢生英，字文衡，品优学富，诸昆齐名，雍正元年，与兄生薰同登乡榜，以家学教授生徒，士无远近，皆宗之如山斗，其藉所传以达者，犹不胜数。子荣，恩贡生。①

另外，据《续修镇番县志》卷9《人物列传上》的记载，可以知道卢宝伦的相关信息：

> 卢宝伦，字叙堂，道光二十九年举于乡。性和蔼、朴诚、介直，不喜积聚，独慕古人。设帐谈经，栽培后进甚多。主讲苏山数年，校

---

① 陈尚敏：《清代甘肃进士传记资料辑录》，兰州：甘肃人民出版社，2013年，第53页。

士课艺，本先世家学。以风励儒林，一时声望品谊，光气振人，无论识与不识，读其文即知为叙堂先生之作；观其生徒，即知出于叙堂先生之门，文字流传，不愧为卢氏一派。平时遗书满架，凡六朝帖括、唐宋诗文以及名人著作、时贤传记，罗列汇集，如数家珍。所居书屋建有教泽石碑，号曰"碑屋"，家藏祖遗翰墨，并窗稿甚多，唯祖遗《四书回讲》尤为世所罕睹。琴书逍遥，乐易终身。子荫堂，副贡生，奖叙府经历。①

可见，卢宝伦性格和蔼、朴实，不喜积聚，独慕古人。他善于教书育人，设帐谈经，栽培后进，主讲苏山数年，校士课艺，成为当时儒林中备受尊重的人物。他的学生也都很优秀，文才出众。他家中收藏了大量六朝帖括、唐宋诗文以及名人著作、时贤传记等书籍，被视为珍宝。他的书屋建有教泽石碑，号称"碑屋"，家中还收藏了祖遗翰墨和窗稿。卢宝伦本人也喜欢音乐，琴书逍遥，乐易终身。他的儿子卢荫堂也是一位优秀的人才，副贡生，奖叙府经历。可见，卢宝伦及其儿子对清代文化和教育事业的发展贡献突出。

卢毓莱是卢翰林的六世孙，名象山，字蓬洲，号文楼。他天赋异禀，人称"神童子"，光绪丙子科举人。尽管家境贫寒，但他仍然靠笔砚为人拥书以佐读，擅长诗赋、千言立就，被誉为蓬洲学派。他的同辈门生中有举人卢殿魁、卢殿元，文武秀才20余人。可见，卢毓莱是一位文化素质极高、天资聪颖的学者，在当时享有很高的声望。据《甘肃人物辞典》记载："卢毓莱，字蓬洲，号文楼，清朝光绪年间丙子科考中举人。由于他的八世祖卢生薰曾于雍正元年任翰林，因此他被称为'小翰林'，因才华横溢而在当时河西地区颇有影响。"②

民国《民勤县志》对卢毓莱的记载为：

---

① 陈尚敏：《清代甘肃进士传记资料辑录》，兰州：甘肃人民出版社，2013年，第54页。
② 罗康泰：《甘肃人物词典》，兰州：甘肃民族出版社，2006年，第155页。P155.

卢毓莱，字蓬洲。少有才华，家贫嗜学。就傅年余已能文，入泮后家无斗筲，即籍砚田墨雨为人佣书以佐读，既食饩，稍足自给。但功名念切，藏书无多。每于经史子集，按时借读辄能成诵不忘，人皆以翰苑目之。尤工骈体诗文杂作，直逼唐宋四六之上。光绪丙子登贤书，因春闱屡踬，遂终身讲学，设馆授徒，声名噪甚。一时都人士所有腾霄昂壑，文学卓著者，皆称为蓬洲学派，子云生犀生。[①]

从这些资料可以看出，卢氏家族崇尚儒学，注重个人素养的提升，不断坚持并践行着"达则兼济天下，穷则独善其身"的出世入仕之理念。同时，在考取功名之后，他们依旧关注家乡的发展，积极参与凉州府和镇番县的地方教育和志书编修等工作。雍正八年（1730），乡贤举人吴攀桂和进士卢生莲共同募资修编了《凉镇志》，但后来散佚。卢生薰的五世孙卢宝伦曾主讲苏山书院数年，为民勤地方文教事业的发展贡献力量。卢生莲、卢生薰只是卢氏家族中考取进士的两位代表，而各朝文武秀才也不在少数。卢氏家族注重教育，尊崇儒学，激励后世人入仕为官，为百姓造福。这也恰好与清朝科举发展相契合。卢氏家族的家学传承和文脉延绵，不断反哺家乡，留下了许多才华横溢的著述和诗赋，成为今天研究明清时期家学、家风的重要历史资料。

综合来看，卢氏家族成员个个才华出众，世代有功名，以武出仕。家族成员中不仅有卢生薰这样的翰林，还涌现出很多文武双全的人才，文武秀才数不胜数，这些人的才华和成就不仅为家族争光，更是为中国历史和文化作出了重要贡献。从他们的成就可以看出，卢氏家族非常注重传承家族学问，培养子孙才华，从而在科举考试中屡次取得优异成绩，他们对镇番儒学的发展起到了积极的推动作用，也为整个河西地区的儒学教育事业作出了贡献。因此，卢氏家族在当时蔚起人文、望重儒林，成为当地文化和教育事业的重要力量。

---

① 马福祥等主修，王之臣等纂修：《民勤县志》，台湾：成文出版社，1970年，第251页。

三、卢生薰英年早逝

在雍正二年的甲辰年份，十月初四日，翰林院庶吉士卢公生薰因病在京邸逝世，年仅三十六岁。次年二月，其遗体被运回故乡并安葬于北茔，全家举行了盛大的祭祀仪式。在雍正三年的二月初八日，皇上赐予卢生薰灵柩十二名仆人、两匹马和一辆车，并将他迁回籍庶吉士。四月初六日，太先生的灵柩被移至新的墓地安葬。卢生薰逝去后，文人皆悲，祭悼的文章不胜枚举，这些文章都表达了他们对卢生薰才华的肯定和英年早逝的惋惜，其中翰林京官张考等人写的《月湄卢公生薰行状》一文，最具有代表性。谢树森、谢广恩编撰，李玉寿校订的《镇番遗事历鉴》卷7中对卢生薰的去世影响作了详细记载[①]。

四、卢生薰诗作赏析

在父亲卢全昌的熏陶和教育下，卢生薰与兄生华、生莲、弟生荚互相磨练，共同学习经史，形成一家言。他们合作编写了《兰言斋诗集》，成为一代名作。卢生薰文声倾动一时，有"人在长城之外，文居诸夏之先"之赞誉。在翰林院期间，他文笔娴熟、辞令精通，深得雍正皇帝的信任，并被赞扬为"雅尚素风，长迎善气"。他的诗歌极具清代文化特色，包括对自然景观的描绘，对历史人物和事件的引用和赞颂，以及对友谊、家庭、官场等主题的探讨。同时，他的诗歌也展现了作者的个性和情感，如对友人的思念、对家乡的眷恋、对政治现状的忧虑等。另外，卢生薰的诗歌具有写作技巧上的特色，如运用对仗、对比、比喻等手法，以及对音韵和节奏的把握。《民勤诗歌选》对卢生薰的部分诗作进行了收录，记载的诗作有：

---

① 谢树森等编著:《镇番遗事历鉴》，李玉寿校订，香港：香港天马图书公司，2000年，第56页。

和罗县宗春初宿青松堡

普地风沙日不停，青松为问几时青。

幸逢召来留客憩，锦绣山河灿若星。

苏武山访牧处羝（七首选四）

小小峰峦曲曲限，山名犹自汉时来。

廿年北海心忘老，万里西都梦未回。

每见羊来公若对，但闻雁过我还猜。

儒生讨论安能合，定案还须史笔裁。

四面黄沙紫塞天，河流曲抱小峦前。

雪窖不知何处是，雁书拟自几时传。

离边三宿人称海，此地疑于北徙年。

小埠荒郊沙漠中，留芳全借汉苏公。

天开八景君星相，地号三边古属戎。

英爽疑随川岳去，传闻尽与史书同。

当年事迹分明在，岂似齐谐好凿空。

地属休屠古北庭，中郎遗迹皎如星。

千秋舆志凭为景，半壁穹天借作屏。

月下疑逢旄节影，坡前犹见庙台形。

残碑断碣全难考，赖有河山不朽铭。

甲寅元日卯辰立春夜半微雪

日前除夕，周邑排演春社，较往岁颇佳：

首春令节正元辰，瑞雪无因定有因。

只在合时何论少，但能兆岁即为珍。

铺成玉宇初当卯，飘起琼花尚未寅。

刻漏分毫全不错，尧天风雨自来匀。
民气天心一片和，六花随社舞婆娑。
轻飘几点芳辰叶，默酿三时瑞兆多。
冬祭古来原重腊，边城今日始兴傩。
两歧熟后还行赛，再唱豳风九月歌。

登玉皇阁（两首选一）

巍然峻阁峙高陵，鸷鸟难攀最上层。
一带山川身尽俯，九重霄汉步平登。
即题黄鹤庸何愧，欲作兰亭恨未能。
若使巴城无此洞，庇民镇国复安凭。

游莲花池

池内有花花少莲，为莲花好名因传。
渔人网集青潭下，游客舟随绿柳前。
携酒呼童乘水榭，行歌散步路河限。
寻芳不尽归来晚，高挂城头月已圆。

咏黄河

灏灏黄河水似瀛，浮槎当日也心惊。
道径九曲流光远，路带白川气势轰。
朝卷秋云天汉落，暮翻雪浪月波明。
苍龙日偃通来往，惟有金城便客行。

月中桂

花离月阙百花同，月若无花月亦空。

到底花还凭月色，算来月亦趁花风。

花经月染花成玉，月受花阴月带红。

月下看花花不见，看花月下月当中。

和周兄《课笔耕》诗

十载西秦以舌耕，云山并识史迁名。

甘泉波籍文澜壮，仙圃花疑笔彩生。

几上琴书都有色，人间冰炭总无情。

相逢已入芝兰室，何用丁丁伐木声。

附：课笔耕原诗

日傍芸窗课笔耕，敢云设帐恃师名。

不知返旆容何日，聊借卖文托此生。

鸟杂书音惊晓梦，云磨月色起乡情。

幽斋遗闷搜新句，强半吴歌塞上声。

马公敬业新举农官

家有余囊亩有禾，鸡豚颇勾养天和。

朝钦大老频微隐，帝重农工另设科。

原不折腰争五斗，幸犹扶杖舞双珂。

预从文子花封外，自著青衫白发歌。

挽汉卿杨亲翁

贫不矫兮富不辞，炎凉浓淡总咸宜。

身同珠玉园还润，品似乔嵩峻复奇。

观相浑疑年未耄，占形已觉谐临期。

纤青拖紫人多少，陟岵诗成痛蓼诗。

代李鉴月挽文馨胞兄

泉路天涯隔几程，当年花萼尚峥嵘。

常怜游髓儿无力，幸接泥金弟巳荣。

棋韵巧谐棠棣咏，浮云安敌武陵耕。

天伦乐事真堪忆，葛蕾伤心哭紫荆。

挽翰若周先生

忆昔堂前问字时，宛然慈父视吾师。

自愧桃李无知识，翠员春风总不知。

红崖隐豹

山行叠叠自昆仑，中有丹砂隐豹跟。

威壮龙城真莫敌，势随虎帐更谁抡。

云峰四起藏牙爪，水树千重护踞蹲。

与纪奇观推第一，准名狮象报金门。

黑山积雪

黯黯天底作衬云，采然半岭现琼务。

飞花舞罢开朝霁，积素凝光约晚曛。

山峙坎方宜水象，气乘金令结银氛。
妆成黑白难图画，况是新晴斗彩雯。

莱茯闲云

半幅青山小画屏，有时天教接沧溟。
烟迷栖鸟寻巢急，溪点残红带雨星。
尽道河西仍井宿，偏闻塞北现箕辰。
何如莱茯多云气，露积边城作外扃。

万寿节喜雨

川效灵光岳效神，箕风毕雨亦微臣。
逼真王是从星月，始识君为赞化人。
染出江山千里翠，洗开花柳一番新。
而今永不忧云汉，赖有尧蓂春复春。

过大通峡

止有崎岖小径存，马蹄攀去步追过。
山形屹向长如拱，湍势衡流急若奔。
一带川成蚯蚓态，千寻路认兔猿痕。
危桥渡过心犹战，霄汉空中蹑足跟。
叠嶂层峦四望遥，人家村舍总寥寥。
川疑无逢因河劈，天若多情设渡桥。
烽斥连千迎外国，江山统一数清朝。
寻常爱著萍游草，五郡从今得遍标。

应巴暖副戎张公帐度之聘就道写怀

雪泥鸿爪遍河西,四十年来志未房。

百拜面辞黄发母,双哞注盼紫荆窝。

风尘债重离家易,科目心痴设帐多。

桃李门墙容有日,不堪重赋陟山歌。[①]

---

① 中国人民政治协商会议甘肃省民勤县委员会学习宣传委员会民勤县政协:《民勤诗歌选》,武威:民勤县政协印行,1991年,第8—14页。

第三节　持法明允：王有德

雍正八年（1730）甘肃考中的进士有4人，且都为三甲，镇番县王有德在该年考中了进士。王有德，字慎先，生卒年不详。他于雍正二年（1724）考中举人，六年后的雍正八年（1730）考中进士，成绩为三甲第137名。历任山西榆次县、湖南湘乡等县知县。由于他性格耿直，一心依法办事，使当地百姓无冤滞。晚年卸任后，致力于教育工作，并且在书法方面颇有造诣。

一、史料记载

根据清代昇允修、安维峻纂的宣统《甘肃新通志》卷69《人物志·群材四》载：

> 王有德，字慎先，镇番人，雍正八年进士，官山西榆次县知县，旋改湖南湘乡县知县，持法明允，民无冤滞，有廉惠声。后以抗直不谐于时，遂解绶归。晚年劝课耕读，尤多所成就云，弟衣德，举人，子其仁，岁贡。①

此外，在《陇上学人文存·第3辑·李鼎文卷》《皇清陕西历科进士录》《镇番县志·卷九·人物列传》等书籍中也有类似记载。根据这些史书的记载，可以推断出陈尚敏在《清代甘肃进士研究》中提到王有德为张掖人的记载有误，

---

① 陈尚敏：《清代甘肃进士传记资料辑录》，兰州：甘肃人民出版社，2013年，第9页。

其具体记载为"张掖的王有德，雍正八年（1730）庚戌科进士……"①

此外，从赵禄祥主编的《中国美术家大辞典·上》记载中可知，王有德是清代书法家，且善书。

二、持法明允，晚年劝课耕读

（一）持法明允，民无冤滞

根据《清代甘肃进士传记资料辑录》的记载可知，王有德是一位出色的官员，他曾担任山西榆次县知县，并在后来被调往湖南湘乡县，继续担任知县职务。他以持法明允、廉洁奉公闻名于世。

作为一名优秀的官员，王有德十分注重法律的执行和公正性，他始终坚持依法办事，从不偏私。在他的治理下，民众没有冤滞，社会秩序得到了有效维护。由此可见，王有德是一位真正为民众着想的官员。

除了在执法方面表现出色外，王有德还以廉洁奉公著称。他始终保持清正廉洁的形象，从未接受过任何贿赂或利益。他深知自己的使命和责任，始终以公仆的态度对待自己的职业，为人民服务。他的廉洁形象也得到了广泛的赞誉和认可。

从他的持法明允、廉洁奉公的行为中，我们可以看到他对公职工作的认真态度和责任心，以及对法律和正义的高度重视。他的高尚品德和出色才干，为中国传统文化中"仁政""德治"等价值观注入了新的活力，成为后人学习和效仿的楷模。

总之，王有德是一位非常优秀的官员，他以持法明允、民无冤滞、廉惠声著称于世。他的工作成绩和为民服务的精神将永远铭刻在人们心中。

（二）晚年劝课耕读

作为进士，无论是在官场上还是在学术界，都肩负着传承优秀文化、推广

---

① 陈尚敏：《清代甘肃进士传记资料辑录》，兰州：甘肃人民出版社，2013年，第105页。

教育的重任。即使退休他们仍然有其他的社会流动途径，设立学堂并担任教师，彰显了中国传统士人的价值取向。这些士人多年来一直致力于研习儒家经典，将儒家文化视为精神信仰，并将其积淀到他们的血脉之中。因此，他们对儒家思想怀有尊崇和认同，同时也对其传播充满热情。

王有德，在为官一段时间之后，由于抗直不谐于时，最终选择解除官职回归故乡。在清朝进士退休之后，返回故乡并设立家宅的情况并不罕见。王有德回归故乡之后，十分注重教育和读书，不仅自己取得了很多成就，还鼓励别人也去读书和学习，成就非常多，其中包括他的弟弟衣德考中举人，他的儿子其仁也在每年的贡考中有所斩获。

可见，即使退隐到乡间，进士们也可以通过撰写著作、讲授知识，来惠及当地的士人。因此，几乎所有的进士都积极承担着各种教育教化的职责，这对于朝廷稽古佑文的政策，以及全社会形成重视教育的风气，都起到了巨大的推动作用。

通过王有德为官公正、民无冤滞和晚年劝课耕读的经历，我们可以看到他对于传承文化、推广教育的重视。他退休后回归故乡，设立家宅，并致力于读书和教育，成为当地士人的楷模。他的行为充分展现了中国传统士人的价值取向和儒家思想的影响力。同时，他也是一个高度具有责任感和使命感的官员，始终坚持依法办事，为民众着想，是一位真正为人民服务的公仆。他的为官行为和学习精神值得后人学习和效仿。

第四节　制艺巨手：刘叔堂

乾隆元年（1736）甘肃考中的进士有5人，且都为三甲，镇番县刘叔堂在该年考中了进士。刘叔堂，字子升，号容溪，生卒年不详。他于雍正十三年（1735）考中举人，乾隆元年（1736）考入进士，排名为三甲第73名。他初任刑部山西司额外主事，后调往陕西延安府保安县担任知县，之后又调往江南江都县和宝山县担任知县，直至去世。他擅长书法，且在当地颇有声望。

一、史料记载

刘叔堂颖悟出众，学问渊博，文思敏捷，尤其在制艺方面独具匠心，因此备受人们推崇，成为当时的巨匠。清代昇允修、安维峻纂的宣统《甘肃新通志》卷69《人物志·群材四》对其记载为：

> 刘叔堂，字子升，指挥清裔。颖悟有异才，学问详赅，文思敏速，尤工制艺，一时推为巨手。[①]

据谢树森、谢广恩等编撰，李玉寿校订的《镇番遗事历鉴》卷8的记载可知，在乾隆元年丙辰年，曹一鼎、李发甲、王新命、刘叔堂等人前往参加乡试。每个人的额支举人路费为五两三钱，共计费用为二十一两二钱。在会试中，刘叔堂表现突出，获得第一百六十名的好成绩。在殿试中，他更是荣获三甲第七十三名的佳绩。该书的具体记载为：

[①] 陈尚敏：《清代甘肃进士传记资料辑录》，兰州：甘肃人民出版社，2013年，第9页。

高宗乾隆元年丙辰年，曹一鼎、李发甲、王新命、刘叔堂等往赴乡试，额支举人路费银每人五两三钱，共费银二十一两二钱。刘叔堂联捷会试第一百六十名，殿试第三甲第七十三名。①

关于考进士名次，李鼎文著《陇上学人文存·第3辑·李鼎文卷》中也有同样记载。

此外，从赵禄祥主编的《中国美术家大辞典》中的记载可知，刘叔堂是清代书法家。

二、为官经历

从相关的史料记载可知，刘叔堂中进士后一直在做官。对相关的史料记载整理之后可以得知，刘叔堂初任刑部山西司额外主事，后调往陕西延安府保安县担任知县，之后又调往江南江都县担任知县，直至去世。其为官经历，相关史书记载如下。

据清代张玿美撰，张克复校注的《五凉全志校注》《仁集·镇番县志·人物志》载：

> 刘叔堂：乾隆丙辰进士。初授刑部山西司额外主事，改授陕西延安府保安县知县。②

据清代昇允修、安维峻纂的宣统《甘肃新通志》卷69《人物志·群材四》载：

---

① 谢树森等编著：《镇番遗事历鉴》，李玉寿校订，香港：香港天马图书公司，2000年，第87页。

② [清]张玿美总修：《五凉全志校注》，张克复等校注，兰州：甘肃人民出版社，第249页。

>刘叔堂，乾隆元年成进士，授刑部山西司主事，后改江南江都县知县，旋调宝山县知县，卒于官。①

从刘叔堂的为官经历可以看出，他在官场上有着独到的经验和扎实的基础，而且在实际工作中也取得了不错的成绩。可以认为他的为官经验和爱国爱民的精神，对于清朝的政治和文化发展都有着积极的影响。他在各地任职期间，都以身作则。他的一生经历充满了艰辛和挑战，但他始终保持着一颗纯洁的心灵和奉献精神。

---

① 陈尚敏：《清代甘肃进士传记资料辑录》，兰州：甘肃人民出版社，2013年，第9页。

第七章 清代镇番县文进士（二）

本章介绍了王宏善、张奋翼、傅培峰、张尔周、马明义5位进士。王宏善，乾隆十七年（1752）进士。曾任同州府教授，后回乡教授生徒，远近尊仰，著有《同州风俗杂录》，现已佚。张奋翼（1795—1867），道光二十五年（1845）乙巳恩科考中进士。历任四川清溪、奉节、邻水、筠连等县知县，有"廉吏"之称。著有《周礼集字》《礼记集对》《四书题论》《公余集句》。傅培峰（1805—1858），道光二十七年（1847）中进士。咸丰三年（1853）任江西宜黄县令，咸丰八年（1858）太平军围城，率军民抵抗，城破不屈，被肢解焚尸，年仅54岁。张尔周（1815—1879），道光三十年（1850）中进士。曾任四川夹江、长寿、仁寿等县知县，丁忧后改任陕西西乡、紫阳、甘泉、蒲城等县等知县，抵任蒲城两月而卒，年64岁。张尔周家学深厚，为官革除时弊，平定叛乱，严于律己，勤勉吏治。马明义（1819—？），同治元年（1862）参加会试，同治四年（1865）补行朝考中进士。曾任湖北枝江县县令，为官有"铁面冰心"之颂，颇有政声。

第一节　同州府教授：王宏善

乾隆十七年（1752）甘肃考中的进士有4人，其中1人获得二甲，3人获得三甲，镇番县王宏善就在该年考中了进士。王宏善，字协一，生卒年不详。乾隆十二年（1747）中举人，五年后于乾隆十七年（1752）考中进士，名列三甲第16名。历任同州府教授，并著有《同州风俗杂录》，现已失传。之后，他回到家乡，传道授业，备受当地群众的尊崇和敬仰。

一、科举为师

据清代昇允修、安维峻纂的宣统《甘肃新通志》卷69《人物志·群材四》记载可知，王宏善才华出众，天资非常聪颖，博览群书，记忆力惊人，对经史文化了解深入且透彻。他的文笔尤为优美，别具一格，与众不同，在乾隆十七年，他以优异的成绩考中进士后，被任命为同州府的教授。之后，他回到家乡担任教授，对待学生非常负责，有着严格的规矩和教学方法，进而受到各地的尊敬和敬仰。此段经历在《甘肃新通志》中具体记载为：

> 王宏善，字协一，镇番人，天资逸宕，博闻强记，贯通经史，为文尤奇丽不群。乾隆十七年进士，官同州府教授。后回里教授生徒，甚有矩法，远近咸尊仰之。[①]

该信息在《皇清陕西历科进士录》中也有类似记载。

[①] 陈尚敏：《清代甘肃进士传记资料辑录》，兰州：甘肃人民出版社，2013年，第9页。

他优美的文笔，促使他创作了《同州风俗杂录》，但是现在这本书已经失传。他创作过的书籍在刘正成主编的《中国书法全集》75《清代名家二》中有记载：

> 王宏善，字协一，其生卒及生平不详。乾隆十七年（1752）进士，官同州府教授，著有《同州风俗杂录》。①

二、爱好书法

在清代的镇番县，有一些文人进士在书法修养上颇有造诣。其中，王有德、刘叔堂、王宏善、马明义等人都是喜欢书法的进士。国家博物馆珍藏着一幅清代毕沅所写的《赠协一轴》(纸本，行书，立轴，133.5cm×29.5cm)，这幅作品是毕沅送给王宏善的。

---

① 刘正成:《中国书法全集》，北京：北京出版社出版，2004年，第231页。

第二节　四川廉吏：张奋翼

张奋翼（1795—1867），字焘南，号秋涧，镇番县人。他于道光五年（1825）乙酉考中举人，又在道光二十四年（1844）甲辰会试中获得优异成绩。然而，由于考卷上有涂改痕迹且未注明，他被判定需要参加下一科殿试。最终，在道光二十五年（1845）乙巳恩科考中进士，排名为三甲第119名。张奋翼历任四川清溪、奉节、邻水、筠连等县知县，并因其廉洁的形象而获得了"廉吏"的美誉。此外，他还著有《周礼集字》《礼记集对》《四书题论》《公余集句》等作品。

一、史料记载

据《皇清陕西历科进士录》载：

> 张奋翼，字焘南，号秋涧，行一，乾隆乙卯相十一月十六日吉时生，甘肃凉州府镇番县人，民籍。由廪生中式道光乙酉科本省乡试第二十三名举人，甲辰会试中式第二百二十七名贡士，乙巳恩科殿试三甲第一百十九名，钦点即用知县。著有《周礼集字》《礼记集对》《四书题论》《公余集句》。①

浙图藏《道光二十四年甲辰科进士同年录》（清松竹斋刻本）载：

---

① 多洛肯：《明清甘宁青进士征录》，上海：上海古籍出版社，2018年，第125页。

张奋翼，镇番县廪生，甲辰会试二百二十七名，年五十岁，乙酉举人。①

二、"涂改"之事

自乾隆时期起，清代科举考试形式发生了一些变化。考试分为三场，第一场为制艺三篇，第二场为对策五篇，第三场为"四子书"经义三篇。其中，第一场考试最为重要，考试内容以"经义"为主，考官需要查看考生的墨卷，字体必须工整，如有添注涂改，考生必须在每篇文尾双行书写"添注若干字，涂改若干字，通共添注涂改若干字"，以此防止舞弊发生。可以看出，明清时期的科举考试制度对"涂改"行为进行了明确规定。

张奋翼在道光二十四年（1844）甲辰会试中参加了考试，由于他在试卷中涂改了两个字，但是在注释中没有说明这些涂改的内容。根据规定，如果涂改的样式不符合要求，那么所有的考生都会被取消资格，而评卷官不会受到惩罚。该行为在清代奎润等编纂的《钦定科场条例》中记载为：

> 道光二十四年奏准：……二百二十七名张奋翼，诗内涂改二字。诗后均注添注、涂改无，应照涂改字数不符例，各停止殿试一科。受卷官免议。②

由此可见，因张奋翼在科举考试作答时存在涂改现象，故而当年未能参加殿试，是在丁未科补试后成为进士的。在王权《笠云山房诗文集》卷10《敕授文林郎四川筠连县知县翥南张君墓表》中记载张奋翼为未科进士。

---

① 多洛肯：《明清甘宁青进士征录》，上海：上海古籍出版社，2018年，第125页。
② [清]奎润等纂修：《钦定科场条例》，李兵等点校，长沙：岳麓书社，2019年，第721—725页。

总的来说，在科举考试中，涂改是被禁止的，因为这可能会导致试卷出现差错，从而影响考试的公平性和严谨性。张奋翼在考试中涂改了两个字，虽然他没有按规定在注释中说明涂改的具体内容，但最终他通过补考成功进入了进士阶层，这说明他在其他方面表现得非常优秀。

三、品德、才能出众

根据清代王权《笠云山房诗文集》卷 10 载的记载可知，张奋翼是一个才华横溢、真诚率直、孝友根深蒂固、有慷慨大度品质的人。这几个高贵品质具体体现在：一是对经书的研究精深。他在士人中更加深入地研究经书，将其中的精华应用于行事处世之中。二是真诚率直。他为人真诚，不做作，率真抱璞。三是孝友根深蒂固。他非常重视家庭和亲情，孝友根心。该书中对张奋翼的品德和才能具体记载为：

> 张奋翼，字翯南，一字秋涧，甘肃镇番县人。镇番北界蒙古，风俗朴悫。士多研经敦品。君于经术更邃密，撷其精腴，用以饬行立事。率真抱璞，孝友根心，居丧哀毁变形，晚年尽产业析给弟侄。其至性如是。[①]

展现张奋翼才华的内容，在李玉寿所写的《民勤历代文人著述考录》中也有记载：

> 张奋翼，字翯南，道光二十四年甲辰进士，性笃挚，博涉载籍，

[①] [清]王权著：《笠云山房诗文集》，吴绍烈等点校，兰州：兰州大学出版社，1990 年，第 196 页。

嗜古不倦。①

在道光七年丁亥，举人张奋翼和曹秀彦等人募资编辑了《镇番士林文苑初稿》共64卷。然而，由于资费拮据等原因，当年在秋季出版的计划被迫取消。

在道光十年庚寅，举人张奋翼前往何氏大庙题词。用"积善乃遗厚爱，作恶终有灾殃，心存一念效忠良，何用俯仰穹苍？"强调了一个人自主选择和坚定信仰的重要性。其中，"积善乃遗厚爱"强调人们要通过积极的善行来建立和维护良好的人际关系；"作恶终有灾殃"则暗示着不正当的行为最终会带来灾祸和惩罚，呼唤人们应该以正义和诚实为准则行事；"心存一念效忠良"表达了对高尚理想、忠诚价值观的坚守，强调内心的正确决断和效忠的重要性；"何用俯仰穹苍"提醒人们，只要心中怀有正确的信念和追求，就能找到人生的方向，无需依赖外界的指引。用"立心顺乎天理，前程管去消长，他是我非莫争强，忍耐些儿为上"，强调一个人应该具有顺应天道、谦逊自持和坚守毅力的品质。其中，"立心顺乎天理"表示要树立起符合天道的心志，对待事物要站在公正和道义的角度；"前程管去消长"意味着个人的前途和命运是无法完全掌控的，应该接受生活的变化和起落；"他是我非莫争强"表示不与他人争强之意，避免过度攀比，要保持内心的宁静与和谐；"忍耐些儿为上"则体现了要具备耐心和毅力，能够忍受困难和挫折，追求长期目标。

到道光二十四年甲辰，张奋翼考中进士，担任四川邻水知县。他清廉正直，一直以来都很注重治学。他勤奋好学，著有《周礼集字》《四书题记》《公余集句》等多部著作，其中《公余集句》已经出版发行。

该部分内容在谢树森、谢广恩等编撰，李玉寿校订的《镇番遗事历鉴》卷10中有详细记载：

---

① 谢树森等著:《镇番遗事历鉴》，李玉寿校订，香港：香港天马图书公司，2000年，第102页。

宣宗道光七年丁亥

举人张奋翼、曹秀彦诸公募资编辑《镇番士林文苑初稿》，凡六十四卷，是年秋谋于付梓，因资费拮据中废。

宣宗道光十年庚寅

又举人张奋翼谒何氏大庙，于壁间题词曰：积善乃遗厚爱，作恶终有灾殃，心存一念效忠良，何用俯仰穹苍？志似真金百炼，心同皦日争光，眼前得失与兴亡，天际浮云一样。又曰：立心顺乎天理，前程管去消长，他是我非莫争强，忍耐些儿为上。礼乐诗书当学，酒色财气休尝，中间点检旧行藏，方是男儿模样。

宣宗道光二十四年甲辰

是年进士一名，名张奋翼，官四川邻水知县。按奋翼字肃南，为官清廉，素著循声。尤长于治学，一丝不苟，孜孜不倦。著有《周礼集字》《四书题记》《公余集句》等，后者梓行。[①]

四、为官成就

（一）为官正直，有"廉吏"之称

张奋翼为官期间劳心抚民，政策简明，刑罚轻缓，不为权势所动，不苟取巧，一心公正廉洁。因此，被称为"廉吏"。这部分内容在李玉寿所写的《民勤历代文人著述考录》中记载为：

> 张奋翼，……分发四川、历升清溪、邻水等县事。劳心抚字，政简刑轻，不苟取、不媚上，淡泊终身，有"廉吏"之称。[②]

[①] 李玉寿：《民勤历代文人著述考录》，《图书与情报》，1987年第4期，第60—64页。
[②] 李玉寿：《民勤历代文人著述考录》，《图书与情报》，1987年第4期，第60—64页。

张奋翼在四川的为官成就,清代王权所写的《笠云山房诗文集》中有详细记载:

> 张奋翼……道光乙酉举于乡,考官龚文恭公许为经济才。然君颜貌朴悫,不自表襮,居稠人广众间,或竟日塞默。论者疑君行洁而才椎,吏治或非不娴也。阅十年成进士,丁未补殿试,以知县签掣四川。四川俗讹民僄,号称难治,官其土者,率用峭刻立威,且密施钩距,箝黠驭诈,犹多为其下绐卖。君至蜀,历署清溪、奉节,补邻水,调筠连,所至以恩信莅之,民亦竟不能欺。清溪当孔道,民蔽于役,君为祛其积弊。立科则,事集而民不扰。邑多荒土,居民争占,讼牒纷如,君为申画疆界,均垦定赋,因地导水,涸壤得溉,争者既息,十用沃饶。奉节者,尊府治也,巨族贵游,往往倚势干政。君痛惩之无少贷,豪右敛手奉法。邑大务繁,然事必亲裁,不延幕友,不蓄门丁。大府廉知之,以为难。筠连地瘠苦。君自邻水徙此,盖有佞人巧攘,同僚咸愤之。君顾泊然不动念,操执一心,而二邑咸理。滇匪之入蜀也,筠连当其冲要。君缮械练丁,筹守具。悉备。贼距境才数十里,咋舌不敢入。而君竟以劳瘁遘疾,仓猝引去,月余而筠连陷。君闻之大恸,自是遂不复出。同治六年六月,卒于成都寓所,年七十有二。呜呼!海内兵兴垂二十年矣,士之徇微禄投凶烬者踵相接,君于同辈年最长,仕最久,筠连之难频及其身,而竟得全,岂非天乎?然使君不病,则筠连可不陷,君之造福蜀民者方未艾,此蜀人所为追悼不已也。悲夫!
>
> 祖考□□,貤赠如君官。考某,号云阁,邑庠生,敕赠文林郎。娶陈氏,继娶何氏,并封孺人。子二:长熙绩,先君卒;次熙谷,四川候补知县。孙二:曰廉,曰让,皆熙绩生。君生平不问财货,宦蜀二十年始终布衣,殁无余赀。然性善施济,镇番教谕廖某、四川候补

从九品张镇海，并与君有故，其卒也贫无以葬，君皆为倾囊营殡，且醵金归其骨。夔守恩某卒于官，君摄其篆，应得关税万金，推付恩守之母曰："以此为太夫人甘旨费。"居官稍暇，辄延诸生入署，执经讲授，若塾师然。著《四书起解》《周礼集字》等书。□年□月，熙谷将以君丧归葬于县□某原茔此，以状泣请铭。

嗟乎！乡先达存者希矣，又权所素敬也，且其学其政皆应铭法。乃为之铭曰：

众詹詹而饰，己偻偻而质。匪矫匪激，谪者目之曰直。众翕翕而炎，己湜湜而恬。处膏不沾，墨者骇之曰廉。俗之纷维守之纯，瘠其身以肥其民。今尚有斯人欤？吁嗟乎君！[①]

从此段记录中可以看出，四川当时治安混乱，官民关系紧张，但张奋翼以恩信治理当地，秉持恩信为民的原则，治理得当，深受民众爱戴。他在清溪、奉节、邻水、筠连等地任职，都采取了一系列措施解决当地的问题，如清理民役、规划疆界、导水灌溉等，深受民众敬仰。然而，在他任职期间，滇军入侵四川，筠连地区成为战争的前线，他虽然尽力守卫，但最终还是因为疾病而离开了岗位，筠连也因此被攻陷。他为官清廉，不贪污受贿，并且慷慨解囊帮助贫苦之人，深得人们敬爱。因此，他的铭文称他为"纯廉之士"，并赞扬他的治理手段为"处膏不沾，墨者骇之曰廉"。

（二）倡导栽桑养蚕，促进手工业发展

自明代以来，手工业得到了蓬勃发展，且涵盖多个领域和行业，成为我国经济和文化的重要组成部分。然而，在明末时期，战乱不断，大多数手工业逐渐衰败。清初，为恢复手工业的发展，政府采取了一系列措施。

---

① [清]王权著：《笠云山房诗文集》，吴绍烈等点校，兰州：兰州大学出版社，1990年，第196页。

其中最重要的是废除明代的匠籍制度。在明代，手工艺人必须获得官方认证才能从事相应的手工业。这种制度限制了手工业的发展，因为只有少数人能够获得官方认证。为了打破这种限制，清政府废除了匠籍制度，实行记工给值的雇募制。这样，任何人都可以从事手工业。

在摊丁入亩实行之后，各地区陆续将班匠银并入田亩或地丁代征。这项政策大大提高了手工业者的积极性，因为他们可以获得更多的收入。与此同时，政府还放宽了手工业的经营限制，使得手工业者可以更加自由地经营业务。

从祝世德所著的《筠连县志》中可知，咸丰五年（1855），张奋翼任筠连县县令之时，他积极倡导栽桑养蚕，建议人们种植桑树，发展桑蚕手工业，从而提高百姓的额外收入。这项政策为四川宜宾的桑蚕手工业发展奠定了良好基础。宜宾自清代以来就是四川重要的生丝原产地之一。在张奋翼的带领下，宜宾的桑蚕手工业得到了进一步发展，成为四川省重要的经济支柱。

可以看出，清政府在手工业的发展上采取了一系列的有效措施。这些措施不仅促进了手工业的发展，而且还为清政府经济发展奠定了良好的基础。在今天的中国，虽然机械化生产已经成为主流，但手工业仍然是我国独特的文化和经济资源，我们应该珍惜和保护这种传统的手工艺。

总之，从张奋翼的生平事迹中可以看出，他生性率真抱璞，孝友根心，居丧哀毁变形，晚年尽产业析给弟侄。他的为官之道以恩信莅之，民亦竟不能欺。他在四川任知县期间，以清廉、公正的形象深得民心，开垦荒地，解决民生问题，调节土地纠纷，治理不法豪强，对当时的社会产生了积极影响。在张奋翼的倡导下，养蚕业成为一种可行的产业模式，促进了当地农村经济发展，提高了农民收入，为居民的生计提供了新的选择。

第三节 誓死守城：傅培峰

道光二十七年（1847），甘肃考中的进士有6人，二甲1人，三甲5人，镇番县傅培峰在该年考中了进士。傅培峰（1805—1858），字南山，号苏麓。道光二十四年（1844）中举人，三年（1847）后成为进士，成绩列于三甲第94名。咸丰三年，他被任命为江西宜黄县令。然而在咸丰八年，太平军围攻城池，傅培峰带领军民坚决抵御，城池最终被攻破，但他始终不屈服，最终遭到肢解并焚尸，年仅五十四岁。

一、史料记载

据《皇清陕西历科进士录》记载：

> 傅培峰，字孼三，号藕村，行五，嘉庆乙丑年正月初四日卯时生，甘肃镇番县人，民籍。由拔贡生中式道光甲辰恩科本省乡试第五十名举人，丁未科会试中式第六十七名，殿试三甲第九十四名，朝考三等一百二十二名，钦点即用知县。[①]

据清华藏《道光丁未科会试同年齿录（清刻本）》记载：

> 傅培峰，字孼三，号藕村，行五，通行六，嘉庆甲子相己丑年正月初四日卯时生，甘肃凉州府镇番县拔贡生，民籍。丁酉科选拔贡生

---

① 多洛肯：《明清甘宁青进士征录》，上海：上海古籍出版社，2018年，第26页。

第一名,乡试第五十名,会试第六十七名,殿试第三甲第九十四名,钦急候选知县。①

二、坚守城池,壮烈牺牲

傅培峰考中进士后,1853年被任命为宜黄县令。咸丰六年(1856)正月,太平军翼王石达开率部进攻抚州。当时,宜黄县令傅培峰训练团勇,准备防御,然而,最终抚州城还是失守了。之后傅培峰前往崇乡、仙乡招募乡兵,以守卫关隘。三月,太平军攻陷了县城,并在其中招收兵员。傅培峰则前往临川刘坊湘军营请援,统带李元度派江勇五岳营志同军抵县围剿太平军,但李元度的军队最终还是失败了。

咸丰八年,清政府调集军队进攻宜黄,太平军被迫撤离县城。但是太平军随后又反复围攻县城,8月18日从吉安分两路进攻本县。傅培峰亲自率领武举纪凤翔、符先声、钟为栋、罗步鳌统带练勇把守孤岭,并急召崇、仙、岱三乡田勇数千人随后支援。经过数月的围攻,城中的粮食已经耗尽,但外援仍未到达,最终,城池被攻破,傅培峰朝服北向再拜,说:"臣力竭矣!"然后,他准备自杀,但敌人已经到达,并威胁他,傅培峰坚决不屈,对此,敌人十分愤怒,将其肢解并焚烧。这件事情传开后,培峰被给予云骑蔚世职。

从这一事件可以看出,傅培峰是一个诚实、勤政、爱民的清官,他不仅在治理宜黄县方面有所建树,而且在保卫家乡方面表现出色。傅培峰的治理方式深受百姓拥戴,但他最终因拒绝投降而被杀害,这充分体现了傅培峰高风亮节和英勇不屈的精神。此次事件的经过在较多书籍都有记载。

陈宝箴(1831—1900)是晚清维新派的政治家,名观善,字相真,号右铭,晚年又号为四觉老人。在咸丰年间,当他留居北京时,撰写了一篇名为《书宜黄令傅君培峰死难事》的文章,讲述了傅培峰由儒士转为官员并忠勇殉国的人

---

① 多洛肯:《明清甘宁青进士征录》,上海:上海古籍出版社,2018年,第26页。

生历程。这篇文章展现了傅培峰以身殉职、壮烈成仁的忠诚义举,此文在汪叔子、张求会编写的《陈宝箴集》中有记载:

书宜黄令傅君培峰死难事

宜黄吴石卿来京师,述其邑令傅君培峰死难事甚烈。君甘肃人,以进士官江西,所至以理自守,不苟屈挠阿上官意,上官亦以此惮之。咸丰八年令宜黄,粤寇自抚郡薄宜,战不利,练卒尽溃,城为空。贼益逼十数里许,幕僚仆隶,无一人在者。君朝服北向叩首,据案危坐堂上以待。邑绅谓君:"姑出郊,纠乡人团练,谋再举。"不听。强掖之,谢曰:"培峰受天子命守此土,与城俱捐,理也。公等爱我,俾得正而毙,其又何憾?且予唯谋之不臧,故至此,再谋奚济?饰词以苟免,如纪纲何?培峰不敢。"乃再拜顿首谢,据案危坐如故。

顷之,贼至,君怒目瞋视,须髯喷张,厉声叱之。群贼骤眙愕,却立,不敢近;已围之数重而执之,挟之跪。曰:"叱嗟!乌有朝廷命官跪贼者?"贼笑曰:"强哉是夫!邑团练而为之耶?抑民为之,若上官督之耶?"曰:"否!皇天后土教我杀贼!"乃唾而骂。贼怒,斫其臂置地上,血淋滴,十指犹动,骂益厉。复截其股,骂不绝,遂磔而燔之。

呜呼!烈哉!抑其词气间类有道者,非有得于中,恶能以血肉之躯趋刀锯鼎镬如正鹄哉!若傅君者,庶几与张睢阳、颜常山争烈矣![1]

此段内容所提及的人物中,吴石卿,又名吴恩春,字礼藩,号石卿,乃宜黄邑南之人。其于咸丰二年(1852)中举人,并历任蜀饶州府教授、义宁州学

---

[1] 汪叔子等著:《陈宝箴集》,北京:中华书局,2003年,第127页。

正、南丰县教谕、吉水县教谕，后又被候补为主食。

清代王权著，吴绍烈、路志霄等点校《笠云山房诗文集》卷 7 载《敕授儒林郎江西宜黄令傅君墓表》，其文如下：

咸丰八年，大盗覆江西，由崇仁突宜黄。知县傅培峰提乡兵战孤岭，自晨至日昃，力不支，归保城。城堕，骂贼被戕，贼舁其尸小东门外，肢解而焚之。贼既退，宜黄士民往收其骨，得朝衣靴底，并残骸数段，且哭且验，走诉抚臣，请建祠以祭。抚臣为入奏，得旨允行。

明年，君之侄建远以丧归，七月某日，葬于镇番县东乡之某原。孤子挺远录君官阀行义，暨宜黄人欧阳晖所撰《傅君殉难记》为一册，投其友人王权于文县学宫。权为之表其墓曰：君讳培峰，字南山，号藕村，晚年以所居苏山之麓，又号苏麓，凉州镇番人。躯干颀长，额角悬露，貌癯神旺。与朋友处，谐谑欢笑，若无町畦者；然一言乖义，面折其舛，不能含垢诡随。

少时家贫，忍饥趋塾，或竟日不得食，终不以语人。由拔贡生举于乡，成进士。阅六载，赴铨入都，与所善同年生伏羌王权促膝谈心。权曰："天下方乱，士宜逃名。"君曰："天下方有事，吾将致命。"议论遂不协，然相爱弥甚。

未几选授宜黄令。当是时，群寇方张，江淮道梗。君携兄子建远负一襆一囊，间道走任所。至则披露肝胆，抚循疲氓，镇危肩重，积劳成疴。大吏闻其病甚，委员往代。代者闻警迁延，俄而贼逼境，孤城无备，居民稍稍徙去。耆老咸诣署劝君赴省请兵，君不许，誓以死殉。言未已，已有壮丁数十，强舁出署，星夜赴省。未至而城陷，时丙辰三月也。南昌兵寡，无以付君。君拊膺大恸，日夜自刻厉，病亦寻瘳。奉委协理粮饷，又委查乌沙港渡，皆徒步就道，薪水夫马之供，却不受。戊午三月，大军克宜黄，君再践前任。宜黄为贼巢已二年矣，抚疮痍，理残尽，治军书，督练勇，振刷堤防，事皆躬亲。祠庙之圮于贼者，罔弗葺也；士庶之亡于贼者，罔弗筹也。是夏，邑大饥，设米厂四处，粜以拯之，民用苏息。然承兵荒后，上官索租方急，君条列惨状，请蠲前二年逋赋，书三上，卒格不行。贼之再窥宜黄也，君命城乡各练勇数百，择缙绅有威略者分领之。又命户抽一丁，为联甲以应警急，五日一亲阅，流涕激劝，众皆感奋誓死。贼至崇仁，分兵守险，留举人黄秩浤等登陴守，度孤岭尤为要冲，自当之。力杀数百人，贼行退矣，竟以火药不继而败。疾驱入城，遣使调三乡联丁，使未返，贼已蜂拥城下。君知不济，朝服北面叩首，自经于公堂，未绝。被执，胁之降，自指其口曰："吾口能食贼肉耳，不能食贼粟！"贼问城乡联接是谁之谋，君骂曰："杀贼吾职也，今生不能啖汝，死犹当斫汝头！"因大呼踊跃，身离地尺许，贼刺之，骂愈烈，遂遇害。同死者举人黄秩宏、张受勤，武举纪凤翔，皆奉恩旨得从祀。

呜呼！今之州县征科皆上解，丝毫不得留备，财殚备弛，枵然若悬磬。寇至则委城奔窜，事后或舞文自盖，甚者虚报斗捷，反叨荣擢。彼诚无人心欤？毋亦有迫之者欤？时事方如此，君独挺然张胆，率数百羸伤之民，抗千万犷悍之剧寇，其战而败，败而死，死而不为同列所喜，訾以迂拙也固宜！然世之机巧自完者，其终可睹矣。以君所得校彼，果孰赢哉？

君居家应事，无一不可则效。济困乏，恤婚丧，不以贫自解。于师友故旧尤笃。兄弟析居，让产不取，而独任其债三百金。次兄某出为人后，懋迁适外，君代任其债三百金，且抚其二子，教之读，长者得为名诸生，食廪饩，即建远也。姑姊妹之贫者，常待以举火，一味之甘，必分致之，然后下箸。

主讲苏山书院，士风日向上，以其暇经理学校公项，创建奎阁。君既死，镇人怀其义，请得建祠比宜黄。

忆与君宿都门古刹，煨肉共啖，各陈所志，如前日耳；而君已蹈前言，巍巍烈烈，血食二方。呜呼伟矣！

君生于嘉庆十年正月四日，卒于咸丰八年八月二十日，年五十有四。娶白氏，初未有子，养兄子挺远为己子，已而生揆远，能读父书。①

傅培峰是这一时期涌现出的许多地方官员代表之一，他的出发点是为了保护普通百姓免受战乱之苦，履行好保卫一方的职责。同时，也反映出中国古代士人阶层根深蒂固的家国情怀。即使在面对被俘虏、被残忍杀害的威胁时，他也依旧守住了自己的阵地。傅培峰的壮烈牺牲向清末时期的士人敲响了警钟。

三、欧阳晖以诗赞颂傅培峰

欧阳晖，出生于清咸丰年间，他通过《赞傅培峰》这首诗描写了傅培峰的坚守城池，壮烈牺牲的场面，进而来表达了其对傅培峰的敬佩之情。这首诗在《民勤诗歌选》中有记载：

《赞傅培峰》

（清）欧阳晖

山城乱后草萋萋，满地哀鸿彻夜啼。

赖得廉明贤父母，肯披肝胆抚苍黎。

流亡偏集倾巢燕，奸宄难逃照水犀。

从此同阎歌永定，沧浪何处舞鲸鲵。②

---

① [清]王权著：《笠云山房诗文集》，吴绍烈等点校，兰州：兰州大学出版社，1990年，第149—150页。

② 中国人民政治协商会议甘肃省民勤县委员会学习宣传委员会民勤县政协：《民勤诗歌选》，武威：民勤县政协印行，1991年，第27页。

第一句"山城乱后草萋萋，满地哀鸿彻夜啼"描绘了傅培峰所在的山城战乱后的凄凉景象，荒芜的草地上充满了哀伤和悲鸣。第二句"赖得廉明贤父母，肯披肝胆抚苍黎"表达了作者对傅培峰父母的感激之情，他们的廉洁和智慧为傅培峰的成长提供了重要支持，傅培峰也肯冒着风险来帮助百姓。第三句"流亡偏集倾巢燕，奸宄难逃照水犀"描述了傅培峰的抗击粤寇的事迹。傅培峰带领百姓抵御外敌，将敌人赶出家乡，使得偏安一方的百姓能够团结起来，共同抵御敌人入侵。最后一句"从此间阎歌永定，沧浪何处舞鲸鲵"表达了作者对傅培峰的敬佩之情，他的精神将永远被人们所歌颂。沧浪之水是苏州的一条河流，鲸鲵是传说中的神兽，这里用来象征着傅培峰的事迹将会在历史长河中永存不朽。

第四节　文武全才：张尔周

道光三十年（1850）甘肃考中的进士有5人，二甲2人，三甲3人，镇番县张尔周在该年考中了进士。张尔周（1815—1879），字筱庄（小庄），亦字普生，号双楼、椿茂。他于道光十九年（1839）成为举人，道光三十年（1850）考中进士，排名二甲第76名。他曾任四川夹江、长寿、仁寿等县知县，后改任陕西西乡、紫阳、甘泉、蒲城等县的知县，并以功擢升同知。张尔周家学渊博，是一位名儒，他在担任官职期间勤勉治理，革除时弊，平定叛乱，自律严谨，治政有方。然而，他在抵任蒲城两个月后便去世，享年64岁。

一、史料记载

据《皇清陕西历科进士录》载：

> 张尔周，字小庄，号双楼，甘肃凉州府镇番县人，廪生，民籍。道光己亥科本省乡试中式第五十二名，道光庚戌科会试中式第二百二名，覆试二等第四十九名，殿试二甲第七十六名，朝考三等第一百四名，钦点即用知县。历官陕西蒲城、四川夹江、长寿知县，以功擢升同知。①

据北大藏《道光庚戌科会试同年齿录（北京龙文斋、精华斋刻本）》载：

---

① 多洛肯：《明清甘宁青进士征录》，上海：上海古籍出版社，2018年，第127页。

张尔周，字小庄，号双楼，行三，嘉庆乙亥年正月初七日吉时生，甘肃凉州府镇番县廪生，民籍，道光己亥科本省乡试中式第五十二名，道光庚戌科会试中式第二百二名，覆试二等第四十九名，殿试二甲第七十六名，朝考三等第一百四名，钦点即用知县，签掣□□。[①]

二、张氏家族

张氏家族的家谱记录显示，镇番张氏家族的祖孙关系为张尔周和张金寿。张尔周于道光三十年（1850）庚戌科考中进士，而张金寿则在光绪十七年（1891）考中举人。张尔周曾担任四川即用知县，并历任夹江、长寿等县事，后题补仁寿县知县。他以解围井研的功劳被保荐升用，最终担任直隶州知州，获得诰授奉政大夫的殊荣，同时也被例敕赠为儒林郎。张金寿的父亲张从诚，曾担任候选同知，并获得诰授奉政大夫的头衔，同时也被例敕赠为文林郎。

张氏家族还有许多五服亲族，其中胞伯、叔曾祖尚达曾获得岁贡生的荣誉，而从堂兄弟、嫡堂兄弟、再堂兄弟中也有许多人成就斐然，大多从事儒学领域。以上信息主要来源于张金寿乡试硃卷。张氏家族的具体信息为：

祖尔周，字筱庄，号竹如，道光庚戌进士，四川即用知县，历署夹江、长寿等县事，题补仁寿县知县，因井研解围出力，保奏以同知升用，居忧后改官陕西，历署西乡、紫阳、甘泉三县事，实授蒲城县知县，以营缮西乡城藏事，保荐升用直隶州知州，诰授奉政大夫，例敕赠儒林郎。

父从诚，字朴卿，号南麓，附贡生，候选同知，诰授奉政大夫，例敕赠文林郎。

[①] 多洛肯：《明清甘宁青进士征录》，上海：上海古籍出版社，2018年，第128页。

五服亲族：

胞伯、叔曾祖尚达，岁贡生；尚儒，庠生。

胞叔祖尔产，太学生。

胞叔淦济，贡生。

嫡堂伯、叔从仁，癸酉优贡，乙亥举人；从贵，太学生。

从堂兄弟、嫡堂兄弟、再堂兄弟众多，间有功名，大多业儒。[①]

从家族谱系和科举状况来看，镇番张氏家族在清朝时期是一个文化底蕴深厚、家族成员多有功名的家族，这个家族注重教育和文化传承，家族成员大多都有读书，且成就斐然，为当时社会的儒学发展作出了较多贡献。

三、进士的养成——地方官培植

余英时认为，从汉代的循吏开始，一直到晚清的曾国藩、张之洞等，这些官员都"自觉地承担起儒家的'师'的责任，因此他们到达的地方'讲经'并建立学校"（引自宣统《甘肃全省新通志》卷55—62的"职官志"）。该卷记载了187名清代官员的事迹和功绩，其中有143人涉及兴教劝学。例如，谢闾祚，字悦如，浙江涛山进士，于乾隆十七年（1752年）任知镇远县，"勤于课士，严格要求"。严良训，字迪甫，是江苏吴县人，在道光中期由编修出巡巩秦阶道，"空闲时就去书院，亲自为学生讲解，像塾师一样"。萧如霖，字又岩，是浙江萧山县进士，于光绪六年（1880年）任知会宁县，"非常勤恳地训诲学生，即使是优秀的私塾教师也不过如此"。董平章在道光、咸丰两朝任职期间也推动了秦州的兴学事业发展。清代甘肃进士在举业阶段也会受地方官的指导。

在清代，甘肃的进士在举业阶段常常受到地方官的指导，这一情况被记载

[①] 陈尚敏：《清代甘肃进士传记资料辑录》，兰州：甘肃人民出版社，2013年，第55—56页。

于许多硃卷中。其中，道光三十年（1850年）庚戌科进士张尔周的会试硃卷中就有关于他的业师是地方官的记载。一位业师是王兰汀，字成，山东夏津人，他是道光壬辰科进士，曾任镇番县知县，后升任秦州直隶州知州。另一位业师是周古渔，字兆锦，山东金乡县人，嘉庆庚辰科进士，翰林院庶吉士，曾任镇番县知县，现任泾州直隶州知州。

四、张尔周的家学传承

张尔周的祖籍在山西平阳府襄陵县二张里东村，自六世张永歧举家搬迁至镇番县。他的家族历经七世，其中包括了高祖张维秀、曾祖张国华、祖父张大伸以及父亲张尚美。

张尔周不仅在书法艺术上有很高的造诣，而且深深影响着下一代。他的长子张从诚，字朴卿，生于清道光十七年（1837），卒于光绪二十五年（1899），是清末镇番县小有名气的书法家之一。根据《镇番县志》记载可知，张从诚君局度宏敞，和易淡荡，重廉隅，不苟取与，尤笃于伦常。他生平无嗜好，不涉及声色货利，只专注于精研书法，并终身不懈。他的笔摹临颜柳欧赵，无不备得神髓，其书法名声甚噪，在士林中备受钦佩。

张从诚在河西地区的影响较大，目前河西多地博物馆内还藏着他的多幅墨宝。可以看出，张从诚在书法艺术上的成就与其世代书香家庭的环境密不可分。

五、为官成就

张尔周是一位清官，他为人阔达，从相关史料记载中可以知道他的为官政绩主要体现三个方面。

一是革除当时一些不实用的政策和做法。例如，废除了在蜀地旧俗中的"夫马费""换戳费"，以及诸如"棉肆""厘金"等许多弊政。在面对许多杂费，如"相验之厂费""招审之解费""缉盗之捕费"时，张尔周令屠户税每斤肉多加一钱，并专设机构收取，以备官府使用。此举革除了以往由犯人邻居、盗贼诬供窝藏赃物的人垫赔"三费"的情况。知府得知此事后，认为张尔周的做法可行，并要求其他州县效仿实行。张尔周还下令禁止对百姓征收粮食差价，不允许随意将土地作为他用，以保障百姓的利益。

二是平定数次叛乱。其中一次是涪州鹤游坪之乱，长寿与之接壤。张尔周率领民团和百姓一起抗击盗匪，成功擒获匪首周奉仪等32人，并将他们的田地、资产等共计两千余金全部捐赠给了书院。另一次是在咸丰年间，平定了蓝大顺围困四川各县，尤其是仁寿县的事件。蓝大顺是蓝朝柱的兄弟，来自云南昭通牛皮寨。1859年7月，蓝朝鼎和李永和因不满清朝政府对滇、川农民的压榨而率先揭竿起义。1860年，蓝大顺加入其中，围困四川各县，逐步逼近川东地区，包括仁寿县。张尔周不仅采取了严密的防御措施，还让百姓选择形势险要之地安营扎寨，并将老人、儿童、粮食等全部藏匿于此，因此蓝大顺等人没有抢掠到粮食。由于在包围井研的行动中表现出色，张尔周后来被升为同知。此外，张尔周还曾擒获"鹤游匪首"。他在西乡、紫阳等地任职时，盗匪经常为患。他严令保甲擒获盗匪，最终使得百姓逐渐不受侵扰，过上了安定的生活。

三是严于律己，勤勉治理。在他离任夹江等地时，商人凑钱作为其旅途的路费，但是张尔周婉言谢绝，并建议将集资的路费用于书院，以资助寒门学子。张尔周不断学习，晚年专研《易经》并取得了很高的造诣，他也常用此书来指导自己管理地方。

为了更好地辨别新、旧、缓、急等诉讼案件，张尔周简化了制度，分类受理，并要求投诉者将事由写在纸条上随堂呈送，代替状词，以避免状告事由混乱。张尔周还接任修缮"西乡城旧圮"，在他辛勤督修下，最终完成了修建工作。因为"甘泉地瘠旱久"，张尔周借银千两，开渠灌溉田地，雇佣饥民修渠以过活，但是渠道刚刚修好，秋涝就来袭，"堤堰皆坏"，张尔周也因此"感伤成疾"。后来，当他到达蒲城之时，百姓饿殍遍地，张尔周深感无力拯救而疾病加重，最终一病不起。

可见，张尔周为官期间，是一位非常优秀的官员，他在担任官职期间表现出了高度的廉洁和真正为民服务的精神。他非常关注百姓的福祉，致力于解决当地百姓的问题和疑虑。他还采取了多种措施来改善当地的治理和民生，如简化制度、分类受理、修缮城池、灌溉田地等，得到广大百姓的支持和信任。因此，张尔周的品德是非常值得敬重和学习的，他的精神和为官行为对我们今天的社会仍然有着很强的启示意义。

在谢树森、谢广恩等编撰，刘润和补校的《镇番遗事历鉴校补》卷9中，对张尔周的为官成就记载为：

> 名儒张尔周在世，生是年正月初七日。张公字普生，号双楼，一号椿茂。祖籍山西平阳府襄陵县二张里东村，至六世永歧迁家于镇六世胞世祖永科谐封文林郎，永进商官，监守禁盐，历有勋绩，谐封文林郎，后封镇国大挥使威武将军。七世守善，由军功授掌驿堡守备，七世胞伯祖守定，由岁考授通判职；守清功贡生，领授江西饶州府乐平县知县，语封文林郎；守廉功贡生，授山东东昌府聊城县知县，浩封文林郎。高祖维秀，乡饮者宾；曾祖国华，县庠生；祖大伸县庠生，例赠文林郎。父尚美，例赠文林郎。公幼承庭训，源渊家学，聪慧好学，人许为远器。①

他的为官成就在《甘肃新通志》卷69《人物志·群材四·恩贡》载中也有记载：

---

① [清]谢树森等编撰，刘润和校注：《镇番遗事历鉴校补》，北京：文物出版社，2022年，第366—367页。

蜀俗：凡官下车，胥役有夫马费，代书有戳费，尔周皆摈弃之。夹江有棉肆，上官牵官征厘税，尔周婉请薄征后，竟白罢之。去任时，商人符金为赆，之不可，乃留置书院以资寒俊。涪州鹤游坪之乱，长寿与之接壤，尔周率民团赴州界击贼，擒匪首周章义等三十二人，事平，籍叛产若干亩，计值三千余金，尽归之书院。仁寿讼繁吏猾，宿弊丛集，尔周立简明堂规，区别新旧缓急，分日受状。又为筹命盗巨案、相验招审诸费。旧日皆取诸地邻及盗所扳引，指称窝主寄赃之家。尔周筹的款备用，而地邻及被扳者皆免科派。上官以其法下之他州。县蓝大顺之乱，围井研，踞资州，遂入仁寿境。尔周练团防剿，令民择险筑寨，移老弱赍粮居其中，贼无所掠食，卒不得深入。后论并研解围功，保荐以同知候升。西乡、紫阳皆陕西南山岩邑，盗匪不时为患，尔周申严保甲，闻盗即会营往擒，乡间赖以安堵。严禁粮差，不许截垫地丁，民免倍偿之苦。甘泉瘠土，久厚，尔周请司库银千两，开渠溉田，使饥民佣力自活。及莅蒲城，见辰巳竣，而饿殍犹累累相望，尔周以忧卒于任。[①]

此段记载中有一些术语需要解释。胥吏，又称衙役，是指在君主专制社会的官府衙门中办事工作的人员，地位低于吏员，没有官方身份，属于服役性质，通称"皂隶"。他们负责衙门口的站堂、缉捕、拘提、征粮、解押等事务。酬金的意思是集资凑钱的泛指。赆是指送给远行者的路费或礼物。涪州鹤游坪现在位于重庆市垫江县。

《陕西蒲城县知县张君墓表》对张尔周不断采取措施改善百姓的生活；对待商人也非常公正，不收受赃款，而是将之用于资助寒门学子；在治理西乡、紫

---

① 陈尚敏：《清代甘肃进士传记资料辑录》，兰州：甘肃人民出版社，2013年，第28—29页。

阳、甘泉三县时，严格保甲，打击盗匪，禁止粮差，不许截垫地丁，使当地百姓得到了长期的安宁和发展；借库银千两开渠溉田，使饥民佣力自活等为官成就都作了充分肯定。《陕西蒲城县知县张君墓表》在王权所著的《笠云山房诗文集》卷13中有详细记载：

陕西蒲城县知县张君墓表

君讳尔周，字小庄，甘肃镇番人，道光庚戌进士，以知县分发四川，署夹江、长寿，补仁寿。后改官陕西，历署西乡、紫阳、甘泉三县事，实授蒲城，抵任两月而卒，年六十四。

君为人阔达乐易，喜诙谐谈谑，人无贤鄙皆坦怀容接，视之若无经纬者。遇事则厘然精审，众所疑难，指顾立决，无不曲中窾要。居官以检吏祛弊为急，通壅蔽，惩淹抑，绝株连，所至皆然。蜀俗，凡牧令下车，胥役有夫马费，代书有换戳费，君皆下令摈绝。夹江有棉肆，大府遣官征厘金，君为婉请薄征，后竟白罢之。商人德君甚，去时酿金为赆，峻却不可，则留之书院，以资寒畯。涪州鹤游坪之乱，长寿与之接壤，君亲率民团赴州界击贼，擒匪首周奉仪等三十二人。事平，籍叛产若干亩，计值二千余金，尽归书院，邑士为之竖碑颂德。仁寿讼繁吏猾，奸弊丛积，君为立简明堂规，区别新旧缓急，分日受状，其投案催审者，告发吏弊者，令以纸条开写事由，随堂自呈，以代状词。又筹措公钱，备命盗巨案三费。三费者，相验之厂费，招审之解费，缉盗之捕费也。旧皆取诸地邻，暨窃盗所扳引指称窝主寄赃之家，君命增屠户肉价每斤一钱，设局收取备用，而地邻及被扳者皆免科派。大府以其法下之他州县，使仿行焉。蓝大顺之蹢川东也，围井研、距资州，遂入仁寿边境。君集团防剿，且谕民择险筑寨，移老弱资粮居其中，贼无所掠食，卒不得深入。会上游有挠君者，乃引疾以去。始君擒鹤游匪首，法当叙迁，主者求赂不得，阴沮之。至是始论井研解围功,保荐升用同知。西乡、紫阳,皆南山岩邑,签匪不时为患,君申严保甲,闻盗则会营往擒,乡赖以安堵。严禁粮差,不许截垫地丁,民得免赔偿之苦。西乡城旧圮,前令营缮未半而去,君继之,鸠资督工,强力不倦,工用得葳(意为完成解决)。甘泉地瘠旱久,君请借司库银千两,开渠溉田,使饥民佣力自活,渠成而秋潦大至,堤堰皆坏,以是感伤成疾。及迁莅蒲城,则赈已竣矣,饿殍尚累累相望,思拯救之不得,疾以加重,寻不起。

呜呼!民生之瘰也,以猾蠹侵削者众也,牧民而不以爱民为心,与有是心而牵于利欲者,无责也。无欲矣难在明,明矣难在断,又难在思虑之精,区画之悉,若君者庶其兼之乎?君晚年学《易》,所造甚深,其行政盖亦得《易》义焉。然世之经术淹贯,临政则懵然罔措者正亦不少,抑又何也?先世多隐德不仕,祖大伸,父尚文,皆赠奉政大夫。子从诚,由庠生援例得以同知候选。光绪五年五月,以君丧归葬于镇番南乡之某原,权与君少同学,老而同官,悲君之才高位下,且遭值艰虞,忧劳以卒也,为之表其墓以谂后,冀政绩之不终淹焉。①

---

① [清]王权著:《笠云山房诗文集》,吴绍烈等点校,兰州:兰州大学出版社,1990年,第260—261页。

第五节　铁面冰心：马明义

马明义（1819—?），字镜潭（镜台），号南都，出生于镇番县。道光二十九年（1849年）参加陕西乡试，成为举人。同治元年（1862年）参加会试，同治四年（1865年）补行朝考中进士，名列三甲第119名。后来，他被任命为湖北枝江县县令。当时，旱灾和蝗灾频繁发生，百姓生活异常艰难。马明义积极安抚百姓，深入了解民情，对官吏实行严格管理，受到了"铁面冰心"的称赞，政绩颇为显著。

一、史料记载

根据（《皇清陕西历科进士录》）记载：

马明义，字镜潭，号南都，甘肃凉州府镇番县人，优廪生，民籍。道光二十九年己酉科陕西乡试中式第五十二名，同治元年壬戌科会试中式第一百七十二名，覆试三等第二十三名，乙丑科补行朝考三等四十三名，钦点即用知县，授湖北知县，署枝江知县。[①]

根据国家图书馆藏《光绪二十二年仲秋重修同治乙丑科齿录》（聚奎斋刻本）记载：

马明义，字镜潭，号南都，行一，嘉庆己卯年十月初七日吉时

---

① 多洛肯：《明清甘宁青进士征录》，上海：上海古籍出版社，2018年，第142页。

生，甘肃镇番县廪膳生，民籍。道光己酉科举人，同治壬戌科贡生，乙丑科进士，福建即用知县。[①]

此外，在《甘肃新通志》卷69《人物志·群材四》《陇上学人文存·第3辑·李鼎文卷》《光绪二十二年仲秋重修同治乙丑科齿录》等书籍中也有类似记载。

二、马氏家族

乡试硃卷对马氏家族作了详细记载，该家族以母亲的姓氏命名。其中包括"母氏马，嘉庆戊辰举人起凤公侄孙女；泾州镇原县教谕勖义公从堂侄女；同治壬戌进士、湖北即用知县明义公族侄女；庠生修义公、监生陈义公、博义公侄女。"根据民国《续修镇番县志》卷9《人物列传上·事功》中的记载可以知道马氏家族中马起凤、马勖义、马明义的信息。马起凤是一位勤奋好义、尊重老人、关心贫困者、崇尚儒学和道德的学士，他在当时的学士中品行尤为高尚，被称为"马公"。他的儿子马勖义年少聪慧、性格豁达、喜欢施舍和助人为乐，尤其关注教育事业，在当时备受赞誉。马明义是同治壬戌进士，曾任湖北知县和署枝江县，他采取了一系列措施来安抚和救济灾民，受到了民众的赞誉，但对于胥役等问题，他非常严格，被誉为"铁面冰心"。该部分内容在陈尚敏著的《清代甘肃进士研究》中有具体记载：

> 马起凤，字栖梧，嘉庆丁卯举人，勤奋好义，尤其擅长整理孔庙和振兴学校等事业。他毫不吝惜自己的财力，平日里也非常尊重老人，关心贫困者，崇尚儒学和道德。在当时的学士中，他的品行尤为高尚。道光五年，他参与了县志的修订工作，不遗余力地进行采访和

---

① 多洛肯：《明清甘宁青进士征录》，上海：上海古籍出版社，2018年，第142页。

汇集资料。后来，他被任命为陕西岐山教谕，积极推动教育事业，使得岐山文化繁荣兴盛，人们都称他为"马公"。

马勖义，字芘臣，是马起凤的儿子，也是举人。他年少聪慧，性格豁达，喜欢施舍和助人为乐，同时又有强烈的求学心。他曾经担任过隆德教谕，任满回籍时正值回变，他捐出了大量的资金用于支援粮饷，筑城并设局防守，勤奋努力，深得地方百姓的信赖。他尤其关注教育事业，不遗余力地培养人才，在当时备受赞誉。

马明义，字境台，是同治壬戌进士，曾任湖北知县和署枝江县。在他任职期间，当地发生了旱灾和蝗灾，灾民们流离失所，他采取了一系列措施来安抚和救济灾民，受到了民众的赞誉。他喜欢与士民接触，但对于胥役等问题，他却非常严格，不容偏差，因此被誉为"铁面冰心"。在他离任时，数百位老百姓都来送行。①

从上述资料中可以看出，镇番马氏家族是一个注重教育和文化传承的家族。该家族的成员多有科举功名，包括举人、进士等，其中马起凤、马勖义、马明义等人都是以其勤学好义、奋志于学以及为民服务的事迹而著名。此外，该家族的成员也非常注重公益事业和慈善事业，在整理孔庙、振兴学校、赈灾救济等方面都作出了积极的贡献。可以说，这个家族在当时社会的进步和发展中起到了积极的推动作用。

三、为官注重民生、依法治理

同治壬戌年，马明义以进士的身份被分发到湖北省署枝江县。当时，正值旱灾和蝗灾交织，对民众的生活造成了极大灾害。然而，马明义并没有袖手旁观，而是积极采取措施抚慰百姓，以一名公仆的身份深入了解民间疾苦，用心

---

① 陈尚敏:《清代甘肃进士传记资料辑录》，兰州:甘肃人民出版社，2013年，第56页。

倾听百姓的呼声。他的行动让民众感受到了温暖和安全感，成为当地群众心中的英雄。进而使民众的生活得到了较大改善。

除了对民生问题进行关注外，马明义还十分注重治理工作，严格要求胥役们遵守规章制度，不容有丝毫的马虎和纵容。他的严格要求也让人们称赞他是一个"铁面冰心"的领导。马明义离开枝江县时，数百名父老乡亲都前来送行，表达了他们对于这位公仆的感激之情。

总的来说，马明义为官期间具有三个可贵的精神。一是以民生为重。面对极大的灾害，马明义积极采取措施进行抚慰，关注民间疾苦，用心倾听百姓呼声，让民众感受到了温暖。二是严格要求，依法治理。在治理工作中，马明义注重规章制度，严格要求胥役们遵守，不容有丝毫的马虎和纵容，被人们称赞为一个"铁面冰心"的领导。三是为民服务的精神。马明义在为官期间所展现出来的这些可贵的精神，体现了一名官员应有的职业道德和担当精神，也符合我们对官员的期望和要求。因此，马明义是一位勤政廉洁、为民服务的好官，并且他的为官之道值得我们学习和推广。

第八章 清代古浪县、平番县、永昌县文进士

本章介绍了张澂、王鉴塘、保鉴、南宫鼎、南济汉、蔡发甲6位进士。张澂（1856—？），光绪十五年（1889）中进士，并入选翰林院庶吉士，散馆后授编修。长期在福建为官，曾任福建建宁、泉州等府知府。晚年张澂定居泉州，家道殷昌，子孙兴旺。王鉴塘（1821—？），咸丰二年（1852）中进士。初任户部主事，四十八岁时改任四川泸州合江县知县。保鉴（1835—1878），幼年敏悟，过目成诵，被称为"才子"，咸丰十一年（1861）拔贡生，任礼部七品小京官，光绪三年（1877）中进士，直隶即用知县，未及到任，病逝。通经史，善诗文，著有《春晖草堂诗集》。南宫鼎和南济汉为父子进士。南宫鼎，乾隆十六年（1751）进士，赠文林郎，任凤翔府教授多年，归殁于家，终四十五岁；南济汉（1762—1848），南宫鼎之子，乾隆四十五年（1780）中进士，乾隆四十九年（1784）起主编成《永昌县志》十卷，曾任湖南安福、衡山、慈利等县知县，澧州知州，晚年辞官归里，回到永昌后，任云川书院主讲，从事教育事业，嘉庆十八年（1813）起又编撰成《永昌县志》八卷。南宫鼎和南济汉都较为擅长书法。蔡发甲（1778—1830），道光三年（1823）中进士。曾任山东费掖、新泰等县知县，有"蔡青天"之美誉。

相比来看，清代古浪县、平番县、永昌县文进士数量不及武威县和镇番县，说明这三个地区的儒学发展不及武威县和镇番县。清代平番县即今天的永登县，古亦称令居、庄浪，现隶属于甘肃省兰州市，位于甘肃省中部，兰州市西北部。古浪县、平番县、永昌县三个地区中文进士的基本信息见下表。

清代古浪县、平番县、永昌县文进士的基本信息

地区	科次	姓名	甲第名次	任官
古浪县	光绪十五年（1889）	张澂	二甲第 48 名	在福建为官，曾任福建建宁、泉州等府知府
平番县	咸丰二年（1852）	王鉴塘	三甲第 59 名	户部主事、四川泸州合江县知县
	光绪三年（1877）	保鉴	三甲第 139 名	直隶即用知县，未及到任，病逝
永昌县	乾隆十六年（1751）	南宫鼎	三甲 152 名	赠文林郎，任凤翔府教授
	乾隆四十五年（1780）	南济汉	三甲 67 名	湖南安福、衡山、慈利等县知县，澧州知州
	道光三年（1823）进士	蔡发甲	三甲 43 名	山东费掖、新泰等知县

本章第一节介绍的是古浪县的 1 位进士，第二、三节介绍永登县的 2 位进士，第四、五节介绍永昌县的 3 位进士。

第一节　古浪翰林：张澂

光绪十五年（1889），全国考取的进士总共有 296 人，其中，一甲有 3 人，二甲有 132 人，三甲有 296 人。此年甘肃考中的进士有 9 人（二甲 2 人，三甲 7 人），占总进士的 3.04%，占比较低，同时也反映出该阶段甘肃省各区域整体儒学教育水平较低。在考取的进士中，凉州府古浪县占 1 人，其名叫张澂，也是古浪县唯一一名进士，并入选了翰林院庶吉士。

一、史料记载

张澂自幼聪明好学，博闻强记，精通经史。根据北京大学藏《光绪己丑科会试同年齿录》（清刻本）和《皇清陕西历科进士录》记载，张澂，字雁初，一字砚秋，号蘐轩，生于咸丰丙辰年（1856）六月初三吉时，甘肃凉州府古浪县暖泉人，出身于副贡生家庭，为正白旗官学教习，先后行二、行三。乙亥年参加顺天乡试，获中式副榜第四十二名，丁丑年入八旗官学汉教习，排名第六十六名，乙酉年再次参加顺天乡试，获中式第九十九名，保和殿覆试时名列一等第三名，会试中排名第一百四十九名，保和殿覆试时名列一等第五十五名，殿试成绩为二甲第四十八名，此后又在朝考中获得一等第二十八名。由于其出色的才华，被钦点为翰林院庶吉士。

《皇清陕西历科进士录》记载：

张徵，字雁初，一字砚秋，甘肃古浪县人，民籍。由副贡生候补教习中式光绪乙酉科顺天乡试第九十九名举人，正白旗教习期满，己丑科会试中式第二百四十九名，覆试一等第五十五名，朝考一等第二十八名，软点翰林院庶吉士。①

北京大学藏《光绪己丑科会试同年齿录》（清刻本）记载：

> 张澂，号覆轩，行二，又行三，咸丰丙辰年六月初三吉时生，甘肃凉州府古浪县副贡生，民籍，正白旗官学期满教习。乙亥顺天乡试中式副榜第四十二名，丁丑八旗官学汉教习第六十六名，乙酉顺天乡试中式第九十九名，保和殿覆试一等第三名，会试中式第一百四十九名，保和殿覆试一等五十五名，殿试二甲四十八名，朝考一等第二十八名，钦点翰林院庶吉士。②

二、为官经历

张澂文章论理缜密透彻，文风清新自然，很受学界器重。据朱汝珍所著《词林辑略》记载，此人曾在散馆期间受授编修职务，后来官至福建建宁府知府。在《甘肃新通志》中也有记载，他曾任泉州府知府，并一直从事编修工作。光绪十六年（1890），他被授予翰林院编修一职。三年后，他担任国史馆协修官，为历史学界做出了巨大贡献。光绪二十三年（1897），他被任命为直省乡试磨勘官。此后，他曾先后担任过福建福宁府知府、福建漳州府知府、福建兴化府知府、福建泉州府知府等职。光绪二十四年（1898），他还被任命为福建候补知府。宣统二年（1910），他再次被任命为福建建宁府知府。

在担任官职期间，他勤于处理政务，关心百姓疾苦，取得了显著的政绩。晚年，张澂选择在泉州安家落户，家中繁荣昌盛，子孙兴旺发达。

此外，张澂是一位工书画大师。他的字体秀雅，既有筋骨不俗的刚健之

---

① 多洛肯：《明清甘宁青进士征录》，上海：上海古籍出版社，2018年，第161页。
② 多洛肯：《明清甘宁青进士征录》，上海：上海古籍出版社，2018年，第161—162页。

美，又不失媚态，正如老生行礼时虽然骨格强硬，但举止温文尔雅、优美自然。他的传世书作品较多，比如书写的"藤纸静临新获帖，铜瓶寒浸欲开花"对联，以及书法立轴、仕女立轴、仿古山水镜心和山水中堂等作品。这些作品都被传颂至今。

三、张澂的家族

张澂出身不凡，其家族是备受尊敬的科举世家张氏家族。在古浪县城北4千米的古浪镇暖泉村后庄子西北侧，陈列着多块石碑，我们能从石碑中深刻地感受到张氏家族的辉煌历史和卓越声望。

依据有关史志和家谱所载，古浪张氏家族在明清时期涌现出多位才学出众的族人，共有1名进士、5名举人、4名贡生、9名监生、3名廪生、20名庠生、以及2名增广生，总计44名曾经荣膺功名之士。其中，10人获得七品以上的官职，包括知县4名，户部山西员外郎、主事各1名，刑部员外郎2名，州知府2名，天津道台及顺天府尹（从二品）各1名。此外，该家族还有诸多女性成员，被朝廷封为夫人、恭人、宜人、安人、孺人等尊贵称号。

在清朝时期，官员的妻子和母亲的封号有明确的等级规定。一二品官员的妻母可封为夫人，三四品官员的妻母则可封恭人，五品官员的妻母可封为宜人，六品官员的妻母则可封安人，而七品官员的妻母则可封为孺人。从女性家族成员获得多个封号的情况来看，该家族中官员的数量非常庞大。

张氏家族源自山东安丘，据考证于明朝末年移居至古浪县。该家族的先祖为张进南，字赋文，号平山。在乾隆四十五年（1780）通过了举人考试，并且担任过安徽祁门县知县，后来又分别担任了太和、颍上等县的知县职务。张进南以其善于断案的名声广受好评，是当时的知名人物。

张氏家族一直以来非常注重教育，早自明末清初迁居古浪时，就设立了蒙学，有着"边耕边教"的生活方式。张进南考中举人，担任官职后更加强调教育，继续开设私塾，从未间断。由此，许多子弟得以学习，受益匪浅。一些优秀的子弟因得到这样的教育机会而脱颖而出，他们经过科举考试成为进士或举人，外出做官并反哺家族。这样的良性循环不断推动着张氏家族的发展，历经一代又一代人的不懈努力，最终成为当地的显赫家族。

张进南先生共育有五个儿子，分别为维毅（早逝）、维寅、起鹍、起鹓、起鸿。其中，张起鹓（1806—1858），字子斑，曾执掌永定河道、直隶天津道道台、顺天府府尹等职务。他为官清廉，治绩显著，倍受人民爱戴和敬重。

张起鹓曾担任天津道道台，具有极高的政治素养和极强的责任感，对百姓急难困苦深切体恤，全心全意服务于政务工作。咸丰三年九月，在天津城西北芥园河堤突然决口的紧急情况下，张起鹓率领众人奋勇拼搏，亲自参与堵筑工作，击退了河水泛滥所造成的严重影响，挽救了人民的生命和财产。但是，由于贪官污吏的肆意敲诈，未经授权占用粮台库银，张起鹓不得不抱怨这种不公的行为，在上报时遭遇了污蔑参奏。最终，他含冤病故，未能善终。直到光绪八年，张起鹓才获得平反昭雪，为他恢复了清白，并得到了社会的肯定。

在张进南的后代中，有位名叫张育璠的士人。他的妻子姓王，因为她的儿子张澂出类拔萃，被封为孺人，这位孺人的丈夫是翰林张澂的父亲。尽管张育璠在官场上无从谈起，但他是一位学有所成的士子。儿子张澂的成功，也使他的妻子王氏获得了应有的荣誉，这正是"子贵母荣"的典型案例。

古浪张氏世居在这片土地上，家族人丁兴旺，数量众多。家族中既有通过科举考试成为官员并定居在外的，也有坚守故土、勤耕读书并传承家业的。直至当今，在古浪县城以北五公里的小桥村等地，当地居民仍自豪地称自己是"天津道台"的后人，并口述着先祖张起鹓的故事，世代相传不已。

第二节　合江知县：王鉴塘

咸丰二年甘肃考取的进士有9人，其中二甲1人，三甲8人，王鉴塘是在该年考中了进士。王鉴塘（1821—?），字清如，号宝泉，又号西园。他于道光二十三年（1843）考中举人，咸丰二年（1852）考中进士，殿试中获得三甲第59名的好成绩。他初任户部主事，后来于四十八岁时调任四川泸州合江县知县。

一、史料记载

据《皇清陕西历科进士录》记载：

> 王鉴塘，字清如，号宝泉，又号西园，甘肃凉州府平番县人，优廪生，民籍。道光癸卯科本省中式乡试第四十七名，咸丰壬子恩科会试中式第一百五十五名，覆试三等，殿试三甲第五十九名，朝考三等第九十四名，钦点主事。[①]

国家图书馆藏《咸丰壬子恩科会试同年齿录》（清刻本）记载：

> 王鉴塘，派名荷，字清如，一字宝泉，号西园，行二，大行三，道光辛巳年二月十八日吉时生，甘肃凉州府镇番县优廪生，民籍。乡试第四十七名，会试第一百五十五名，殿试三甲第□名，钦点主事，

---

① 多洛肯：《明清甘宁青进士征录》，上海：上海古籍出版社，2018年，第130页。

签掣户部。①

二、进士的养成——家族因素

家族的教育背景在子弟举业中发挥着重要作用。在硃卷的考生履历中，详细记录了他们家族的功名和仕宦。在教育背景良好的家族中，从幼时开始，他们就承接了家族的庭训，与兄弟切磋，这种教育环境对于子弟们的学业增进是显而易见的。此部分，以直观的方式展示王鉴塘家族的教育背景。鉴于对进士本人教育养成可能产生的实际影响，本文仅选取曾祖、祖父、父亲和兄弟四个辈分。王鉴塘的家族中从曾祖开始，他们都是庠生或太学生，但只有祖父无功名。除了直系亲属外，还有很多堂兄弟等亲戚，也大多数从事儒学方面的工作。虽然其中有些人在年幼时就开始从事儒学，但并不代表他们的成就不如那些通过科举考试获得功名的人。总之，王鉴塘的家族是一个以读书为重的家族，注重家族文化传承。

据陈尚敏著《清代甘肃进士研究》载：

王鉴塘，平番人，咸丰二年（1852年）壬子恩科进士。其会试硃卷载：

曾祖，讳敬，字敷五，贡生。

祖，讳联凤，字岐山，无功名。

父，名重儒，字鼎若，号竹村，庠生。

五服亲族：

曾胞伯祖，讳宽，庠生。

曾堂叔祖，讳敏，太学生；政，太学生。

堂伯、叔祖，讳联科，太学生；联英，庠生；联桂，庠生。

---

① 多洛肯：《明清甘宁青进士征录》，上海：上海古籍出版社，2018年，第130页。

从堂叔，名儒，太学生。

胞、堂兄弟中间有功名，或年幼业儒。①

    从辈分上看，进士的族人从远到近逐渐获得功名，这说明一个家族中进士的成功是多代人教育努力的累积。换句话说，要想成为一名进士，需要几代人在举业道路上坚定不移地努力。从考生履历来看，新科进士通常在中士之前已经结婚生子，因此面临着家庭的负担，这是科举长期性的考试制度所决定的。因此，在举业上获得成功，离不开家族的支持。虽然硃卷未能直接反映家族的经济状况，但通过家族成员的功名和仕宦情况，也可以大致了解其情况。在明清时期，拥有功名的人可以成为官员或绅士。作为官员的人无需多言，而作为绅士的人则可以通过参与地方公共事务获得可观的收入，张仲礼称之为与"绅士功能"相关的收入②。

---

① 陈尚敏：《清代甘肃进士传记资料辑录》，兰州：甘肃人民出版社，2013年，第85页。
② 张仲礼：《中国绅士的收入》，上海：上海社会科学院出版社，2001年，第42页。

第三节　平番才子：保鉴

光绪三年（1877），甘肃考中的进士有9人，其中两人二甲，7人三甲。在考取的进士中，皋兰县中了3人，占比较大，说明在该阶段皋兰县儒学教育水平较好。平番县保鉴也在该年考中了进士。保鉴（1835—1878），字保三，号镜如（镜吾），又号韵青。他从小就表现出敏悟的天赋，能够过目成诵，备受人称道，被誉为"才子"。咸丰十一年（1861）他成为一名贡生，并被任命为礼部七品小京官。同治元年（1862）他又考中了举人，光绪三年（1877）以三甲第139名的优异成绩考中进士。他被直隶省任命为知县，但是未能到任就因病去世。保鉴通经史，善于写作诗文，他的著作《春晖草堂诗集》至今仍被人们传颂不衰。

一、史料记载

根据罗康泰所著的《甘肃人物词典》记载：

> 保鉴，平番（今永登）人，字镜如。幼年颖悟，过目成诵。通经史，善诗文。光绪三年（1877年）进士，曾任七品京官。著有《春晖草堂诗集》。[①]

《皇清陕西历科进士录》记载：

[①] 陈尚敏：《清代甘肃进士传记资料辑录》，兰州：甘肃人民出版社，2013年，第308页。

保鉴，字宝三，号镜吴，一号韵青，甘肃平番县人，民籍。由辛酉拔贡生、礼部七品小京官中式同治壬戌恩科顺天乡试第一百四名，丁酉科会试中式第三百五名，朝考三等第四十八名，钦点即用知县，签发直隶。著有《春晖草堂集》。①

清华大学藏《会试同年齿录（光绪丁丑年）》（清刻本）记载：

保鉴，字宝三，号镜吴，号韵青，行一，通行八，道光乙未十一月十五日子时生，甘肃凉州府平番县拔贡生，民籍，前礼部七品小京官俸满额外主事，选拔第一名，乡试第一百四名，会试第三百五名，殿试三甲第一百三十九名，朝考三等第四十一名，钦点即用知县，分发直隶。②

二、保鉴的诗作赏析

根据《甘肃人物辞典》记载，保鉴通晓经史，擅长诗文，著有《春晖草堂集》，该书所收录的一百多首诗歌，集中反映了清朝末年天灾人祸后民不聊生、百姓苦难的现状。这些诗作展现了保鉴对普通百姓生活疾苦的深切关注和大爱之心，从京师到地方，他始终心系民生。此书序言为"世运之兴衰，时事之得失，与吾生出处离合之故，悲愉喜怒之端，有难以语言争者，无不发之于诗，转觉抑谁语中，得一放谈法，有触即吟，无事不书"。保鉴的部分诗作在赵朋柱所写的《晚清平番诗人保鉴》中有记载，本文所欣赏的诗来自该篇文章③。

---

① 多洛肯：《明清甘宁青进士征录》，上海：上海古籍出版社，2018 年，第 152 页。
② 多洛肯：《明清甘宁青进士征录》，上海：上海古籍出版社，2018 年，第 152 页。
③ 赵朋柱：《晚清平番诗人保鉴》，《兰州学刊》，1984 年第 6 期，第 85—86 页．

（一）诗作古朴雄浑，精干有力

当保鉴在京为宦时，曾与一些当代著名诗人切磋诗艺，对诗有一定的艺术造诣。他的叙事诗古朴雄浑，精干有力，开门见山。他的诗《独木杠》以严肃的语气描写了送葬时使用的独木杠。

《独木杠》

独木杠，朝朝暮暮送丧葬。

四座静听莫悲骇，容我细为绘厥状。

自从兵乱无车马，况兼殍流少工匠，

平番城中富死人，一时遂兴独木杠。

举尸腔，脐着木，衣带上下束头足，二人舁之走仓皇。

送葬但闻青蝇哭，非舆犹得着人肩，无棺或免葬犬腹。

后来死人多如蚁，独木舁之嗟何及。遂用皮索于麻练。

自腰束之如鱼贯。从此独木不须钱，嗟哉后死独木难。

具体来看，这首诗描述了独木杠在送丧葬中的使用情景。由于战乱和匠人减少，人们开始使用独木杠来搬运尸体进行丧葬。开始时只是简单地将尸体放在木杠上搬运，后来才逐渐改良为使用皮索和麻绳固定尸体并由两人舁送。此诗触及了社会变迁对葬礼习俗的影响，以及对死亡的深思。它揭示了当时的情况，即由于战乱和资源匮乏，以及社会问题导致的大量死亡，人们不得不采用简便的方式进行丧葬。这使得独木杠成为一种常见的工具，用于搬运尸体，并减少了传统葬礼所需要的费用和资源。总之，这首诗通过描写独木杠的制作和使用，表达了清朝时期社会的贫困和人民的苦难，同时也反映了诗人对社会现实的关注和思考。

其诗《掘草根》强烈的节奏，灵活的变韵，有如读自居易的《琵琶行》。在这首《掘草根》中，描绘了一幅艰苦卓绝的生活场景。

其抒情诗，忧时饥事，直抒胸臆，写得深沉痛切，有很强的艺术感染力。"豺狼接迹纷猖獗，雀鼠伤心尽掘罗"（《杂感》之三），"天寒白骨狼嗥处，日落青磷鬼哭时"（《伤乱》），凝练的语言，工整的对仗，给人留下深刻的印象。"战酣难望鲁阳戈，困守孤城计靡他"（《杂感》之三），"游釜鳅鱼活，处堂燕雀哭，高矣天下闻，哀哉民无告"（《登楼眺晚》），用比喻说理，设喻贴切，极为自然。有的寓意于景，耐人寻味。这些诗对现代诗歌仍有一定的借鉴作用。

（二）以诗表达战争惨状

保鉴的部分诗写平番战乱及旱情，具有一定的历史原因。同治西北地区曾有多次起义，这些起义波及了平番县。在战乱期间，该地区连续三年遭受重旱，紧接着又发生了瘟疫，死亡人数不可计数。当时保鉴在他的诗作中生动地描绘了这场兵燹灾荒的惨状。

比如他用《登楼眺睨》表达了战后郊外的场景，树木已被砍伐一空，荒烟漫野，野兽横行，鸟食死人。城中的街道空无一人，屋内空空荡荡，炊烟不再升起。这一切让诗人深感悲哀和忧虑。这首诗的具体内容为：

《登楼眺睨》

四顾何茫茫，暝色入细突，

鸦点散寒烟，霞光明返照，

树木多伐绝，青黄间缭绕，

负郭无人家，近村成古道，

田间窜鼪鼯，水际鸣豺獠，

饥鸟啄死人，荒烟迷野烧。

对此益苍凉，感余发吟啸。

俯首望城中，伤心滋痛悼。

纵横但街衢，峥嵘空寺庙，

屋瓦笠高门，炊烟断冷灶。

具体来看，通过"树木多伐绝，青黄间缭绕，负郭无人家，近村成古道"等描写，表现了战乱带来的社会破坏和人民流离失所的悲惨遭遇。而"田间窜鼪鼯，水际鸣豺獿，饥鸟啄死人，荒烟迷野烧"则更加深刻地反映了战乱带来的生灵涂炭和自然环境的破坏。最后，诗人通过"俯首望城中，伤心滋痛悼。纵横但街衢，峥嵘空寺庙，屋瓦耸高门，炊烟断冷灶"这些诗句对主题进行了升华，暗示战争之残酷，对百姓生活的影响之大。整首诗通过对自然和社会的深刻描绘，展现了诗人的情感和思想。

用《万人坑》来表达战争的残酷。在战争的残酷中，无数平民遭受惨重的伤亡，他们的尸体被草草埋葬在大规模的集体坟墓里。《万人坑》的具体内容为：

《万人坑》

乱世人民死无主，谁人为填坟上土？
北郭门外掘长坑，贵贱贤愚同一处。
出自北门，偶经坑侧，血肉淋漓，尸骸枕藉。
乍见惊心浑不悲，徘徊不觉双泪垂。
生前你我容相识，对此茫茫知是谁？
旁有少妇呜咽哭，藏刀暗里割人肉。
莫道后来能居上，前者借你任屏障。

可以看出，整段诗通过描述北郭门外掘长坑，贵贱贤愚同处的场景，表现了乱世下人民的悲惨遭遇和生命的脆弱。通过诗人所见到的惨状，读者可以感受到战乱和动荡带来的破坏和伤害。诗中的"生前你我容相识，对此茫茫知是谁？"表达了诗人对于战争带来的无尽悲痛和对于人生的迷茫。这种悲痛和迷茫，深刻地反映了当时社会的局面，也代表了人们在历史的长河中所面临的种种困境和迷惘。"旁有少妇呜咽哭，藏刀暗里割人肉"，该句通过描写少妇哭泣和藏刀杀人的场景，表现了战争带来的残忍和悲惨。坑里堆满尸骨，坑旁竟有少妇用刀割人肉，把扣人心弦的场面，写得淋漓尽致。同时，这句诗中的"藏刀暗里割人肉"也是形象生动的描写，让读者更能够感受到诗中所描绘场景的真实感和恐怖感。最后，诗人通过"莫道后来能居上，前者借你任屏障"这句话，表达了对于逝去的人们的崇敬和怀念，同时也表达了对于未来的担忧和不安。整首诗通过对于人生和社会的深刻思考，具有较高的艺术价值和文化内涵。

在诗歌《掘草根》中，描写了一位妇女的家庭已经没有粮食，而且家中长辈也面临着生命垂危的困境。在这种情况下，她们只能够去挖草根来充饥。这样的描写深刻地反映了贫困和生存压力对于人们的残酷影响。以下是《掘草根》的具体内容。

《掘草根》

蒙茸一掬甫到手，不嫌泥土乱入口。

伤心到晚不满筐，归来翁媪死已久。

"蒙茸一掬甫到手，不嫌泥土乱入口"描绘了百姓掘草根时的坚韧和毅力，即使是泥土混杂也不顾及，表现了百姓对生活的执着和坚韧。而"伤心到晚不满筐，归来翁媪死已久"则表达了诗人对于逝去亲人的思念和悲伤，使整个诗句更具有感情共鸣力。整首诗语言简洁，却能够表达出深刻的情感和思想。表面上看是一首描写掘草根的小诗，但其实质是通过掘草根的经历，反映出了战争给百姓的生活带来的艰辛。

《弃儿行》这首诗描绘了一个妇人在丈夫逃亡后带着三个孩子艰难生活的故事。为了生存，她不得不将长子"换军营"，幼子则被"委草莽"，她只能指望留下的一个孩子活下去。然而，即使她投身为佣人艰难度日，也无法养活多余的口粮，甚至有人嫌弃孩子是累赘。最终，她只能无可奈何地将孩子弃之不顾。这些悲惨的景象反映了许多百姓因为各种原因而流离失所的情况。

第四节 父子进士：南宫鼎、南济汉

永昌县文进士中，南宫鼎、南济汉为父子关系。根据《清代甘肃进士研究》可知，清代甘肃省进士家族中父子同为进士的最多，为12个，占总进士家族的46.15%，占比较大。甘肃父子进士的具体信息见下表。

甘肃父子家族进士表

家族	基本情况	资料来源
文县何氏	何宗韩：雍正二年（1724）甲辰科	宣统《甘肃新通志》卷68《人物志·群才三》
	何浑：乾隆二十六年（1761）辛巳恩科	
永昌南士	南宫鼎：乾隆十六年（1751）辛未科	南有兰的乡试硃卷
	南济汉：乾隆四十五年（1780）庚子科	
会宁柳氏	柳迈祖：乾隆五十二年（1787）丁未科	民国《会宁县志续编》卷11《人物志·贤达》
	柳渊：道光二十四年（1844）甲辰科	
安定马氏	马疏：嘉庆二十五年（1820）庚辰科	王权《笠云山房诗文集》卷11《诰授朝议大夫运同衔砖坪厅抚民通判马君墓志铭》
	马纶笃：道光二十七年（1847）丁未科	
秦安张氏	张位：乾隆四十三年（1778）戊戌科	宣统《甘肃新通志卷67《人物志·群才二》
	张思诚：嘉庆十四年（1809）己巳科	
通渭牛氏	牛树梅：道光二十一年（1841）辛丑科	宣统《甘肃新通志》卷64《人物志·乡贤上》
	牛瑗：光绪十六年（1890）庚寅科	
秦州任氏	任其昌：同治四年（1865）乙丑科	民国《天水县志》卷11《人物志》
	任承允：光绪二十七年（1901）辛丑科	
皋兰周氏	周士俊：咸丰三年（1853）癸丑科	光绪《金县新志稿·选举志》
	周毓棠：光绪十五年（1889）己丑科	
皋兰张氏	张国常：光绪三年（1877）丁丑科	张维：《甘肃人物志》卷12《张国常》，第329页
	张林焱：光绪二十年（1894）甲午恩科	

家族	基本情况	资料来源
静宁王氏	王源瀚：光绪十二年（1886）丙戌科	王曜南乡试硃卷
	王曜南：光绪二十一年（1895）乙未科	
陇西张氏	张敏行：道光二十五年（1845）丙子科	宣统《甘肃新通志》卷67《人物志·群才二》
	张继：光绪二年（1876）丙子科	
陇西武氏	武尚仁：咸丰二年（1852）壬子恩科	宣统《甘肃新通志》卷67《人物志·群才二》
	武镳：光绪十五年（1889）己丑科	

南宫鼎，字德宇，号文峰。自明正统七年（1442）起，他在永昌卫担任指挥佥事，并由此开启了家族世袭的历程。乾隆十五年（1750），他中举人，次年更以优异的成绩考中进士，历任凤翔府教授，并因其卓越才华而获赐文林郎之衔。然而，他在四十五岁时不幸逝世，但以其书法见长，名垂青史。

南济汉（1762—1848），字汇东，号斗岩，是南宫鼎的儿子。他于乾隆四十五年（1780）考中进士，名列三甲第67名。四年后，他开始主编了《永昌县志》，共计十卷。此后，他历任湖南安福、衡山、慈利等县知县，还曾担任澧州知州，一直以清廉之名闻名于世。晚年，他辞去官职回到家乡永昌，担任云川书院主讲，从事教育事业长达半生。此外，他还在书法方面有着深厚造诣，并于嘉庆十八年（1813）开始编撰《永昌县志》，共计八卷。

一、史料记载

(一)南宫鼎史料记载

据清代昇允，安维峻修撰的宣统《甘肃新通志》卷69《人物志·群材四》载：

> 南宫鼎，字德宇，永昌人。明世袭指挥魁四世孙。读书有异慧，举乡试第四，遂登乾隆辛未进士，教授岐阳，勤于训课，士咸尊之。性耿介，与郿令某为同年友，极善某生者，郿富室也。与人讼弗直，持三百金，至乞一言，宫鼎遽怒，挥其金于门外，叱使去。生平行事

类如此。①

据《皇清陕西历科进士录》记载：

南宫鼎，字德宇，陕西凉州府永昌县人。庚午科乡试第四名，辛未科会试第一百四十九名，殿试三甲第一百五十二名。任岐阳府教授。②

《增校清朝进士题名碑录（附引得）》《明清进士题名碑录索引》记载为：

三甲一百五十二名，南宫鼎，陕西凉州府永昌县人。③

《甘肃新通志》《甘肃通志稿》记载为：

永昌人，凤翔府教授。④

根据李庆云《河西风物诗选》记载，南宫鼎归殁于家，年仅45岁。

（二）南济汉史料记载

根据《皇清陕西历科进士录》的记载：

南济汉，字汇东，号斗嵒，陕西凉州府永昌县人。己亥乡试第

---

① 陈尚敏：《清代甘肃进士传记资料辑录》，兰州：甘肃人民出版社，2013年，第11页。
② 多洛肯：《明清甘宁青进士征录》，上海：上海古籍出版社，2018年，第95页。
③ 多洛肯：《明清甘宁青进士征录》，上海：上海古籍出版社，2018年，第5页。
④ 多洛肯：《明清甘宁青进士征录》，上海：上海古籍出版社，2018年，第5页。

五十四名，会试第五十五名。①

根据民国《续修永昌县志》卷6人物记载：

> 南济汉，乾隆庚子进士，历任湖南安福、慈利知县、直隶沣州知州。致仕归里后，主讲云川书院，诲人不倦，造就后进良多；兴起文社；秉笔纂修县志，文体简洁；重建魁星楼，亦汉之力。②

此外，根据赵禄祥主编《中国美术家大辞典·下》记载，南济汉和南宫鼎擅长书法，以卓越的书法技巧而闻名于世。

二、南氏家族

南棠和南有兰父子二人的乡试硃卷记录了永昌南氏家族的科举状况。南棠于嘉庆三年（1798）戊午科考中举人，而南有兰则在道光八年（1828）戊子科考中了举人。

南有兰的乡试硃卷对该家族的成员状况的记录更为详尽。南氏始祖为直隶香河县人，在明朝洪武年间充伍为试百户，并被赠予武德将军，晋升为明威将军。从三世祖才开始，南氏家族"承袭前职"，正统七年，改调永昌卫，任指挥佥事，开始迁居永昌。从四世祖至七世祖都"承袭前职"，直到八世祖朝楷，南氏家族才开始有文名。太高祖煌是康熙朝的太学生，被敕赠为文林郎，并在陕西凤翔府担任教授。高祖之玺被雍正朝封为太学生，并被貤赠为文林郎，后来成为湖南安福县知县。曾祖南宫鼎是乾隆庚午经元、辛未进士，曾任凤翔府教授和湖南安福县知县，被敕赠为文林郎。祖南济汉是乾隆己亥举人、庚子进

---

① 多洛肯：《明清甘宁青进士征录》，上海：上海古籍出版社，2018年，第100页。
② 陈尚敏：《清代甘肃进士传记资料辑录》，兰州：甘肃人民出版社，2013年，第13页。

士，曾任湖南安福县知县，并获得四级加官。他历任慈利县知县、直隶沣州知州，并参加了壬子科湖南同考试官，还著有《永昌县志》《南氏族谱》《依山堂时文杂著稿》等作品。南棠是嘉庆戊午举人，担任陕西榆林府葭州学正。南宫鼎的两个儿子南济川、南济楫也有一定的成就，南济川，为南宫鼎先生的长子，字巨天，曾于嘉庆年间通过岁贡考试，著有《观河楼》等诗作；南济楫，为南宫鼎先生三子，字用之，于乾隆五十四年（1789）通过己酉科副贡考试。他的诗作包括《金川怀古》和《转涧口观水》等。南棠的儿子也获得了一定的成就，南有兰，为南棠的长子，字沣生，于道光八年（1828）通过戊子科考试成为举人，他的诗作包括《把绿亭》等；南有光，为南棠先生次子，在清末时期通过岁贡考试。在高祖的五服亲族中，有六个伯叔祖，其中经是廪生，俊是太学生。胞叔祖济楫是乾隆己酉副榜。族伯叔祖中，国栋是太学生，国栻曾拔贡，成为山东临朐县知县。此外，还有许多亲堂伯叔、从堂伯叔、从堂兄弟、嫡堂兄弟和再堂兄弟，其中许多人都有功名，且大多数从事儒学教育。

可见南氏家族从高祖开始，他们都是文化人，有教授、知县等职位，也有经过科举考试获得进士称号的人。除了直系亲属外，还有很多堂兄弟等亲戚，大多数也是从事儒学方面的工作。整个家族可以说是一个重视教育和文化的家族。

《清代甘肃进士研究》中对南氏家族的记载为：

> 太高祖煌，康熙末太学生，敕赠文林郎，陕西凤翔府教授。
> 高祖之玺，雍正朝太学生，貤赠文林郎，湖南安福县知县。
> 曾祖宫鼎，乾隆庚午经元、辛未进士，任凤翔府教授，敕赠文林郎，湖南安福县知县。
> 祖济汉，乾隆己亥举人、庚子进士，任湖南安福县知县，加四级，历署慈利县知县、直隶沣州知州。壬子科湖南同考试官。著有

《永昌县志》《南氏族谱》《依山堂时文杂著稿》①。

父棠，嘉庆戊午举人，陕西榆林府葭州学正。他曾参与校订嘉庆《永昌县志》，并著有《迁建玉皇庙文昌宫募引》一书。

五服亲族：

高伯叔祖有六，其中之经，廪生；之俊，太学生。

胞叔祖济楫，乾隆己酉副榜。

族伯叔祖有三，其中国栋，太学生；国栻，拔贡，山东临朐县知县。

亲堂伯叔、从堂伯叔、从堂兄弟、嫡堂兄弟、再堂兄弟众多，间有功名，大多业儒。②

三、南济汉科举为官、为师

从相关史料记载可知，南济汉在考中进士之后，就做了官，并且是一位清廉高洁的官员。他先后在南安福、衡山和澧州担任了知县知州，为官期间一直秉持官守清廉，从不贪污受贿。他坚持"俸瀛而外，一介不取"的原则，深受百姓的爱戴和尊敬。在嘉庆十二年（1807），南济汉已经年过四十，选择辞去官职回到家乡。在途中，他的盘费用尽，无法继续前行。好友周勉斋得知后，宣传他的书法之美，因此，求书者盈门获银千余两，得以携眷归里。回到家乡永昌后，南济汉依然没有停下脚步。他担任云川书院主讲，将自己大半生的经验和智慧传授给学生。南济汉的教育事业一直持续到晚年，对于当地人民的文化素养提高做出了杰出贡献。

为官、为师经历被《永昌县志》记载为：

---

① 民国《续修永昌县志》卷6《人物》载，南济汉致仕归里后，主讲云川书院，诲人不倦，造就后进良多；兴起文社；秉笔纂修县志，文体简洁；重建魁星楼，亦汉之力。

② 陈尚敏：《清代甘肃进士传记资料辑录》，兰州：甘肃人民出版社，2013年，第52页。

南济汉……此后，历任期南安福（今临澧县）、衡山知县，澧州知州，为官清廉，"俸瀛而外，一介不取"，嘉庆十二年（1807）四十余岁的南济汉，辞官归里。路经西安，盘费告罄，朋友周勉斋宣传他的书法好，因此，求书者盈门获银千余两，得以携眷归里。回到永昌后，任云川书院主讲，从事大半生教育事业。①

四、南济汉编修《永昌县志》

在乾隆四十四年（1779）的科举考试中，他成为一名举人，第二年又中了进士。最初他被任命为吏部观政，然后在乾隆四十九年（1784）秋天，他被永昌知县李登瀛聘请为县志主纂。与方毓伦、谢弼翰、郭兴尚等永昌举人一起共同完成了乾隆五十年《永昌县志》十卷的编纂工作。之后，他历任湖南安福、衡山知县和澧州知州。在嘉庆十二年（1807），南济汉四十多岁时，他辞去官职回到家乡。回到永昌后，他担任云川书院的主讲。在嘉庆十八年至二十一年（1813—1816年），他完成了《永昌县志》八卷的编纂工作。

他编撰《永昌县志》的经历在相关史书中也有记载，《永昌圣容寺》记载：

时永昌知县李登瀛聘其为县志主纂，修成乾隆五十年版《永昌县志》，共十卷。还主编嘉庆二十一年版《永昌县志》，共八卷。②

南济汉在志书编撰方面也有着自己独特的见解。他提出，对于志书的编修，"官评"应该在官员离职后再定，而"乡评"则应该在其去世后再定。至于那些贞节廉洁、品德高尚的人，不必受此规定的限制。南济汉共编写了两部《永昌县志》，这为研究清代永昌历史提供了深厚的史料基础。

---

① 永昌县志编委会：《永昌县志》，兰州：甘肃人民出版社，1993年，第1034页。
② 张得智：《永昌圣容寺》，兰州：甘肃文化出版社，2013年，第120页。

《永昌县志》记载为：

> 南济汉，字汇东，号斗岩，永昌人，生于清乾隆约二十七年（1762），卒于道光约二十八年（1848），享年八十七岁。乾隆四十五年（1780）进士，初授吏部观政，待职在家。乾隆四十九年（1784）秋，被知县李登瀛聘请为县志主纂，和永昌举人方毓伦、谢弼翰、郭兴尚共同纂成了乾隆五十年本《永昌县志》十卷。……嘉庆十八年至二十一年（1813—1816）又纂成了《永昌县志》八卷，他一生两次编写县志。留下了珍贵的地方历史文献。[①]

在清代甘肃，进士们参与编修的地方志总计超过十种，而南济汉曾经两次潜心修志，编写志书。在《永昌县志序》中，他写道："永之人家置一册，得晓然于乡国情形、习尚臧否，庶有裨乎！"这表明清代士人们试图通过编修志书来增强乡人对家国的认同感，这也是清代方志编修的重要原则之一。

五、南宫鼎、南济汉诗作鉴赏

南宫鼎、南济汉的文笔简洁，诗作古朴、雄浑，受到了较多读者的喜欢。据郭汉儒编《陇右文献录》卷17《清四·乾隆》载，南宫鼎的著作有《云川文集》《自修斋逸草》。

（一）南宫鼎部分诗作鉴赏

南宫鼎用永昌怀古四首诗表达对永昌地区的热爱，通过历史、自然、生活、文化等多个方面展现了永昌地区的特点和魅力。

《永昌怀古》（其一）主要描述了永昌地区的重要历史和战功卓著的背景。"邑西陲汉武功"表明该地位于汉朝边疆，以战功著称。诗中描绘了此地在历

[①] 永昌县志编委会：《永昌县志》，兰州：甘肃人民出版社，1993年，第1034页。

史上的战争与征服:"休屠猷后更多戎"指这个地方在战争后继续面临来自外族的威胁,但经过奇才张既的推动和策划,成功定下了金山纪马隆等措施,用以保卫这片土地。"节度平西军益壮,封藩控朔路何雄",表明这个地方的军队日益强大,并在当地建立了防线和边境屏障,掌控着重要的朔方路线。最后两句"由来陷复棋枰似,巩固熙朝万载同"表达了这个地方历史上反复地陷入战乱,但也能够巩固守卫国家边境的重要职责,保持长久的统治和繁荣。

《永昌怀古》(其二)则描绘了永昌地区的自然景观,包括山川、城池、寺庙等。通过这些景观,展现了永昌地区的壮美和历史文化底蕴,表达了作者对大自然和人文历史的敬畏和赞美。诗中的"山川百里古崖疆,狮踞龙蟠不易方"表达了这个地方地势险峻、气势宏伟,比喻其地理位置的重要性和稳固性;"城筑嫖姚沙漠漠,垣围斗谷草茫茫"形容了这个城市的辽阔和荒凉,嫖姚沙漠所在的城市筑起城墙,与四周的斗谷垣围相映成趣,增强了草原风光的广袤和雄伟感。云间寺的古松和水畔营的高楼表明了这个地方的古老和宁静;"月照凉"也暗示了这个地方的优美夜景和清凉环境,给人以宁静和舒适的感觉。最后两句"故卫数椽元邸影,几留台榭属侯王"则指向了这个地方丰富的历史遗迹和贵族居所。

《永昌怀古》(其三)描绘了该地区在经历战乱和动荡后的困境和转变。通过文字描绘,可以看到前朝的战事已经结束,但仍有很多痛苦和伤痕。虽然"千门云锁已经摒弃,四国鸟憩在一枝",但这个地方仍然受到外来势力的影响和威胁。尽管居民修建板屋居住,并且勤奋耕作,但与雪山相邻,生活条件艰苦。诗中最后一句表达了生活虽然艰难,但希望依然存在,春风也能吹遍大地,给人们带来希望和新的开始。

《永昌怀古》(其四)则是表达了对于名士文化的崇尚和追求。通过描述历代名士的事迹和功业,表达了对于名士文化的敬畏和向往,同时也表达了自身的期望和追求。此诗以严肃的语气表达了对历史名人的敬重和赞美。其中,"心殷"指的是心中充满了追求功名利禄的渴望,"索骏古无图"则表达了对古代贤者的怀念和景仰。接下来，诗中列举了一些历史上获得荣誉和尊贵的人物，如"列爵崇封褒大节""辟雍隆礼赐司徒"，这些人都具有卓越的才能和高尚的品德。而"英雄几辈邀金紫，著作何人望柳苏"，则表达了对文学和学术成就的推崇和尊重。最后两句"十室良材深自爱，当知名士著名区"，则强调了个人努力和自我提升的重要性，也表达了希望更多的人能够成为有才华、有品德的名士。

永昌怀古（四首）

其一

作邑西陲汉武功，休屠戡后更多戎。
奇惊卢水推张既，策定金山纪马隆。
节度平西军益壮，封藩控朔路何雄。
由来陷复棋枰似，巩固熙朝万载同。

其二

山川百里古崖疆，狮踞龙蟠不易方。
城筑嫖姚沙漠漠，垣围斗谷草茫茫。
云间寺古松声细，水畔营高月照凉。
故卫数椽元邸影，几留台榭属侯王。

其三

籍入前朝罢鼓鼙，凋残霜霰又流离。
千门云锁抛多垒，四国乌瞻憩一枝。
板屋居联金水岸，犊犁耕近雪山陲。
何如生齿繁今日，澹荡春风遍野吹。

其四

心殷索骏古无图，史乘于今姓字俱。
列爵崇封褒大节，辟雍隆礼赐司徒。

英雄几辈邀金紫，著作何人望柳苏。

十室良材深自爱，当知名士著名区。

（二）南济汉部分诗作鉴赏

南济汉主要以自然和人文景观为主题，通过描绘山水、佛教文化、清泉等元素，展现自然风光的壮美和文化底蕴的深厚。

后大寺

一线边垣达玉关，半渠流水入萧湾。

红尘不到山深处，绀宇常浮暮霭间。

佛后洞中仍礼佛，山前寺外更观山。

当年胜地时防虏，花木于今总是闲。

《后大寺》这首诗描绘了一个幽静而美丽的山间景色，同时也反映了历史的变迁和岁月的流转。

云庄山

绝顶云飞不见峰，云开乍吐玉芙蓉。

天临峭壁三千丈，地拔长松十万重。

怪石衔楼蹲虎豹，危楼插岸走虬龙。

寻幽直到深山处，返向林前已暮钟。

《云庄山》这首诗是一首山水田园诗，描绘了一幅壮美的山水画面。通过对山水景色的描绘，展现出大自然的壮美和神秘。以"绝顶云飞不见峰"和"云开乍吐玉芙蓉"形象地描述了云雾缭绕、山峰若隐若现的景象。同时，通过对峭壁、长松、怪石、高楼等元素的描绘，展现出山水之间的奇特景象。最后，通过"返向林前已暮钟"表达出在寻幽探幽的过程中，时间的流逝和迷失方向的感受。

北湖十景·马流泛醇
惠山佳趣未曾探，郭外清泉一鉴涵。
携得月圆烹玉液，笑将乡味比江南。

《北湖十景·马流泛醇》这首诗传达出了作者对探索新奇事物的渴望和对家乡美好的自豪感。他表达了自己对惠山美景未曾探索的遗憾，同时也对郭外清泉的美丽赞叹不已。在月圆的时候，作者把烹制的珍贵酒品带来，与朋友一起分享，同时也引以为豪地将家乡的美食比作江南之味。整首诗语言简练，却能够传达出作者对家乡美景与美食的深厚感情，具有很强的感染力。

对联
石是米颠袖里出，诗从摩诘画中来。

该诗句通过"石"和"诗"的比喻，表达了文学创作的灵感来源。作者认为，好的诗歌创作应该像"米颠袖里出"一样自然不造作，而且应该从生活中汲取灵感，如同"摩诘画中来"一样自然流畅。通过此诗，我们可以看到作者想要强调两种不同的创作方式。石头代表的是物质世界的创作方式，它需要通过雕琢、打磨等手段去创造出一种艺术品。而诗歌则是通过内心和灵魂的表达，通过感性的思维去创造出来的。摩诘画则代表的是精神世界，画则是通过笔墨、色彩等手段将心灵中的美好表现出来。作者通过这句诗让人们认识到不同的创作方式所表达的不同的内涵和意义。

第五节 山东"蔡青天":蔡发甲

道光三年,甘肃考中的进士有2人,其中1人是永昌县蔡发甲。蔡发甲(1778—1830),字翰升(翰生),号梅庵。在嘉庆十二年(1807),他成为举人,在道光三年(1823)时,以三甲第43名的成绩考中进士,当时他已经年过45岁。蔡发甲曾担任山东费掖、新泰等地的知县。由于他秉公执法,为官清廉,因此享有"蔡青天"的美誉。他还曾经解决过乡里水利纠纷,受到闾里的称颂。

一、史料记载

根据清华大学藏《道光癸未会试同年齿录》(清刻本)记载:

> 蔡发甲,字翰升,号棙崖,行一,戊戌年六月二十九日午时生,甘肃凉州府永昌县增广生,民籍。乡试中式第二十四名,会试中式第一百七十三名,殿试三甲第四十三名,朝考□□,钦点即用知县。[①]

《道光三年进士登科录》(清刻本)记载:

> 蔡发甲,字翰升,号棙崖,行一,乾隆戊戌年六月二十九日午时生,年四十六岁,贯甘肃凉州府永昌县民籍,增广生。丁卯科乡试第二十四名,癸未科会试第一百七十三名。[②]

[①] 多洛肯:《明清甘宁青进士征录》,上海:上海古籍出版社,2018年,第115页。
[②] 多洛肯:《明清甘宁青进士征录》,上海:上海古籍出版社,2018年,第115页。

据民国《续永昌县志》卷6《人物》记载：

> 蔡发甲，字梅生。道光三年进士，官山东费掖、新泰知县。勤政爱民，轻徭薄赋，纠察胥吏，兼施教诲。为陈利害、言因果，若父兄之劝惩子弟，书役化之，不忍相欺。深谙农田水利诸书，遇争界案，判断如神，民咸悦服，呼为"蔡青天"。旋迁升滨州知州，发摘奸伏，强豪敬悼。计典屡得卓异，积劳卒于官。[1]

此外在《陇上学人文存·第3辑·李鼎文卷》《甘肃省文化资源名录·第19卷·历史事件与人物·2》中，也有类似记载。

二、为官清廉，号称"蔡青天"

在蔡发甲担任山东费掖、新泰的知县期间，他勤政爱民，轻徭薄赋，纠察胥吏，兼施教诲。他善于判断争界案，被人们称为"蔡青天"，深受民众尊敬。后来他升任滨州知州，出色地完成了许多工作，发伏摘奸，强豪敬悼。他的治理手段得到了许多人的赞扬，但是积劳成疾，最终在官场上去世。

此外，根据相关记载可知，蔡发甲考中举人，回到家乡后，他发现永昌以东的水利灌溉存在困难，农田灌溉不及时，上下游之间经常发生矛盾和争执。为了解决这一问题，他提出了一种按沟分水的想法。具体而言，他建议在各农渠的坝底放置水平横木作为"闸"，并按照种地面积、灌溉比例在横木闸上划分为宽窄不等的若干档间，将水均分给各沟各户，以此尽可能实现公平浇水灌溉。蔡发甲提出的"公平闸分水，对耙沟浇地"不仅极大地减少了水利纠纷，而且提高了粮食产量，改善了百姓的生活条件。

---

[1] 陈尚敏：《清代甘肃进士传记资料辑录》，兰州：甘肃人民出版社，2013年，第22—23页。

《永昌县志》对蔡发甲的为官经历记载为：

> 在山东费披，新泰做知县时，勤政爱民，轻徭薄赋；纠察胥吏兼施秋诲，时人称"蔡青天"。后调升山东滨州知州，发擿奸伏"强豪敬惮"。后卒于任上。蔡发甲在中举后，曾为永昌永利管理提了一个建议，即"分流口于，尺寸闸"。按浇灌地亩多少，在水口上修砌大小不等的介永闸，减少了水利纠纷。①

因此，通过蔡发甲的为官经历，可以评价蔡发甲为一位为民造福、勤政廉洁的好官。他在官场上秉持公正、勇于担当，以实际行动践行了"以民为本"的治理理念，赢得了人民的信任和尊重。他的事迹也为后人树立了榜样，是一位值得敬仰的官员。

---

① 永昌县志编委会：《甘肃省文化资源名录》，兰州：甘肃人民出版社，1993年，第1034页。

第九章 明代庄浪卫、凉州卫、永昌卫的文进士

本章介绍了黄谏、李锐、胡执礼、王懋学、王廷儒、蔡曹毓芬6位进士。黄谏，明英宗正统七年（1442）考中探花。曾任翰林院编修、侍讲学士，人称"黄探花""黄学士"，同时还担任尚宝司卿一职，后来，他升任翰林院学士。天顺五年（1461），忠国公石亨事败，黄谏因为和石亨同乡而被牵连，被贬至广州府担任通判。李锐，明朝天顺四年（1460）的庚辰科殿试中进士，任礼部衙门主事，在他任职不久后，贡院发生了大火，李锐因涉嫌牵连而被罢职。胡执礼（1539—1589），童年时便聪慧出众，广受称赞，被誉为奇童，二十一岁考中明嘉靖三十八年（1559）己未科进士。他先后担任过刑部主事、兵部主事、史部文选郎中、通政司右通政提督誉黄、太仆寺卿、光禄寺卿、太常寺卿、都察院右副都御史等职务，由正六品直接晋升至正三品。胡执礼以严明的执法和出色的才干而闻名于世。王懋学（1583—？），明熹宗天启二年（1622）中壬戌科进士，先后任河南太康知县、国子监学正、户部山东清吏司主事。崇祯三年（1630），时任户部山东清吏司主事的王懋学及其妻子的获得皇帝敕命，授王懋学为承德郎（正六品），妻子王氏封安人。王廷儒，崇祯十五年（1642）参加壬午科的科举考试，并以特二百二十五名的优异成绩成功进入进士行列。曾担任过定兴知县一职。曹毓芬（1608—？），自幼酷爱学习，专研治学，崇祯十六年（1643）以优异成绩考取了癸未科进士，并被任命为河南项城县令，后来辞去官职回到家乡，隐居于乡间，直至去世。

第一节　庄浪卫探花：黄谏

黄谏，字廷臣，号卓庵，别号有兰坡、兰坡道人、无荒子等，明代庄浪卫（今永登县）人。清高宗乾隆十四年（1749）的《平番县志》的《人物志》中记载，黄谏于明英宗正统七年（1442）考中探花（殿试一甲第3名），历任翰林院编修、侍讲学士，人称"黄探花""黄学士"，同时还担任尚宝司卿一职。天顺元年（1457），他作为使臣前往交南（今越南北部地区），参与商讨关于迎诏、坐次等仪的议定，并撰写了10余篇书信，其中全部按照经史之规范进行撰写，展现出他高尚的风节和威严。后来，他升任翰林院学士。天顺五年（1461），忠国公石亨事败，黄谏因为和石亨同乡而被牵连，被贬至广州府担任通判。他的学术造诣广受尊敬，许多学者都倾慕于他的学问。

一、史料记载

据《明清进士题名碑录索引》载：

> 黄谏，字廷臣，陕西兰县人。历官侍讲学士，兼尚宝寺卿。著有《书经集解》《古正文》《使南稿》《兰坡集》。[①]

天一阁藏《正统七年进士登科录》载：

> 县学生，治《书经》。字廷臣，行二，年三十一，二月十六日生。

[①] 多洛肯：《明清甘宁青进士征录》，上海：上海古籍出版社，2018年，第6页。

陕西乡试第七名，会试第六名。①

天一阁藏《正统七年会试录》载：

第六名，黄谏，陕西兰县学生，治《书》。②

《明清甘宁青进士征录》：

黄谏（1403—1465），字廷臣，号卓庵，又号兰坡。陕西兰县人（也有资料说他的乡贯是直隶高邮）。明正统七年探花，历官侍讲学士兼尚宝寺卿。③

《甘肃新通志》：

兰州人，翰林学士。④

二、生平事迹

黄谏考中探花之后，在当时的庄浪卫引起了巨大轰动。消息传来后，庄浪卫的人们激动不已，兴高采烈地在城内文庙大殿壁上凿出了十六个大孔。他们希望通过这种形式让孔圣人的文气四散流传，让更多的庄浪卫人有机会金榜题名。据《平番县志·建置志》记载，"卧碑条例"，这是在黄谏考中探花之后，才刻石立于庄浪卫城文庙中的。

---

① 多洛肯:《明清甘宁青进士征录》，上海：上海古籍出版社，2018年，第6页。
② 多洛肯:《明清甘宁青进士征录》，上海：上海古籍出版社，2018年，第6页。
③ 多洛肯:《明清甘宁青进士征录》，上海：上海古籍出版社，2018年，第240页。
④ 多洛肯:《明清甘宁青进士征录》，上海：上海古籍出版社，2018年，第6页。

黄谏考中探花之后便迁居兰州。在兰州中央广场东侧路南，有一条长约100米的小巷，其北端路东为黄谏遗宅。该巷因探花黄谏及其后裔曾居于此而一直被称为"黄家园"。

1460年，明英宗天顺四年，忠国公石亨被下狱，黄谏因此受到牵连被贬为广州府判官。然而，他并没有就此而感到失落，而是继续讲学著述，发扬当地文化。当时广州城内的井水咸涩难喝，黄谏查阅方志，询问老者，并实地勘察，最终在越秀山发现了甜水井，人们称之为"学士泉"。不久后，他又遭到诬陷，被押往北京，在途中去世。根据《平番县志·地理志》记载可知，他的遗体被归葬于永登城西。

三、个人爱好

（一）品泉

黄谏是一位擅长鉴评泉水的专家。在担任翰林院官员期间，他著有《京师泉品》一书，对京城的泉水进行了品评。他认为郊原玉泉是最好的泉水，而京师文华殿东大庖厨井则是最好的井水。每次临行之前，他都会喝几口泉水或井水，然后才离开。即使在寒暑交替的时候，他也会喝上几杯，并说："暂时和你告别。"[1] 当他调任广州通判时，"每游白云蒲涧山水间，评其泉，以鸡井（亦称鸡爬井）为第一，更名学士泉，人谓不减李赞皇云。"[2]

（二）园艺

在黄谏的闲暇之余，他喜欢园艺，种植蔬菜和养花，但由于没有及时下种，导致植物长势不佳。后来，有人送给他《农桑撮要》这本书，作者是元代的鲁明善。该书按照12个月列举了农事，并详细介绍了农作物种植和收获的最佳时间以及保存方法，内容翔实全面。黄谏根据这本书的指导，开始种植和

---

[1] 梁维枢：《玉剑尊闻》卷六，上海：上海古籍出版社，1986年，第50页。
[2] 焦竑：《玉堂丛语》卷七，北京：中华书局，1981年，第244页。

抚育植物，结果蔬菜和水果长势喜人，花卉也变得绚烂多彩。每当黄谏游历到京师，他总会在自己的住所旁边开辟一片园地，种植各种蔬菜和花卉，并经常与农夫交流园艺技巧。后来，他还编纂了《月令通纂》，其中加入了他在园艺方面的经验。

除此之外，黄谏平素还注意抄录"方药之良者"，从中得知如果不按时节服用药物，药效就无法发挥。因此，他非常关注物候，按时服用药物，以达到最好的治疗效果。这也是他编写《月令通纂》的目的之一。

（三）书画

根据《本朝京省人物考》的记载可知，黄谏还是一位博学多艺的书法家和画家。他的书法涵盖各种体裁，包括隶书、篆书、行楷和草书，尤其精通八分书。他于正统七年应邀为庄浪卫鲁土司家寺的僧人书写了"敕赐大通寺"的榜书。此外，在正统十三年，他还与状元刘俨一起撰写了《重修学宫记》，并以篆书书写。在广州任通判期间，他还镌刻了一些名胜古迹的题记。[①]

除了书法，黄谏还是一位出色的画家，擅长绘制山水、花鸟等，并能够根据宋元画风格进行展现。他还有一个非常特别的技能，就是可以通过照镜子自画像，达到惟妙惟肖的效果。

根据清人徐沁在《明画录》中的记载，黄谏曾在翰林院的墙上画了一幅白菜图，历朝的翰林们都在上面留下了诗句。后来，这面墙被损坏，人们都非常遗憾。但在修建新墙时，黄谏却成功复制了原来的画作，并加上了自己的诗句。这说明他不仅具备超凡的临摹能力，还有着过人的记忆力。

（四）崇尚儒先

据《解学士文集·序》记载，黄谏从小就非常崇敬解缙。每当看到解缙的书法作品，他都视为珍宝，日夜苦练，仿佛置身于先生的座前。当黄谏得到解缙所作的《上高庙书六十馀事》以及五七言诗歌时，深感其中的论述紧扣时

---

① 仇巨川:《羊城古钞》卷五，广东人民出版社，1993 年，第 422 页。

务,言辞刚毅,忠于正义,展现了解缙的博学才华,就像布帛菽粟一样丰厚充实,可谓公学之赡,才识之高,令人叹为观止。后来,黄谏收集整理了解缙的诗文,并将其编撰成《解学士文集》,流传至今。此外,他还为许多名儒撰写碑文,数量不胜枚举。

在正统十二年(1441),黄谏路过河南渑池县,前往拜访明初大儒曹端(1376—1434)的祠堂。他得知曹端在担任霍州学正期间病逝,因贫穷而无法回到渑池安葬,只能留在霍州。黄谏感到心痛,说道:"狐死正首止,曹端的弟子们肯定不会忘记他的恩师。但是,月川(曹端的别号)的灵魂是否会想念他的故乡呢?"因此,他个人出资委托当地官员将曹端迁葬回渑池曹滹沱村的故乡。至今,曹端的墓地仍然存在,是县级文物保护单位。曹端在中州首倡性理之学。他所著的《太极图解》等书籍由河东薛文清公(薛瑄)传承。因此,黄谏非常尊重和信任他。

四、著述考释

黄谏,才华横溢,其所著《书经集解》《诗经集解》《使南稿》《从古正义》《兰坡集》《兰县志》等都较为经典,为后人所传颂。他的史诗《铙歌鼓吹》描述了明初徐达在安定之战中大败元将王保保的英勇事迹,其中"伊昔战定西,王师气百倍……势如山压卵,宵遁留空垒,兰州古金城,守将真雄伟"等句气势磅礴,音韵铿锵,至今仍为人们传颂不衰。而他的诗作《游五泉山》中,"水结禅林左右连,萧萧古木带寒烟"的清幽境界,"共夸城外新兰若,自是人间小洞天"的美丽风光,"明朝再拟同游赏,竹里行厨引涧泉"的高情逸致,以及《游山寺》中"乱山横峙水回索,石洞深藏岁月更"的自然景色,和"佛寺尚存金错落,宝珠常映日光明"的绚丽风物,都体现了他旷达的才情和独特的韵味。明代景泰元年(1450),他为庄浪卫连城藏传佛教寺院大通寺撰写了《敕赐大通寺记》,由连城四世土司、庄浪卫土官指挥使鲁鉴刻碑石立于该寺的鹰王殿中。在这篇碑记中,他表达了期望故乡民众人心归善的赤子之情。他写的《游五泉山》这首诗："水结禅林左右连，萧萧古木带寒烟。共夸城外新兰若，自是人间小洞天。僧住上方如罨画，雨余下土应丰年。明朝再拟同游赏，竹里行厨引涧泉。"赞颂了美丽的自然景观，同时也表达了他对农事的关注之情。

黄谏性质粹美，仪观清润。博涉诸经子史百家之书，为文根极理致，尤工于诗。他的著作涉及广泛，覆盖了四部经典，但因为财力有限，很多作品都没有出版。加之历经战乱，传世的作品数量也不多。因此，他的著作名声仅在史志书目中留存，而他的作品则零散地散见于史志和明清诗文集中。他的著作包含的内容以及留存情况在邓明的《明兰州探花黄谏著述及技艺考略》中有详细记载：

> 他著述宏富，遍及四部，但因受财力之限，多未刊刻，加之兵燹动乱，传世无多，其著述名仅见史志书目，作品散见于史志及明清诗文集中。兹依经史子集为序，略加介绍，叙录版本。①

关于黄谏的一生，明人廖道南评论道："予读黄公《使南稿》及南（应为'兰'）坡诸集，苍然之色，渊然之光，直逼古人。及考国史，始厄于陈循，终厄于石亨，岂造物者亦忌才乎？赞曰：三秦帝京，两淮帝乡。生也挺秀，没也流芳。幸庵有赞，幸庵有志，谁表遗书，以传奕世。"幸好有彭泽（幸庵）的赞扬和杨一清（邃庵）的墓志铭为证，使得他的名声得以传扬。在宪宗的封官黄琳的努力下，黄谏的冤案也得以平反。遗憾的是，黄谏的许多书画作品都已散佚，没有流传下来。但是，通过辑佚，我们还是可以找到一些黄谏的作品，这些作品为研究黄谏留下了相当大的空间。

---

① 邓明：《明兰州探花黄谏著述及技艺考略》，《档案》，2021年第3期，第16—19页。

第二节　凉州卫进士：李锐

李锐，字文盛，国子生，治《礼记》。曾在陕西省乡试中排名第15名，参加会试时排名第29名。在1460年的庚辰科殿试中，最终获得三甲第96名的好成绩，任礼部衙门主事，在他任职不久后，贡院发生了大火，李锐因涉嫌牵连而被罢职，从此之后，便回到了他的家乡江西新淦县居住。

一、史料记载

据《明清进士题名碑录索引》载：

李锐，字文盛，陕西凉州卫籍，江西新淦县人。1460年（明天顺四年）庚辰科殿试，三甲第96名。[①]

天一阁藏《天顺四年进士登科录》载：

二十九名。陕西凉州卫籍，江西新淦县人。国子生，治《礼记》。字文盛，行入，年三十六，闰七月十五日生。陕西乡试第十五名，会试第二十九名。[②]

天一阁藏《天顺四年会试录》载：

[①] 多洛肯：《明清甘宁青进士征录》，上海：上海古籍出版社，2018年，第13页。
[②] 多洛肯：《明清甘宁青进士征录》，上海：上海古籍出版社，2018年，第13页。

二十九名。陕西凉州卫籍。监生，治《礼记》。①

碑文（存武成文庙）载：

天顺四年进士，汀州府知府。②

据《甘肃通志》载：

凉州人，主事。③

二、生平事迹

李林山所写的《明代凉州进士李锐身世考述》一文，对李锐的身世有详细记载。

据明代科举档案披露，李锐在天顺四年（1460）二月二十六日庚辰科会试中填报了他的三代履历。通过履历可以得知，他的曾祖父李原旺是江西新淦人，在洪武初年，他的祖父李伟担任凉州卫指挥使司衙门职务，全家迁徙至凉州并落户为民户。到了洪武末年，李伟调任宁州府同知。而李锐的父亲李衎则在永乐年间以官生身份征调应天府，并于宣德年间升为高邮州吏目。吏目是明代地方各州设立的官职，从九品，负责处理刑狱和官署内部事务。

根据履历填报显示，李锐，字文盛，出生于宣德四年（1429）五月二十七日，排行第八，其母姓张。在正统四年（1439），兵部侍郎徐晞扩建了凉州卫儒学。李锐当时只有11岁，但他参加了"童子试"，并成功通过考试，进入文

---

① 多洛肯：《明清甘宁青进士征录》，上海：上海古籍出版社，2018年，第13页。
② 多洛肯：《明清甘宁青进士征录》，上海：上海古籍出版社，2018年，第13页。
③ 多洛肯：《明清甘宁青进士征录》，上海：上海古籍出版社，2018年，第13页。

庙儒学院学习。在他 15 岁那年，他与凉州卫的李氏结为夫妻。

1456 年，28 岁的李锐参加了湖广乡试，并以优异的表现脱颖而出，最终名列第 134 名，且中举人。这是一个值得称赞的成就，表明他的学识和才华，也为他未来的发展打下坚实的基础。

根据科举制度的规定，当时作为陕西凉州卫籍的李锐本应该前往西安贡院参加乡试。然而，在李锐的科举档案中，他参加的是在武昌举行的湖广乡试，这个事实是不容忽视的。从中可以推断出，李锐在青少年时期生活在凉州，但由于父母任职他乡或其他原因，全家已经迁居到湖北。

1457 年，李锐前往北京参加天顺元年丁丑科的会试。然而，他未能通过考试，遗憾落选，返回家乡。

在天顺三年（1459），李锐前往北京参加会试，具体在天顺四年的二月初九、二月十二日和二月十五日进行，考试科目包括四书五经、五言八韵诗以及策问。在四书五经和五言八韵诗科目中，李锐表现一般，但在策问科目中表现超常。会试结束后，李锐排名第 131 名。随后在三月初一，李锐与其他 150 人参加殿试，他考中了进士，名列三甲第 96 名。

因为有 107 名前科进士没有被安排官职，仍在候补，为此，朝廷选取了 15 名进士进入翰林院，而其他的进士则被诏令回到原籍，陪伴父母继续学业。直到天顺七年（1463），李锐才得以被朝廷任命为礼部衙门的"主事"，《明英宗实录·卷三百六十》中具体记录为"天顺七年十二月庚子，擢进士杨绎、祁顺、李廷美、李锐、周铨俱为主事"。然而，就在他任职不久后，贡院发生了大火，李锐因涉嫌牵连而被罢职。

从此之后，李锐便回到了他的家乡江西新淦县居住。尽管李锐的人生经历充满坎坷，但他毕竟曾经荣登进士榜，成为明代近三百年来陕西凉州卫籍中唯一考中进士的学者。

第三节　永昌卫阁老：胡执礼

胡执礼（1539—1589），字汝立，号雅斋，出生于陕西行都司永昌卫，专精于《易经》之治学。祖籍兰州，从其父开始，隶籍永昌。胡执礼童年时便聪慧出众，广受称赞，被誉为奇童。十一岁中举人，十七岁便开始了他的仕途之路。二十一岁时，他考中了明嘉靖三十八年（1559）己未科进士，排名为三甲第79名，初任西川保宁府推官，负责司法工作。胡执礼执法严明，使太守敬畏。他为官严明，很快就传到了朝廷，因此他被提升至京城任职。在京城的十年间，他先后担任过刑部主事、兵部主事、史部文选郎中、通政司右通政提督誉黄、太仆寺卿、光禄寺卿、太常寺卿、都察院右副都御史等职务，由正六品直接晋升至正三品。胡执礼以严明的执法和出色的才干而闻名于世。

一、史料记载

《明清进士题名碑录索引》记载：

> 嘉靖三十八年（1559）己未科三甲第七十九名胡执礼。
> 胡执礼，字汝立，号雅斋，陕西行都司永昌卫籍人。历任吏部文选郎中、都察院右副都御史、侍郎。[①]

天一阁藏《嘉靖三十八年进士登科录》记载：

---

① 多洛肯：《明清甘宁青进士征录》，上海：上海古籍出版社，2018年，第60页。

胡执礼，贯陕西行都司永昌卫民籍。卫学生，治《易经》。字汝立，行一，年二十一，四月初七日生。陕西乡试第五十三名，会试第九十四名。①

《嘉靖三十八年会试录》记载：

胡执礼，会试第九十四名，陕西永昌卫学生，治《易经》。②

《甘肃通志》记载：

胡执礼，永昌卫人，侍郎。③

据《五凉全志校注·永昌县志》载：

胡执礼，字汝立，号雅斋。嘉靖三十八年进士，初授保宁府推官，发奸摘〈擿〉伏，知府罗绅叹为不如。内转刑部主事，寻改吏部。援淹滞，起遗佚，历太常卿，巡抚应天。储饷恤黎，整肃军务，纲举目张，时咸服其称职。张居正憾余懋学、江〈汪〉文辉因丝绢鼓噪事，移书执礼，将二人名入疏，执礼不可。生员吴仕期诽居正，事败，逮者罗致其词，罪坐余、江〈汪〉，稿至执礼，不会，曰："杀人媚人，吾不为也"。常特疏王锡爵之孝以刺居正。三年，总督仓场，以触居正忌，辞归。后起户部左侍郎。上颇重礼，临雍命坐，赐茶，褒谕有

---

① 多洛肯：《明清甘宁青进士征录》，上海：上海古籍出版社，2018年，第60页。
② 多洛肯：《明清甘宁青进士征录》，上海：上海古籍出版社，2018年，第60页。
③ 多洛肯：《明清甘宁青进士征录》，上海：上海古籍出版社，2018年，第60页。

加。卒，赐祭葬，赠户部尚书、资善大夫。①

二、为官经历

胡执礼为官成就颇多。他最初担任四川保宁府推官，后来升至刑部主事、兵部主事和吏部文选郎中等职务。他还曾担任通政司右通政提督誊黄、太仆寺卿以及光禄寺卿，最终成为都察院右副都御史。但是，他的政见与当时主政的张居正存在不合之处。在工作中，他曾多次协助处理淹滞和遗留问题，历任太常卿和巡抚应天。他不仅储备粮饷，救济百姓，而且整顿军务，制定纲目，当时的百姓对他的称职十分认同。

在万历四年（1576），胡执礼被任命为应天府巡抚都御史，前往京南巡视。在任职的六年中，他提出了以疏通吴淞江和黄浦江为主，全面治理长江下游太湖地区一带的水涝灾害的建议。朝廷认可了他的建议，并准许他开展相关工作。他随即开始疏通旧河道，开挖新河道，修筑水塘堤坝，最终取得了显著的成效。由于他的成就，胡执礼赢得了神宗皇帝的信任。

万历九年（1581），胡执礼因病返回故乡，为家乡带来了许多福利。在张居正去世后的次年，他又被重新起用，并继续担任户部左侍郎兼南京户部右侍郎的职务。

万历十六年（1588），南北各省相继遭受了连年荒灾，导致许多民众流离失所。因此，胡执礼执礼上疏请求救济灾民，他为救治无数饥民而不辞劳苦。然而，次年他因长期工作过度而患病，最终在京城去世。由于他的政绩卓著，被追赠为户部尚书，并被安葬在现今永昌卫城南五华里处的赵家庄。1958年春季，胡公墓志铭碑被发掘出土，这是由礼部尚书王锡爵所撰写的墓志铭，都察院掌院事、左都御史李世达书写，目前保存在永昌县文化馆中。

---

① [清]张玿美撰：《五凉全志校注》，张克复等校注，兰州：甘肃人民出版社，1999年，第342页。

在明清时期，永昌县城曾经为胡执礼立了三个坊，分别是"志存报国""早岁登瀛"和"黄甲开先"，以此来纪念这位被家乡人尊称为"胡阁老"的名人。他的住宅也因此被称作"阁老府"。然而，在清代嘉庆十一年，由于胡执礼后代过于贫困，不得不将府第拆卖，将宅基地出售后离开了家乡。直到道光二十九年，陕西和甘肃的商人购买了这里并建立陕甘会馆，成为商务活动的驻地。1993年，永昌县对原本破败不堪的会馆进行落架重修，并将其命名为"阁老府"，作为永昌县博物馆的驻地。值得一提的是，"阁老府"三个大字是于右任先生于1941年亲自手书，当时他是中华民国政府监察院长，在视察西北时路过永昌。

胡执礼的为官经历在《永昌县志》记载为：

> 胡执礼（1539—1589），字汝立，号雅斋，明代永昌人，祖籍兰州，从其父开始，隶籍永昌，九岁时，聪慧出众，备受时人赞赏，称为奇童；十一岁补博七弟子员；十七岁中举人；二十一岁中明嘉增三十八年（1559）己未科进士。初任西川保宁府推官，主管司法工作。"发摘奸伏"，执法严明，使太守敬畏才能卓越，传闻于朝廷，被提升进京。在京大约十年，前后担任过刑部主事、兵部主事、史部文选郎中、通政司右通政提督誉黄、太仆寺卿、光禄寺卿、太常寺卿、都察院右副都御史等职。由正六品直升到正三品。当时，神宗年幼，张居正主持朝政，党同伐异，权倾一时。胡执依律办事，正直不阿，公开抵制张居正诬陷他人而取悦朝廷的行为。引起张的不满。万历四年（1576），从应天府巡抚都御史出京南巡，六年（1578）建议朝廷以疏通吴江长桥和黄浦江为主，全面治理长江下游太湖池区一带的水涝灾害。至八年疏通了千河支港鼓百条，大则泄永人海、次则通湖达江，小则引疏港田。同时修复了白塘秀州塘、蒲汇塘、孟渎河、舜河、青肠港。相继又请疏通支河，朝廷许可后，遂疏通吴淞江80里，筑塘

90余处，新开河道123条，通旧河道139条，并在上海李家洪，老鸦嘴一带筑堤坝18里获得神宗皇帝的信任。这使张居正更加忌妒，胡执礼遭到其党言语的中伤。万历九年(1581)，谢病归里，在永昌筹设学租三百多石，法植后学，造福桑梓。万历十年(1582)张居正死后，胡执礼又被起用，仍任户部左持郎，兼南京户部右持郎。万历十六年(1588)，南北各省连荒，民多流离失所，胡执礼上疏灾，救活无数饥民。万历十七年(1589)因劳败疾，卒于京邸。死后，以政继显异，赠户部尚书。胡执礼仕官三十年，游廉正直，勤政望重。当时文坛"后七于"的领袖王世祯在治胡执礼的饯别诗中写道："关而请白来传，败到胡威更然。""四十三台尔最贤"，对其推崇备至。明清时期，永昌县城曾为他立"志存报""早岁登瀛""黄甲开先"三坊，以示纪念。现在民间还流传着不少"胡阁老"的轶闻。①

可见，胡执礼是一位有德行、有政绩的官员。他在任职期间，注重民生，治理水患，整肃军务，受到人们的称赞和尊敬。他也不畏权贵，敢于直言，对不当的行为进行批评和指责。在他去世后，朝廷追赠他为户部尚书、资善大夫，并安葬在赵家庄。

---

① 永昌县志编委会：《永昌县志》，兰州：甘肃人民出版社，1993年，第1032—1033页。

第四节　敕封承德郎：王懋学

王懋学（1583—?），字念之，号金谷，永昌卫人。明熹宗天启二年（1622），王懋学中壬戌科进士，先后任河南太康知县、国子监学正、户部山东清吏司主事。崇祯三年（1630），时任户部山东清吏司主事的王懋学及其妻子获得皇帝敕命，授王懋学为承德郎（正六品），妻子王氏封安人。

一、史料记载

据《明清进士题名碑录索引》载：

> 王懋学，陕西永昌卫人。三甲第三百八名。[①]

《天启壬戌科进士同年序齿录》（一卷）、《天启二年会试录》（一卷）载：

> 字念之，号金谷，永昌卫官籍，原生，治《尚书》，行口。癸未年十一月十三日生，乡试五十五名，会试二百四十名，三甲三百八名。吏部观政。[②]

《甘肃通志》载：

[①] 多洛肯：《明清甘宁青进士征录》，上海：上海古籍出版社，2018年，第73页。
[②] 多洛肯：《明清甘宁青进士征录》，上海：上海古籍出版社，2018年，第73页。

> 王懋学，永昌人，主事。①

《五凉全志校注》记载为：

> 王懋学，万历壬子举人，王成进士。任户部山东清吏司。②

二、敕命圣旨

明代崇祯三年敕命圣旨表彰了王懋学主事在国家积储和司饷方面的出色表现，并特授其阶承德郎（正六品），妻子王氏封安人。圣旨强调了国家积贮对于官员们的重要性，必须由具备远见卓识的宏才来调停均节，佐军国之至计。王懋学主事的才华和深沉的识量，使他成为这个领域里的佼佼者，他的美绩已经广为人知。

然而，当前的形势依然严峻。师旅未息，军储急需，符檄接踵而至。因此，需要更加注重节约，避免浪费资源。正如古人所说，鞭算常用，意在提醒大家要时刻注意物资的使用。在这样的背景下，王懋学主事的杰出表现尤为重要，他的任命也是对他过去表现的认可和鼓励。

总之，这封敕书表达了对王懋学主事出色表现的赞誉，同时也提醒所有官员要时刻注意国家积贮。

> 奉天承运，皇帝敕曰：
> 积贮，国家之大命。列地官之属，任重且艰。自非宏才而参之远识，亦安睹调停均节、佐军国之至计？则所赖于良司，度非浅已！

---

① 多洛肯：《明清甘宁青进士征录》，上海：上海古籍出版社，2018年，第73页。
② [清]张玿美总修：《五凉全志校注》，张克复等校注，兰州：甘肃人民出版社，1999年，第345页。

尔户部山东清吏司主事王懋学，识量深沉，才谞敏茂，枫宸射策，花邑分符，爰振铎于一毡，寻持衡于六馆，积其誉望，擢在版曹。而尔命脉是图，洞金粟死生之数，区裁悉当，杜鼠狐侵蠹之奸顷司饷于兵戎，尤绝呼于庚癸，英猷堪纪，美绩已彰。兹以覃恩特授尔阶承德郎，锡之敕命！

于戏！师旅未息，军储是急，符檄之多，莫今日若矣！尚益酌盈济虚、节浮杜耗，如古人之以鞭算见长也。是则尔庸，朕且崇擢汝，钦哉！

第五节 特授进士：王廷需

王廷需，出生于陕西永昌卫。他于崇祯十五年（1642）参加壬午科的科举考试，并以特二百二十五名的优异成绩成功进入进士行列。曾担任过定兴知县一职。

一、史料记载

《明清进士题名碑录索引》记载：

> 王廷需，陕西永昌卫人。崇祯十五年（1642）壬午科进士，特二百二十五名。[①]

而在《甘肃通志》《甘肃新通志》《甘肃通志稿》《登科录》《会试录》中均没有对王廷需的相关记载。

二、生平事迹

王廷需的生平事迹因其他历史资料的缺乏而不为人所知。

据《五凉全志·圣集·永昌县志·人物志》的记载，清康熙三年（1664）甲辰武科考试中，凉州永昌县的武举人王家琮考中了武进士，他是王廷需之子。在该书的"选举"条目下，还有关于王廷需家族成员的记录，如其祖父王守中，父亲王维屏均为举人和岁贡，而王廷雷则是明朝时期的举人。据《明清进士题

[①] 多洛肯：《明清甘宁青进士征录》，上海：上海古籍出版社，2018年，第73页。

名碑录索引》所记载，王廷需于崇祯十五年（1642）壬午科被特别授予进士的称号。尽管其考中了进士，且有一定的成就，但其他史籍对他的记载相对较少，根据一些史料记载可以确定的是，王廷需曾担任过定兴知县一职。

第六节　辞官归乡：曹毓芬

曹毓芬(1608—？)，出生于永昌卫。自幼酷爱学习，专研治学。他7岁前往市场购买柴火时，便能凭借敏锐的观察力判断出柴火的优劣，明确指出："外干中湿，烟多焰少。"这一件事引起了众人的高度关注和赞赏。崇祯十六年(1643)，曹毓芬以优异成绩考取了癸未科进士，名列三甲第213名，并被任命为河南项城县令。然而，曹毓芬的理想是与民休养生息，但在担任官员的三个月里，他发现实现这个愿望非常困难，于是他毅然决定辞去官职回到家乡，隐居于乡间，直至去世。

一、史料记载

据《明清进士题名碑录索引》载：

曹毓芬，陕西永昌卫。三甲第二百一十三名。①

《崇祯十六年癸未科进士三代履历便览》(一卷)载：

□□二房。戊申(1608)年九月二十一日生，永昌卫人。癸酉四十一名，会试七十二名，三甲二百三名。礼部观政。②

---

① 多洛肯：《明清甘宁青进士征录》，上海：上海古籍出版社，2018年，第77页。
② 多洛肯：《明清甘宁青进士征录》，上海：上海古籍出版社，2018年，第77页。

《甘肃新通志》《甘肃通志》都对曹毓芬有记载：

　　曹毓芬，永昌人，知县。①

《永昌县志》记载：

　　曹毓芬，幼嗜学，深潜入理。七岁购薪于市，品其乙者，曰：外干中湿，烟多焰少。闻者咸器之。癸未（1643）成进士，即为河南项城令，志在与民休息。阅三月度不可为，归处于乡，绝迹城市，以终其年。②

二、辞官回乡

曹毓芬在考中进士后，被任命为河南项城的县官。但是，他一直以来的愿望就是与民休息，尽力为他们服务。然而，"阅三月度不可为，归处于乡"。最终，他放弃了官职生活，回到了家乡，并在那里度过余生，远离城市的喧嚣和繁忙，享受宁静与平和。

从他辞官回乡的故事中，我们可以看到一个智者的风范。他不被权力和金钱所迷惑，而是坚持自己的信念和价值观。他不断地反思自己的人生，不断地学习和成长，最终实现了自己的理想和愿望。

---

① 多洛肯：《明清甘宁青进士征录》，上海：上海古籍出版社，2018年，第77页。
② 永昌县志编委会：《永昌县志》，兰州：甘肃人民出版社，1993年，第1031页。

参考文献

专著：

[1]张希清:《中国科举考试制度》，北京：中国书籍出版社，2021年。

[2]李林:《清代武科考试研究》，北京：中华书局，2022年。

[3][清]张玿美撰，张克复等校注:《五凉全志校注》，兰州：甘肃人民出版社，1999年。

[4]武威市地方史志编纂委员会:《武威地区志》，北京：方志出版社，2016年。

[5]武威市市志编纂委员会编:《武威市志》，兰州：兰州大学出版社，1998年。

[6]金枚:《甘肃明清进士翰林传略》，香港：香港天马出版社有限公司，2005年。

[7]陈尚敏:《清代甘肃进士研究》，兰州：甘肃人民出版社，2013年。

[8]陈尚敏:《清代甘肃进士资料辑录》，兰州：甘肃人民出版社，2013年。

[9]多洛肯:《明清甘宁青进士征录》，上海：上海古籍出版社，2018年。

[10]郑炳林:《凉州金石录》，兰州：甘肃文化出版社，2022年。

[11]王其英:《武威金石志》，天津：天津古籍出版社，2020年。

[12]李于锴著，李鼎文校点:《李于锴遗稿辑存》，兰州：兰州大学出版社，1987年。

[13]吴娱:《姑臧李郭二家诗草燕京杂咏张玉溪先生诗》，北京：中华书局，2016年。

[14]张建华、苏昀:《嘉庆灵州志迹校注》，银川：宁夏人民出版社，1996年。

[15]谢树森、谢广恩编撰，李玉寿校订:《镇番遗事历鉴》，香港：香港天

马图书公司,2000年。

[16]赵禄祥:《中国美术家大辞典》,北京:北京出版社,2007年。

[17]王权著,吴绍烈校点:《笠云山房诗文集》,兰州:兰州大学出版社,1990年。

[18]祝世德:《筠连县志·民国版》,成都:四川大学出版社,2012年。

[19]汪叔子、张求会:《陈宝箴集》,北京:中华书局,2003年。

[20]火泽东、苏裕民主编,永登县地方史志编纂委员会编:《永登县志·1991—2006》,兰州:甘肃文化出版社,2011年。

[21]张杰:《清代科举家》,北京:社会科学文献出版社,2003年。

[22]范金民:《明清江南商业的发展》,南京:南京大学出版社,1998年。

[23][清]奎润等纂修,李兵、袁建辉点校:《钦定科场条例》,长沙:岳麓书社,2019年。

[24]张仲礼:《中国绅士的收入》,上海:上海社会科学院出版社,2001年。

[25]杜松奇、霍志军校注:《朱圉山人集校注》,兰州:甘肃人民出版社,2019年。

[26]永昌县志编委会:《甘肃省文化资源名录》,兰州:甘肃人民出版社,1993年。

[27]罗康泰:《甘肃人物辞典》,兰州:甘肃民族出版社,2006年。

[28]甘肃省古籍保护中心编著:《甘肃省藏古代地方志总目提要》,兰州:甘肃人民出版社,2014年。

[29]秦国经主编:《清代官员履历档案全编》,上海:华东师范大学出版社,1997年。

[30]刘正成主编:《中国书法全集·75·清代名家二》,北京:荣宝斋出版社,2018年。

[31]赵禄祥:《中国美术家大辞典》,北京:北京出版社,2007年。

[32][清]朱汝珍:《词林辑略》,北京:中央刻经院,1912年。

[33]凤凰出版社编选：《中国地方志集成·甘肃府县志辑·43》《乾隆镇番县志》《道光重修镇番县志》《光绪镇番县乡土志》，南京：凤凰出版社，2008年。

[34]范鹏总主编，李鼎文著，伏俊琏编选：《陇上学人文存·第3辑·李鼎文卷》，兰州：甘肃人民出版社，2014年。

[35]武威市凉州文化研究院编：《凉州府志备考校注》，兰州：甘肃文化出版社，2023年。

[36]雷礼：《国朝列卿记》，文海出版社（万历刻本），兰州：1984年。

[37]梁维枢：《玉剑尊闻：卷6》，上海：上海古籍出版社，1986年。

[38]焦竑：《玉堂丛语：卷7》，北京：中华书局，1981年。

论文：

[1]赵朋柱：《晚清平番诗人保鉴》，《兰州学刊》，1984第6期。

[2]范金民：《明清江南进士数量、地域分布及其特色分析》，《南京大学学报（哲学.人文科学.社会科学版）》，1997年第2期。

[3]李琳琦：《明清徽州进士数量、分布特点及其原因分析》，《安徽师范大学学报（人文社会科学版）》，2001年第1期。

[4]赵朋柱：《晚清平番诗人保鉴》，《兰州学刊》，1984年第6期。

[5]邓明：《明兰州探花黄谏著述及技艺考略》，《档案》，2021年第3期。

后 记

  凉州，不仅是一个地域概念，也是一个文化概念。苍茫两千年，凉州以其众多的文化式样和浑厚的历史积淀，始终同长安、洛阳等名城一起领跑关陇大文化的赛道。在凉州这片土地上，自古人文鼎盛，文脉绵延，发生了许多推动中华文化进程的历史事件，培育了千百位载入史册的文化名流。

  两千年文脉的浸润，使凉州人形成勤于吸收东西文化精髓、以儒家文化经世致用的传统。明代正统年间，凉州卫修建了规模宏大的文庙，文风复兴。清代乾嘉时期，凉州府"书城不夜"，涌现出了以进士为代表的文人群体，延续了凉州儒学文化教育的传统，在中国学术史上占有一席之地。

  为了深入挖掘清代凉州府儒学教育的文化底蕴，提升凉州文化的知名度和影响力，我们不避浅陋，撰写了《清代凉州府儒学教育研究》。此书难免有瑕疵，但毕竟是我和赵大泰老师的心血结晶，是对凉州历史文化研究的一种有益尝试。我们撰写此书的目的是想解决"有没有"的问题，权当是"抛砖引玉"，期望更多的有志之士加入凉州儒学教育研究的行列，最终解决"精不精"的问题。

  甘肃省社会科学院与武威市凉州文化研究院通力合作，将《凉州文化丛书》设立为重大课题，此书有幸被收入其中。甘肃省社会科学院和武威市凉州文化研究院领导组织研究人员反复论证，确定本书的框架、体例。武威市凉州文化研究院的李元辉、柴多茂、杨琴琴、贾海鹏等对于此书也贡献颇多。兰州城市学院的陈尚敏教授是开展甘肃进士与儒学教育研究的引路人，对此书的出版助益不少。秦行国博士在百忙之中撰写了序言，使本书顿增光彩。读者出版社的编辑对书稿进行严谨的校对，精心设计排版。

总而言之，一本书从编撰到出版，殊为不易，一本书出版之后，也难免有各种缺憾。感谢为此书的出版做出贡献的各界人士，也敬请读者批评指正，指出此书的错误和疏漏，使凉州儒学教育研究这个领域更上一层楼。

吴旭辉

2023 年 8 月

总后记

　　武威，物华天宝，人杰地灵。寻访武威大地，颇感中华文明光辉璀璨，绵延传承。考古资料表明，在新石器时代，武威一带已经成为先民生息繁衍的重要地区。汉武帝时开辟河西四郡，武威郡成为河西走廊政治、经济、文化、军事之要地。东汉、三国、西晋时为凉州治所。东晋十六国时，前凉、后凉、南凉、北凉和隋末的大凉政权先后在此建都。唐朝时曾为凉州节度使治所，一度成为中国西北仅次于长安的通都大邑。"凉州七里十万家""人烟扑地桑柘稠"，其盛况可见一斑。宋元明清以来，凉州文化传承不辍。

　　在历史演进过程中，凉州成为了中原王朝经营西域的战略要地。农耕文明与游牧文明、中西方文化、多民族文化在这里交汇融合，形成了在中国文化史上占有重要地位的凉州文化。就历史文化的整体价值和综合影响而言，凉州文化已超越了今天武威这个地理范畴，不再是简单的区域性文化，而是吸纳传导东西方文明重要成果的枢纽型文化，是中华文化的重要组成部分。

　　凉州文化是多民族多元文化互相碰撞而诞生的美丽火花，其独特性是武威历史文化遗产中最有价值、最具魅力之处，也是具有文化辨识度的"甘肃标识"的特有文化，值得更系统、更深入地研究。特别是在新时代，对其进行更深层次的文化挖掘和意义阐释具有重要的现实意义。基于此，甘肃省社会科学院和武威市凉州文化研究院组织跨学科、跨地域的团队撰著了《凉州文化丛书》（第一辑），以期通过历史、文学、生态、长城、匾额、教育、人口等方面的研究，对厚重的凉州文化加以梳理，采撷其粹，赓续文脉，以文化人，为文化旅游名市建设增添文化智慧内涵。

　　《凉州文化丛书》（第一辑）由甘肃省社会科学院和武威市凉州文化研究院

共同商定，确定为 2023 年院重点课题。我和张国才、席晓喆同志组织实施，汇集两家单位的二十位学者组成团队开展研讨写作。丛书共包括《武威地名的历史传承与文化内涵演变》《古诗词中的凉州》《汉代武威的历史文化》《武威长城两千年》《武威吐谷浑文化的历史书写》《清代凉州府儒学教育研究》《武威匾额述略》《清代学人笔下的河西走廊》《河西历代人口变迁与影响》《河西生态变迁与生态文化演进》十本著作，每一本书的书名、内容框架，都是广集各个方面建议，多次召开编委会讨论研究确定下来的。因此，每本书的书名都具有鲜明的个性，高度概括了凉州特色文化的人文特点和地理风貌。丛书共计一百八十余万字，百余幅图片，主题鲜明，既做到了突出重点、彰显特色、求真务实，又做到了简洁流畅、雅俗共赏，是一套比较全面研究凉州特色文化的大型丛书。

丛书选取武威具有代表性的特色文化或尚未挖掘出的文化元素，进行深度挖掘、系统整理和专题研究，在撰写过程中，组织开展了十多次考察调研、研讨交流活动，每一本书的作者结合各自研究的内容，不仅梳理了凉州特色文化的理论研究，关注了凉州文化的传承与发展现实，还对凉州特色文化承载的丰富内涵和历史进行了深入的探讨，展示了凉州文化融入当代生活的现状，以及凉州文化推动武威特色旅游产业的途径。不难看出，凉州文化为我们深入了解武威提供了丰富的样本，其多样性、包容性、创新性、地域性等特点无疑是武威城市文化的地标、经济财富的源头、文化交流的名片。

文字与图像结合是叙事最基本、最重要的手段，其中图像的运用为我们了解世界构建了一个形象的思维模式，有助于我们更为深刻地认识世界。为了更好地展现凉州文化，丛书在文字的基础上通过大量的实物图像展示了凉州文化丰富多彩的形态。这些图片闪耀着独特而绚丽的光彩，也为我们解读了凉州文化背后不同的人文故事。同时，每一位作者在撰述中对引证的材料都作了较为翔实的注释，一方面力求言之有据、持之有故，另一方面也表达出对前贤时哲研究成果的尊重。

丛书挖掘整理了凉州文化中一些特色文化，对于深入研究凉州文化来讲，这是一种新的尝试。最初这套丛书的定位是具有较高品位的地方历史文化普及读物和对外宣传读本，要求以史料为基础，内容真实性与文字可读性相统一，展现武威博大精深的历史文化内涵和魅力，帮助广大读者更全面地认识、更深入地了解凉州文化元素，推动凉州文化的弘扬传承，实现优秀文化传承的主流价值引导和思想引领。经过一年多的努力，丛书顺利完成撰写，这本身是一件很有意义的事情。同时需要诚恳说明的是，这套丛书是一项综合性的跨学科的研究，涉及很多方面的知识，虽经多方努力，但因史料匮乏、资料收集不足。作者学力限制，作为主编者心有余而力不足，很多内容的研究论证尚欠丰厚。希望能够通过这套丛书引发人们对凉州文化更多的关注和思考，探索更多的研究方向，也就算实现了我们美好的愿望。此外，整个丛书撰写过程确实是时间紧、任务重，难免有错谬之处，敬请读者不吝赐教，我们不胜感激。

在这套书的论证和撰写中，中国社会科学院古代史研究所卜宪群所长及戴卫红、赵现海研究员，浙江大学历史学院冯培红教授，甘肃省社会科学院刘敏先生，西北师范大学传媒学院院长徐兆寿教授等领导、专家给予了很多建议，为书稿的顺利完成创造了条件。西北师范大学副校长、教授田澍先生百忙之中为丛书撰写了总序言，武威市凉州文化研究院的张国才院长及其他同仁对丛书的编撰勤勉竭力、积极工作、无私奉献，我在这里一并表示感谢。

《凉州文化丛书》（第一辑）编委会
魏学宏
2023 年 10 月

魏学宏，甘肃省社会科学院决策咨询研究所所长、研究员。先后发表学术论文 50 多篇，出版专著 2 部，主持完成国家社会科学基金项目、甘肃省哲学社会科学项目及省市县委托项目 10 余项。